德国历史中的文化诱惑

[德国] 沃尔夫·勒佩尼斯————著
刘春芳 高新华————译

The Seduction of Culture in German History

Wolf Lepenies

译林出版社

图书在版编目（CIP）数据

德国历史中的文化诱惑 ／（德）沃尔夫·勒佩尼斯著；刘春芳译．—南京：译林出版社，2023.9

书名原文：The Seduction of Culture in German History

ISBN 978-7-5447-9663-7

Ⅰ.①德… Ⅱ.①沃… ②刘… Ⅲ.①文化史－研究－德国 Ⅳ.①K516.03

中国国家版本馆CIP数据核字（2023）第 066389 号

德国历史中的文化诱惑　［德国］沃尔夫·勒佩尼斯／著　刘春芳　高新华／译

责任编辑　王瑞琪
装帧设计　孙逸桐
校　　对　张　堃
责任印制　董　虎

原文出版　Princeton University Press, 2006
出版发行　译林出版社
地　　址　南京市湖南路 1 号 A 楼
邮　　箱　yilin@yilin.com
网　　址　www.yilin.com
市场热线　025-86633278
排　　版　南京展望文化发展有限公司
印　　刷　江苏苏中印刷有限公司
开　　本　652 毫米 ×960 毫米　1/16
印　　张　19
版　　次　2023 年 9 月第 1 版
印　　次　2023 年 9 月第 1 次印刷
书　　号　ISBN 978-7-5447-9663-7
定　　价　75.00 元

目 录

导　言

德累斯顿上空的炸弹与《玫瑰骑士》

1945年2月13日，有两位女士没有赶上开往德累斯顿的拥挤列车，其中一位是年轻母亲，怀中抱着婴儿，另一位是她的姐姐，手里牵着一个小男孩。没办法，他们只好在附近的村庄过夜，他们在一片高地上找到了可以栖身的农场。后来，在小男孩能够回想起的童年往事中，这似乎是在德累斯顿燃烧之夜的一次田间漫步。他有时会平静地，但明显带有一丝胜利感地谈起这个夜晚——似乎躲过这场灾难有他个人的什么功劳似的。当难民们回到住处时，大人都久久不能入睡。男孩被放到床上，但是门依然留着条缝，一线亮光从门缝射进屋内。他能看到头顶上有一盏小吊灯，悬绳是一串串玻璃珠。随着灯的轻微摆动，玻璃珠发出清脆的叮当声。因为德国的大炮和高射炮摇撼大地，灯才这样摇晃不停吗？男孩很快进入了梦乡。

这个男孩不知道，就在这个时候，他的父亲就在两公里之外——确切地说，是在德累斯顿两千米的上空。实际上，他爸爸是德国为数不多的歼击机飞行员之一，为了对抗盟军的轰炸部队而紧急起飞。那一夜，大多数飞机在空中闪电式地飞来飞去，却没有接触到任何敌机，最后只好着陆。德国的空防部队越来越难以确定英国与美国轰炸部队的行程与目标。战斗机飞行员经常只能利用地面上的一些偶然线索来猜测敌军到底飞向什么地方。

2月13日晚，当男孩的爸爸跟随部队起飞时，他们首先飞往斯特拉斯堡待命，并在斯特拉斯堡上空盘旋，希望能够从地面接收到飞往准确目的地的命令。然而，命令却始终没来。机务人员包括一个飞行员、一个观察员、一个机枪手，还有一个无线电发报员。当地面侦察站突然转播了电台的一个节目，即理查德·施特劳斯《玫瑰骑士》中的一段华尔兹舞曲时，飞机上这些受过良好教育的战士——两名成员有博士学位——便认为他们明白了目的地所在：维也纳。于是他们调头飞往这座为《玫瑰骑士》提供背景的城市。然而，他们飞行得越远，他们就越发怀疑，维也纳是否真的是盟军攻击的目标。之后，机枪手想起来，德累斯顿才是真正的目的地，1911年1月26日，《玫瑰骑士》在这里进行了首次公演。于是他们飞回德累斯顿，去阻止他们不再可能阻止的事情。

这一切都令人难以置信，然而这是我父亲在很久之后才告诉我的真事——那时我父亲觉得他已经可以谈论在战争期间他曾经做过和经历过的事情了。非常奇怪的是，施特劳斯的音乐令人想起对德国城市进行轰炸时的隆隆炮声，恰如丘吉尔对比弗布鲁克勋爵所描述的："由超重型轰炸机执行的一场彻底的毁灭性的绝杀行为。"在作家泽巴尔德所能回忆起的关于空袭的事情中，有一个听到空袭过程的人所作的描述。他说："恰恰在达姆施塔特毁灭性的空袭开始之前，收音机中播放了施特劳斯的《魔幻音乐》中的一些歌曲，这些歌曲优雅动听，好像来自精美的洛可可世界。"[1]第一次世界大战后不久，瓦尔特·哈森克勒弗

1 泽巴尔德，《毁灭的博物学》，第43页。

尔写了一首诗，诗的主题是对好战的德国军队的控诉。诗的结尾重复着这样一句话："凶手就在玫瑰骑士中间。"

德累斯顿上空的炸弹和空中的《玫瑰骑士》打造了一个令人不安的形象，在我看来，这种形象似乎表明，战争与文化、教育与毁灭、政治与诗歌、精神与暴力的紧密结合，已经成为构建德国精神的一部分。[1]当德累斯顿被毁灭的消息传到纳粹的领导阶层时，"德国劳工阵线"最高领导人罗伯特・莱伊的第一反应是，肩头的沉重负担终于没有了。"我们终于能够松口气了。总算结束了。现在我们不会再为保护德国文化的遗址而牵扯精力了！"[2]三年前，当罗斯托克城遭到英军轰炸时，戈培尔做出的反应与此相似。他对人员的伤亡情况只字未提，却只谈到了以暴制暴的必要性，在德国的"文化中心"被英国皇家空军摧毁之后，德国应该铲平英国的文化中心。[3]在纳粹德国，人人都知道，伟大艺术作品的损毁对希特勒的打击要比大型住宅区所遭受的毁灭性攻击严重得多。[4]德国的宣传家们有意让这个消息传播开来，因为他们坚信，

---

1 当然，这种结合不仅限于德国。例如，早在1944年6月，法国抵抗组织从收音机中听到电台在播放保罗・魏尔兰《秋之歌》中的句子"长长的呜咽／来自小提琴／来自秋天"时，他们就知道盟军即将开始进攻。当后面的两句诗行——"感动着我的心／一片凄清沉闷的单调"——随着电波传来时，就意味着进攻会在48小时内发动。这两句诗行于1944年6月5日晚9点15分从空中传来。第二天盟军便开始大举进攻。德国的反间谍组织得知了这场"阴谋"，但是德国的军事指挥部却拒绝相信盟军的领导人会用诗歌作为军事行动的号令。这一切都归结为保罗・富塞尔所称的"现实生活令人惊奇的文学化"的语境。富塞尔又格外强调了"所有参加了伟大战争的人士的无可比拟的文学性"，这里的伟大战争指的是第一次世界大战。见富塞尔，《伟大战争与现代记忆》，第156页。

2 费斯特，《在希特勒的地堡中》，第viii页。"德国劳工阵线"是纳粹在废除了传统的组织机构后，于1933年建立的新组织。

3 约瑟夫・戈培尔，《戈培尔日记，1942—1943》，第189页，1942年4月27日的日记。

4 见巴克斯，《希特勒与视觉艺术》，第116—117页。这种先入为主的观念是可怕的。然而，这些观念并不局限于独裁主义的政权中。美国军方将第二颗原子弹称为"大男孩"。这个"大男孩"最初计划于1945年8月投落在日本京都。然而，J.罗伯特・奥本海默却指出了京都的建筑宝藏及其精神内涵，由此中断了最初的计划。之后，长崎替代京都成为轰炸的目标。

这样希特勒的反应便不会被视为对人类苦难的野蛮漠视，人们会认为他具有战争也无法摧毁的强烈的艺术感受。

不仅希特勒与他的幕僚把盟军的轰炸视为对德国文化的毁灭之举，1942年5月，在美国的德国犹太移民策划了一个大型募捐活动，他们用所得的钱款向美国空军捐赠了一架轰炸机，并将该轰炸机命名为“忠诚”。他们希望托马斯·曼能够担任该活动的西海岸委员会主席，托马斯·曼得知后怒火中烧。他愿意为红十字会或者为购买战争债券募集钱款，但绝不可能支持正在摧毁德国城市的空袭部队，尽管这是必要之举。“我不希望在我死后，阅读我的作品的德国人——抑或他们根本不会读——认为我是一个应该对德国文化遗址的毁坏负有责任的委员会的主席。”[1]托马斯·曼对德国人的思想形成机制的预见也许是正确的：人们知道对德累斯顿的空袭导致三万人丧生，但是这座城市也因此成为一个文化宝藏遭到严重摧毁的象征——也许这个象征会更为人所铭记——其中最重要的是现在已经重建的圣母教堂。

历史学家约尔格·弗里德里希曾撰写过一部关于德国在轰炸中遭受的苦难的著作，书名为《火焰》。伊恩·布鲁玛在为该书写评论时指出，《火焰》的结尾写道：“人们对德国图书馆和档案馆被焚毁的藏书感到悲伤，这种情绪长久以来挥之不去。这种悲伤之情是可以理解的，但是把它放在一部长达592页的著作的最后却令人感觉颇为奇怪。似乎失去书籍最终要比失去生命更糟糕——特别是从长远的观点来看，这也许是正确的；但是，这并不会产生什么道德魅力……正如弗里德里希的书中所呈现的，真正的灾难是美丽的古城、古老的教堂、洛可可式的

---

1 托马斯·曼于1945年5月5日从位于加州帕西菲克·帕利塞德斯的家中给阿格尼丝·迈尔写的一封信。见托马斯·曼和迈尔，《书信集，1937—1955》，第394页。

宫殿、巴洛克的城墙和中世纪的街道全部成为废墟。”[1]布鲁玛认为，《火焰》的目的是试图纠正“集体背离德国历史和文化的行为”，这一阐释无疑是正确的，但是我不敢肯定弗里德里希的诊断也是正确的。也许作家和历史学家们对文化的损失关注的力度不够。然而，在德国人的集体记忆中，像德累斯顿这样的名字是一种提醒，它让人们更多地想到有多少文化遗产遭受灭顶之灾，而不是丧失了多少生命。我父亲一提到德累斯顿的焚毁，总会提及《玫瑰骑士》。我父亲的这种观点在他那一代人里应该算不得是例外，而应该是一种常态。

诺贝特·埃利亚斯在他的著作《德国人》中写道：“镶嵌在德国词汇‘文化’中的含义也许是非政治的，甚至有可能是反政治的偏见，这是反复出现在德国中产阶级精英中的征候，即政治与国家事物代表他们引为羞耻、缺乏自由的领域，而文化则代表了他们的自由之邦，而且代表了他们的尊严与骄傲。在18世纪与19世纪的一些时期中，中产阶级‘文化’概念中的反政治偏见，将矛头指向了王公贵族的独裁政治……在之后的时期中，这种反政治偏见的矛头则转而指向民主国家的议会政治。”[2]这里，埃利亚斯描绘了文化在德国“民主政策”中的角色；埃利亚斯在《文明的进程》中则认为，文化在“对外政策”中的角色，是以德国人不由自主地要将文明与文化区分开来的意向为特点的。“在德语用法中，‘文明’指的是有真正用途的事物，但无论如何，这种用途的价值只能屈居第二，它只是由人类的外部表现和人类生存状态的表象组成的。最令德国人引以为豪的，用以阐释他们自身成就与自身存在状态的词汇，则是‘文化’。”法语和英语中的文化概念也能指涉政

1　布鲁玛，《德国的毁灭》，第12页。
2　埃利亚斯，《德国人》，第126—127页。

治和经济、技术和运动、道德与社会现实，“德国的‘文化’概念则在本质上指向思想、艺术和宗教，而且有一种倾向，就是在这类事物和另一类政治、经济和社会现实之间画出明确的分界线”[1]。

从根本上说，不仅德国的中产阶级，而且整个德国都因其文化成就及文化渴望而引以为豪。德国人对文化的兴趣与热爱，加上对日常政治打着官腔的嘲讽，形成了“德国精神”中不容置疑的、深刻的反政治本质。这种状态最终滋养了德国作为“文化之邦”的自豪感，德国因此断言自己要优越于仅仅拥有“文明”的西方国家。文化在德国国内政策及国外政策中的独特地位是本书的主题。我谈及了“德国诱惑”，指出这是一种认为文化是政治的高贵代替物的思想，尽管这也许并不见得是更好的政治形态。

埃利亚斯在描述德国“文化”概念中的反政治倾向时非常惊讶地发现，“特定的思维、行为和感觉方式以一种坚忍不拔的精神在同一个社会中，经过许多世代更迭后再次出现，它表现出适应新发展的特点。几乎可以肯定，某些关键词的含义，尤其是某种情感基调已经深入这些方式的骨髓，并且一代一代地传下来，没有人去核查其正确性，经常也未发生任何改变，它们在人们所定义的‘民族性格’的灵活而有韧性的

1　埃利亚斯，《文明的进程》，第4页。非德意志人谈起“文化”这个被过分虚夸的德国词汇时，很难不带有强烈的反讽色彩。辛克莱·刘易斯在其小说《大街》的开篇介绍女主人公卡尔·肯尼科特时所用的语言，就是一个很好的例子。“她打网球，发起暖锅晚会，在戏剧中扮演毕业生讨论会主持人的角色，参加‘双人歌唱’比赛，并且加入了好几个社团，旨在提高艺术品位，接近云遮雾罩的被称作文化的东西。”见刘易斯，《大街和巴比特》，第6页。刘易斯用大写字母来表达其讥讽之意，而门肯却更喜欢用斜体。在他对“国家信件”的批评文章中，他谈到了“所剩无几的新英格兰文化”，在《阿波马托克斯镇的灾难》(1930)中，他将三K党称作“政治上的教会主义，残害黑人，或者说是将残杀他人视为最高宗旨”，并把其称作联邦对“**美国文化**”做出的重要贡献。见门肯，《国家信件》(1920)，载于《成熟醇厚的门肯》，第92、199页。

连续发展中占据一定的地位”[1]。然而，对“文化”在德语用法中作为反政治关键词进行分析时，我宁愿说这是一种民族姿态，而非民族性格。民族性格有些像人体的皮肤，它或许可以被拉伸——“灵活而有韧性地连续发展”——但是身体无法摆脱它。姿态却不同，它的特点是松散；它就像一件令人喜爱的衣服，人们可以随意穿上或脱掉，也可以根据情绪的变化、流行时尚的改变而进行更换。“民族性格”是一个严肃的术语，而“姿态”则包含一丝反讽色彩——正如“盎格鲁—撒克逊姿态”一词，当刘易斯·卡罗尔在1871年的《镜子国中的爱丽斯》中首创该词时，其讽刺意味就非常明显，当安格斯·威尔逊在1956年将它用作其小说的书名时，它的讽刺意味就更加显而易见了。[2]反讽对于英国人不同凡响的自信而言是一种平衡力量——英国人坚信他们自己的文明程度，并希望全世界都能承认其优越性。德国人谈到“文化”时的洋洋得意之感，也需要同样的反讽力量——如果不是更加强烈的话——进行调整，因为德国人也自负地认为只有他们拥有“文化”，而其他人只是穷于应付“文明”而已。

本书考察了德国人对待文化的态度，他们将文化视为政治的替代物，同时对政治嗤之以鼻——这里首先把政治理解为议会政治，他们认

1　埃利亚斯，《德国人》，第127页。

2　然而，我应该列举出另外的例子，即当这个术语在使用时未带反讽色彩的情形，使用者是一位难以称其为作家的人。1961年，约翰·F.肯尼迪在海恩尼斯问戈尔·维达尔：“你如何解释，像这样一个森林茂密、人烟稀少、仅仅拥有三百万人口的国家，却诞生了18世纪三位伟大的天才——富兰克林、杰斐逊和汉密尔顿？”维达尔指出，美国的宪法和法律的根基在英国，生发于“盎格鲁—撒克逊姿态”——对这个回答，肯尼迪这位爱尔兰天主教徒出身的总统勉强表示同意。在这里我提及这件事情，也是因为“盎格鲁—撒克逊姿态”在本质上与“文化”相通，维达尔在解释富兰克林、杰斐逊和汉密尔顿的伟大之处时说得很清楚：“时间。他们有更多的时间……在冬天，他们待在农场的家中。他们广泛阅读，写信寄情。很明显，他们拥有充满思考的生活——而这一点现在却无法做到。”见维达尔，《发明民族》，第187—188页。

为政治就是思想狭隘的利益集团进行讨价还价、相互妥协的竞技场。不过，这种考察并不是寻找托辞来探讨"特殊道路"的问题，即坚称对政治的反感和对文化的理想主义态度及浪漫的推崇，成为德国为什么偏离了"正常"的西方发展道路而驶入纳粹灾难的怪圈的主要原因。我并不把这种态度看作独一无二的德国现象。然而，我却坚持认为，对文化成就的过高评价，以及"对政治表现出的奇怪的冷漠态度"（古奇语），在德国所起的作用比在其他国家要大得多，其表现程度也比在其他国家要强得多。文化是政治的替代物，这是贯穿在德国历史中的普遍思想——从18、19世纪魏玛的辉煌岁月，到20世纪末两个德国的统一——尽管现在其普遍程度已经大大减弱。彼得·盖伊、乔治·莫斯、弗里茨·林格、弗里茨·施特恩和彼得·菲尔埃克以及其他学者，都曾探讨过德国人对待文化与政治的特殊态度。我重新梳理了他们的论证，试图就这个久已存在的问题提出自己的新见解。

在"国内政策"领域，我大致按照时间顺序论述。文化作为政治的"高贵"替代物的观点，首先是在魏玛古典主义的全盛时期被提出的。这种以文化的名义远离议会政治的态度，是魏玛共和国为什么没能保持住其民众对它的广泛接纳与情感支援的根源。如果当时能够保持住民众的支持态度的话，那么魏玛共和国便不会沦为纳粹的猎物。首先是法西斯主义，继而是国家社会主义，都展现出强烈的美学魅力。我不认为这种美学魅力是德国历史上最为邪恶时期的一种表面现象，而是将其视为大部分德国资产阶级和许多德国作家、艺术家试图阐释纳粹思想意识魅力根源的重要因素。甚至那些流亡的知识分子，也依然将文化与政治对立起来。第二次世界大战后，以文化为阵地对议会政治保持冷漠与距离的姿态显得越来越不明智，既不利于联邦德国，也不利于统一的德国融入西方民主国家的主流形态。然而，古老的文化渴盼与崭新的政治现实之间的紧张关系，却可以首先用来阐释两个德国的发展，之后可以阐释一个不再自鸣得意地将自己称为唯一的文化之邦——这是承受了自我造成的政治灾难的结果——的国家的发展，因为这个国家从政治再统一中受益良多。

在“对外政策”领域，我集中研究两个问题——同时提及中欧的情况，因为发生在20世纪后期的中欧的剧变，被视为文化对于政治的胜利而受到称赞，至少在一段时期内是如此。我研究的第一个问题是“文化战争”——据我所知，这个术语在法国首创——它曾经在塑造法德关系的历史进程中起到了非常重要的作用。研究的第二个问题是德国文化遗产与美国政治传统之间的相互影响。关于欧洲与美国的文化爱国主义的那一章，是德美关系研究的尾声，展示出针对文化与政治关系的辩论是多么激烈，这种辩论在近年来出现的欧美摩擦中仍然存在。

我的阐述并不是要与早已确立的政治与社会历史的研究方法相抗衡，我也不是要连续讲述德国不同的历史时期之间相得益彰、彼此交融的故事。我非常清楚这种“观念史”的研究方法的局限性。正是为了保持德国在欧洲大陆的支配地位，俾斯麦在1871年普鲁士战胜法国后建立了德意志帝国。文化民族转型为文化国家，这自然是个令人欣慰的结局，却不是俾斯麦战略的初衷。德国诗人兼先知们对议会政治所持的怀疑态度，是导致魏玛共和国走向末路的一个因素，但是，与凡尔赛的幽灵、通货膨胀的冲击、居高不下的失业率以及国家主义与种族主义思想的复辟相比，这绝对算不上是决定性的因素。与其说纳粹掌握政权是因为其仪式程序的美学魅力，不如说是因为他们重拾德意志自豪感的誓言，他们要限制大型公司集团发展、创造就业机会的承诺，以及他们所撒播开来的反犹太人的情感吸引，还有一些其他因素。战后，德意志民主共和国的内部发展同样以其精英阶层的文化政策为特点，不过这种政策依据的却是苏联持续不断的战略利益——苏联把东德作为其与资本主义西方的政治上与军事上的缓冲地。政治冷漠与文化激情在战后的西德蔓延开来，至少这是许多知识分子观察者眼中的事实。然而以实用主义思想为指导的政治领导人，却使国家在政治与经济方面迅速得以复苏，这些领导人知道如何管理工会、组织政党、发放养老金。

简言之，思想的历史只是社会历史与政治历史的附属物，而非替代物。在很大程度上说，思想的历史只是一小部分人的历史，即知识分子的历史。只有知识分子自己才把知识分子对历史发展过程的影响视为理所当然；而他们的思想如何传播给更多的公众，以及他们最终会对历史施加何种影响等问题，则一直悬而未决。人们也许把思想史或观念史视为社会历史和政治历史这座壮观建筑上的一件装饰，可以轻易地被清除干净。不过，在清除之后，这座建筑虽然不会坍塌，但再也不是从前那座建筑了。可见，思想史并非华而不实、可有可无，而是政治与社会历史的有益装饰。它提醒我们，人类历史不仅仅是由人们的所作所为构成的，还包括人们的所言所说、所思所想。历史关心的不仅是发生了什么，历史还包含着意义与道理。

一种态度就是一个阐释行为：这是对社会中正在发生什么事情，或者应该发生什么事情进行的评判。本书描述了贯穿整个德国历史的知识分子的态度：以政治，尤其是议会政治为代价来过度抬高文化的价值。我没有进行宏大的记述，我是想引领读者踏上这样一个旅程：为读者展示一个个历史片断或“星座”，让读者看到，在不同的历史环境下，这种态度所发挥的重要作用。通过研究一些在历史的“星座”中反复出现并起到了一定作用的问题与思想、主题与作者，我希望能够在令人眼花缭乱的历史中，梳理出一条环环相扣、连贯发展的旅程。在这个旅程的某些地方，我将跟随一位向导的引领，从他的一生中，从他遗留下来的书信中可以看到，对待政治和文化的“德国姿态”，从不同的侧面和角度、以不太适当或自相矛盾的方式，得到了最撼动人心的表达，其诚实程度经常令人痛苦不安，并且总是带着反讽的态度。这个人就是托马斯·曼。

本书展示的是思想的历史。仅仅通过探讨德国知识分子的思想生活，人们当然不能了解德国历史，然而，通过考察知识分子的思想生活，人们可以更加全面地了解德国历史。

一

文化：崇高的选择

衰减的特性

如果能给独特的德国意识形态下定义的话，可以说它包括了浪漫主义与启蒙运动的对立、中世纪与现代世界的对立、文化与文明的对立，以及礼俗社会与法理社会的对立。基于文化期待与文化成就，人们一直坚信德国走的是一条特色之路，一条“特殊的道路”，这种信仰在这个诗人与思想家的国度里始终是一种骄傲。在政治性国家建立的一百多年前，德国唯心主义哲学、魏玛的古典主义文学，以及古典与浪漫的音乐风格，早已联手建立了一个内在的精神王国。自此之后，个人从政治领域退身至文化领域和私人世界的行为都被赋予了特殊的高贵色彩。文化被看成了政治的高贵的替代物。

这是我曾在第一本书《忧郁与社会》(1969) 中描述的德国意识形态。汉斯·马格努斯·恩岑斯贝格曾在他的文章中引用了我的观点，我一度因此非常开心。后来意识到他引用我的原话是为了阐释西班牙的现代历史特点，我的开心变成了深深的迷惑。这个经历使我得到了一个讽刺性的教训：德国历史并不像德国人普遍认为的那样与众不同。在很多时候、很多地方，文化都被看作政治的替代物。在西班牙，“九八世代”的作家和知识分子们相信，当最后的、最重要的海外殖民地在与美国的战争中丧失以后，只有文化复兴才能使他们的祖国重新焕发生机。在法国的启蒙主义时代，当国内政治行为受到禁止的时候，为《百科全书》撰写词条与演出像博马舍的《塞维利亚的理发师》那样的戏剧，都成为政治的替代物。1871年，法国被普鲁士打败后，政治报复与军事报复不得不被搁置起来，于是“文化战争”取而代之。在俄国，普希金的生平与书信被描述为艺术怎样成为政治替代品的范例，而且后来的文学作品——发行的小册子、小说、戏剧、知识分子创作的诗歌——都为推翻沙皇的统治铺平了道路。在爱尔兰，当“爱尔兰民族主义者的领袖巴内尔于1891年与世长辞、1893年英国议会否决《爱尔兰自治法案》以后，诗人叶芝把1890年的文学复兴看作一场文化填补政治真空的事件……年轻人由于不再对政治抱有任何幻想，因此转而投身到文化领域中来表达对民族独立和思想自由的追求和渴望”[1]。由此看来，德国赋予文化的这些不同凡响的崇高意义，文化的用途——甚至是误用——是作为政治的替代物，其实并无与其他国家相左之处。

在最近几十年间，人们相信，导致德国的特性日渐萎缩的原因包括：企图在全面现代化的欧洲维持古老的政体；在第一次世界大战后

1　然而，德克兰·基伯在1987年指出，罗伊·福斯特曾发表过一篇文章，声称“19世纪90年代（爱尔兰）的政治运动绝对没有减弱之意，只不过找到了其他的形式而已，并且使得整个国家的地方政府得以复兴——这只是表现之一。如果通过档案研究能够提供不同的故事版本并坚持其正确性的话，那么（福斯特）就不会被叶芝所提供的诗意版本所诱惑。对此，福斯特起到了警示作用”。基伯，《全速前进》，第3页。基伯在这篇文章中论述了R.F.福斯特的著作《W.B.叶芝传记》第2卷，《1915—1939年间的首席诗人》（牛津：牛津大学出版社，2003）。

的十年间企图考验欧洲各国社会及其政治活动之间的融会贯通性；企图在以坚忍为特点的日耳曼民族形态成为明日黄花，而变化的日耳曼民族意识形态取而代之的时候，重建一整套德国国家学说；企图坚持认为文化的悲观主义绝不是德国专有，而是整个资本主义社会的共同特点。这些都是值得吸取的教训。[1]

以上的企图虽然在许多方面颇有说服力，然而集中起来却是在对抗“一直以来对现代性无所不在的终极胜利的夸大性言辞”。这些企图对于在广阔的欧洲历史背景中彰显德国与众不同的过去也起到了很大作用。[2]同时，这些企图还反映出一种广为流行的观点，这种观点诱使修正主义历史学家们坚持认为德国国家社会主义（即纳粹主义）具有模仿的特性，认为其意识形态是模仿古罗马时期的原始法西斯主义，而其残暴行为则是效仿斯大林的早期统治。也许美国经济学家与社会学家索尔斯坦·凡勃伦的评论能够给这些历史学家们提个醒：通常，北欧诸民族已经在很大程度上改进了他们借鉴而来的经验。修正主义者们不仅利用历史事件进行阐释，而且将其作为托辞——当然两者都是错误的——试图将德国的独特性降格为一种欧洲的普遍常态。[3]以这种观点来看，第二次世界大战中纳粹对欧洲的犹太人和其他民族实行的种族灭绝性的大屠杀，不过是前进路上的一起可怕的偶发事件，在这样一条路上，漫不经心和对意识形态的过度沉迷都只是司空见惯的常态，毫无特性可言。历史学家在描述纳粹统治与大屠杀的过程中寻

1 此处涉及戴维·布莱克本、约翰·布鲁伊、杰夫·埃利、哈罗德·詹姆斯、查尔斯·迈尔、阿尔诺·J. 迈尔与吉姆·希恩。

2 迈尔，《旧政体的坚持》，第5页。

3 德国历史学家恩斯特·诺尔特坚持认为国家社会主义有其模仿特性。法国历史学家弗朗索瓦·菲雷也表达过与诺尔特相同的观点，但他同时又提醒说，历史性格与诱导因素之间存在着差异。见菲雷，《幻想的过去》，以及菲雷与诺尔特之间的交流文章：《关于20世纪的法西斯主义、共产主义及20世纪历史进程》。

找“常态”，这极易获得人们的理解，而理解可能最终导致遗忘与宽恕：“凡能被理解的都能被宽恕。”[1]

冷漠的政治观

如果历史学家们无法轻松地重新认识到历史上的德国一直在走一条特殊的道路——至少自俾斯麦在1870—1871年的普法战争中取胜后建立帝国以来便是如此，那么要理解国家社会主义的兴起及纳粹统治造成的噩梦般的后果，对历史学家们依然绝非易事。在那之后的几十年里，许多哲学家曾坚持认为，要对这种发展轨迹做出阐释，历史显然无能为力，只有哲学能够给予解答。约翰·杜威在其专著《德国哲学与政治》中如是说，乔治·桑塔亚纳在1915年和1916年分别出版的《德国哲学中的自我中心主义》中也作了相应论述。

杜威的著作主要来源于他于1915年在北卡罗来纳州立大学所做的讲座。他选择了康德的两个世界的理论——“一个是外部世界，即物质与必然的世界，另一个则是理念与自由的世界……其中首要的是内在世界”——作为理解德国民族特性最重要的因素。[2]乔治·桑塔亚纳则认为德国人践行超验哲学，即德国人更喜欢“从自己的内心寻找真”，并且附加了一句“德国人的内心不再是洛克意欲探寻的解剖学意义上的内心，而是纯粹形而上意义上的引申”[3]。二人的论述异曲同工。对于桑塔亚纳而言，德国的政治行动只不过是德国思想的必然结

---

1 该句原文为法语。——译注

2 杜威，《德国哲学与政治》，第69页。杜威的观点与夏尔·莫拉斯的主张有着奇怪的相似之处，他们都认为，野蛮行径能够在“康德精密无误的头脑”中找到准确的形式。见莫拉斯，《对1789年革命的反思》，第14页。

3 桑塔亚纳，《德国哲学中的自我中心主义》，第21页。

果。德国思想最重要的特点便是执拗、顽固的精神内省，对自我中心格外赞赏，而其他民族则视自我中心为一种阻碍，巴不得尽快摆脱。而杜威则认为，德国人"对事物的内在意义极度推崇……对外部造成的优势与劣势则漠然视之"。正是这种特性使德国精神与拉丁民族的凡心俗气和盎格鲁—撒克逊民族的功利主义区分开来，甚至一些德国作家也嘲讽这种"德国精神"。1933年，也就是纳粹独揽大权的那一年，德国现代哲学家施彭格勒用可怜与贫穷的字眼描述德国人，他认为德国人是在云端梦里建立帝国的，并称之为德国唯心主义。诗人与思想家的国度正面临着沦为诽谤者与空谈家的地盘的危险。[1]然而，包括杜威在内的一些评论家对这种广泛存在的超验主义思想体系表示赞赏。这种思想使德国成为世界上独一无二的国家，只有在德国，骑兵将领才会用形而上学的理论解释实践经验。而另一些观察家们也恰恰因此而对形而上学痛恨至极。福楼拜便把轰击巴黎的普鲁士士兵称作"黑格尔的同胞"。

在第二次世界大战开始初期和战争持续期间，杜威和桑塔亚纳都重印了他们在第一次世界大战期间撰写的著作。他们除了重印别无选择，因为德国显而易见没有任何改变。"文化"依然是德国人企图使自己同文明世界的其余部分相分离的响亮口号，而根据桑塔亚纳的说法，"真正有文化的人很少谈及文化"[2]。在第一次世界大战期间，只要他在哈佛大学讲课时讲到德国形而上学，他都会感到"在这种哲学晦暗不明、沉浮不定的原则之下……有种邪恶的东西在蠢蠢欲动，而且这种东

1　奥斯瓦尔德·施彭格勒，《决定的年代：德国和世界历史的发展》，慕尼黑：贝克，1933年，第3、5页。仅仅在一年之后，该书的译本便在美国出版。查尔斯·弗朗西斯·阿特金森译，纽约：克诺夫出版社，1934年。本书中的译文则是由作者自己译出。

2　桑塔亚纳，《自我中心》，第141页。索尔斯坦·凡勃伦所著《德意志帝国与工业革命》于1915年首次出版，后于1939年重印。

西会瞬间变得空洞而充满攻击性”[1]。在第二次世界大战期间，杜威受到这种观点的启发，使原本模糊的概念变得清晰尖锐。他说：“在希特勒的信条与德国古典哲学的传统之间，有一种潜在的根本特性将它们连成一体。”[2]这种特性相通的断言——经常被引申为二者之间具有因果关系——通过第二次世界大战中的大屠杀得到加强。大屠杀是史无前例的集体犯罪，这场屠杀使得德国在劫难逃，也使德国永远地游离于西方文明的主流之外。然而，企图解释政治领域与精神王国之间的因果关系的说服力并不很强——不管是像路德、康德、谢林和尼采这样的个人，或者像唯心主义和浪漫主义这样的精神运动，都被视为德国独特道路的始作俑者，都注定因为希特勒的加入而不可避免地走向末路。不管人们把它称之为内省还是心性，是情感个人主义还是哲学的自我中心主义——这些特性没有一条是日耳曼民族独有的。

德国怎样才能在没有培养现代社会价值理念和政治体制的情况下步入现代经济？要回答这个问题，通常会提及这个国家沿袭而来的优势。在其他国家，资产阶级需要艰苦奋战，通过自己的卓绝努力获得这种优势。一般认为，现代德国“首先思考的是国家的权威与尊严，而现代英国首先思考的是公民的权利与自由”[3]。这样看来，德国这个被赫尔德等人称为“顺从之国”的国家，与自由之国英格兰形成鲜明的对照。尽管这种对照有些粗糙，然而不可否认，对国家的盲目崇拜构成了德国社会的线条，也在很大程度上决定了德国历史发展的轨迹。

读一读马修·阿诺德的《文化与无政府状态》(1869)，有助于理

1 桑塔亚纳，《自我中心》，第viii页。

2 杜威，《德国哲学与政治》，第15页。第一个郑重其事地从哲学思想中挖掘德国行为的根源的人是彼得·菲尔埃克，他一直致力于“从德国的过去到1941年希特勒崇拜的因果链条中，阐释出最关键的因素”。见菲尔埃克，《理论政治》，第ix页。

3 古奇等，《德国思想与前景》，第viii页。

解在德国文化与政治的对抗中显示出的特性。[1]阿诺德关于政治与社会批评的文章是对诬蔑文化言论的回应。弗雷德里克·哈里森曾经把文化贬损为“大概是当今最为愚蠢的伪善之词”。哈里森是奥古斯特·孔德的实证主义哲学的追随者。他可以接受文化作为文学批评和纯文学创作的必要特性，而拒绝文化以任何形式参与政治，认为文化必然会导致“犹疑不决的行为”。因此，深受文化浸染的人也许是“社会中唯一有责任感的人群，他们在没有安全保障的情况下决不会与权力结盟”[2]。阿诺德则言之凿凿地表明，对他而言，“文化”一词绝对不仅仅是造诣颇深的文学评论家们所拥有的特质，然而他又强调说并不是希望文化人士都投身于政治。不过，他的态度之所以如此保守，倒不是由于文化人士不适合参与政治运动。当今的政治体系暴露出许多缺陷，因为权力世界到现在还不允许文化的介入，这一点的确应当受到谴责。文化是一种“完美的学问”，在许多方面像宗教一样，怀着广积善行的热情。在这一方面，现代社会急需文化的救援，而不仅仅是像英国这样把煤与铁奉为伟大命脉的国家才需要。

从很大程度上来看，那些嘲笑“文化宗教”的大多是中产阶级人士。他们都是商业界的代表，对宗教持否定态度，他们的信条是“人人为私利而经商，人人为私利而信教”。根据阿诺德的观点，这种信条在一定程度上导致了英国社会的道德结构衰退和对国家政府不计后果的蔑视的危险。当阿诺德称赞那个自古以来便为大家所熟知、至今依然在欧洲大陆闻名遐迩的政府的概念时，听起来好像他不是个英国人。对他而言，政府代表“民族的、集体的、共同的性格，为了共同利益被赋

1 阿诺德，《文化与无政府状态》。
2 出处同上，第87—88页。

予严格的权力，并且以大多数人利益的名义限制个体意志”[1]。然而，英国的民族思想却与这种国家概念相去甚远。在英国，每个人都有一个根深蒂固的信念，那就是他有权做他喜欢做的事。民族思想培养了“政府的懒散习气”，最终导致了无政府主义倾向。文化是必要的矫正手段；但是文化需要政府的支持才能生存，也只有在政府的支持下才能发展壮大。

阿诺德提醒英国读者，威廉·冯·洪堡虽然在他的著作《政府的权力与责任》中曾经强烈要求个人的自我完善和对国家行为的制约，然而他却坚信，在今后很长一段时间内，国家的行为还是很有必要的。阿诺德还引用了法国自由主义者埃内斯特·勒南的警告：如果政府过快地从公共事务的管理中退出，那么现代社会将会陷入危险之中。[2]阿诺德对强硬政府的称赞听起来像是对“德国”，或者至少是对欧洲大陆的称赞，而他希望英国人能在自己的文化中运用“更加内省的手段”的建议，同样看上去很有“德国”的味道。

然而，马修·阿诺德的想法却不是漠视政治之人的思想体现。他清楚地知道，英国人珍视国家，对国家的理解有深深的情感投入。他真正希望的是提出另外的观点，即把政府看作“有效权威”。要达到这个目标，文化是重中之重。文化不仅作为政治的补偿，而且像长期以来在英国的实践一样，文化要作为改变政治的最有效手段。阿诺德强调说，

---

1 阿诺德，《文化与无政府状态》，第117页。

2 出处同上，第161—162页。首位翻译威廉·冯·洪堡作品的约瑟夫·库尔萨德在翻译书名“Ideen zu einem Versuch, die Grenzen der Wirksamkeit des Staates zu bestimmen”（1791—1792）时，翻译得有些不太准确。伯罗后来将其译成“国家行为的局限性”，这个译名更加合适一些。根据我对这个问题的论述，有必要提及洪堡的年龄，他发表这篇文章时年仅24岁。那时他刚刚“辞去了普鲁士行政部门的第一个小小官位，原因如他所说，他发现行政部门的工作非常‘枯燥’（geistlos）”。参见伯罗翻译的洪堡《国家行为的局限性》中的“编者前言”，第iv页。

他在追求一种社会思想；他坚持认为文化人士是“平等的真正使徒”，因为他们希望文化能在“文雅与博学的圈子”之外发挥有效作用。[1]阿诺德把文化作为对抗无政府主义的最有力武器，恰恰表明了他对政治的态度绝对不是漠然处之。当《每日电讯报》把他称为“优雅的耶利米”[2]，认为他在努力践行自己对政治的冷漠观点时，这实在是一种误解。先不管先知耶利米是不是像《每日电讯报》希望读者们认为的那样与政治无涉，至少《文化与无政府状态》的确是一部强有力的政治与社会批评著作，因此同时对政治产生了影响。

对于局外人来说，似乎德国人顽固不化地坚持认为自己的文化具有独特性，并且在西方文化中占有优势地位。然而却少有人理解，这种洋洋自得其实也是政治上失意的结果。一位名叫戈特霍尔德·埃弗拉伊姆·莱辛的诗人引领德国走向统一——不是因为他给予了诗歌超越政治的优先权，而是因为在他的时代，统一还称不上是一项政治策略。德国人没有其他选择：因为他们还没有能力建立统一的国家，所以他们不得不首先建起一座国家剧院。只要资产阶级无法参与政治运动，也不能变成国家的公民，他们就只得通过剧院上演直观的政治。然而，就是莱辛在汉堡建立国家剧院的想法也不过是幻梦一场，仅仅两年后便烟消云散了。席勒本来有着同样的梦想，他相信只要能建起国家剧院，那么德国必然会成为一个统一的国家。

在德国，文化不仅仅起到补偿作用。当初，多数德意志邦国无法在政治上找到共同基础的时候，歌德的心愿比莱辛还要急切，因为莱辛在其道德喜剧《明娜·冯·巴恩海姆》中达成了统一梦想。这是“一部奇

1　阿诺德，《文化与无政府状态》，第113、117页。

2　耶利米：公元前7世纪至前6世纪的希伯来大先知。——译注

特的北德人的作品……为了取悦整个德意志，莱辛有意使所有德国人在情感领域内实现统一”[1]。当1815年维也纳会议统一德意志邦国的努力再次遭到失败的时候，“那些渴望统一的日耳曼人更加迫切地希望在人民中间形成文化凝聚力，因为政治统一看起来遥不可及”[2]。在普法战争爆发前不久，理查德·瓦格纳在一篇论述德国艺术及政治的文章中，在谈及德国的发展历程时，依然使人想起莱辛和席勒的主张。[3]与其说对政治不闻不问或者表示失望是德国精神气质的表现，不如说这与德国历史的关系更加密切。对政治冷漠——可以理解为在参与政治事件时表现出的一种公民的集体意志——成为许多人的与众不同之处，这些人把自己视为德国文化的典型代表。有时候，似乎德意志是一个没有政治的国家，也就是说，一个只有封臣而没有公民的国家。然而，德国却从没想过会变成一个没有文化的国度。在德国，不论是国家主义者还是反国家主义者，都可以说拥有文化成就方面的优势。《纽伦堡的工匠歌手》的最后一个乐章体现了“瓦格纳的国家主义及其远离政治领域的思想特点……一种对国家漠不关心的彻底的无政府主义。只要是在德国人的精神层面上，‘德意志艺术’便会顽强地存在”[4]。

弗里茨·施特恩主张，有意地退出政治很大程度上可以解释为德国人的文化卓越感和狭隘的精英控制论。这种思想在魏玛古典主义时期便深入人心。文化是绝对的竞技场，在这个王国里没有妥协的概念。洋洋得意的感觉加深了幻觉，人们更坚信文化会成为权力的替代物，因

1 托马斯·曼，《莱辛》，载于《逝去的大师》，第119页。

2 莫斯，《德国意识形态的危机》，第2—3页。

3 理查德·瓦格纳，《德国艺术与德国政治》，载于瓦格纳，《文学与论文》，第8卷，第261页。

4 托马斯·曼，《理查德·瓦格纳的苦难与伟大》，载于《逝去的大师》，第86页。恩斯特·特勒尔奇曾以相似的风格谈及《纽伦堡的工匠歌手》，认为这是瓦格纳作品中最具德国特色的乐曲，瓦格纳也因此超越了德国作家身份，成为名副其实的现代作曲家。见特勒尔奇，《德国文化中的形而上精神与宗教精神》，载于《德国精神与西欧》，第68页。

此也会成为政治的替代物。[1]结果就是政治理念和公共权力被大大削弱。“文化”不同于“文明”，时至今日，“文化”在德国语言中即使不是政治的对立面，也几乎可以说与政治相隔遥遥。“文化”的内涵是明确的、温暖的，充满希望；而“政治的”含义是模糊的、冷酷的，前途晦暗。今天，“魏玛共和国”依然遭受重重指责，而“魏玛文化”却被人们向往怀念，依然把它看作未能实现的伟大承诺。“波恩不是魏玛”是20世纪50年代“德意志第二共和国”的呐喊，是旨在对抗政治激进主义、保证民主政权的平稳实施而不惜一切代价的政治誓言。然而第二次世界大战后的几十年里，柏林在万众的注视之下，总有得意洋洋的感觉，因为魏玛的文化因素在这里得到了延续。

象征德意志文化的魏玛与象征普鲁士武力的波茨坦之间的距离并不遥远。回望德国的过去，再看看它的现在，会让外国人感到迷惑不解。德国“一方面表现出奴隶般的温顺，以至于造就了高高在上的权威；一方面又表现出丰富的、充满批判精神且极富创造力的文化生活。在过去的几个世纪中，矛盾的两个方面在这里并存”[2]。

德意志精神与德意志帝国

1914年10月4日，九十三位德高望众的知名学者、科学家、作家和艺术家——弗里茨·林格称他们为“知识官僚”——发表了一份名为“致文明世界”的宣言。在宣言中，他们为德意志帝国遭受的外来批评

1　见弗里茨·施特恩的早期著作，《文化绝境中的政治：德国意识形态崛起研究》（1961年；伯克利：加利福尼亚大学出版社，1974年），以及《反自由主义的失败》（纽约：阿尔弗雷德·A. 克诺夫出版社，1972年）。

2　古奇等，《德国思想与前景》，第viii页。

作了辩护。这份宣言是由一位名为路德维希·富尔达的犹太诗人起草的，富尔达于1939年自杀身亡。恰如弗里茨·施特恩所描述的，这份宣言是一份道德意义上的宣战书，一份孤独傲慢的文件。德意志本是热爱和平的民族，是战争欺骗了它。德国没有侵犯中立国比利时，相反，德国军队的目的是保护比利时不受英法军队的侵犯。德国没有打破国际条约，相反，德国承受了来自东西方敌国的许多暴行。然而更重要的是，这份宣言声称，对抗德国的战争根本不像外国媒体所宣传的，是对抗德国军国主义的战争。从根本上说，这是对抗德国文化的战争——英国的自由政府却荒谬地宣称这是为文明而战。因为在自由的英国和战前的德国之间存在着知识分子的公约，不列颠"文明"与德意志"文化"之间的斗争变得更加激烈。[1]

令外界深感不解的是，德国的军国主义与德意志文化似乎一体共存，无法分而述之。"没有德国的军国主义，德国文化便早已从地球上消失了。"画家马克斯·利伯曼、政治自由主义者弗里德里希·瑙曼、罗曼语教授卡尔·福斯勒、心理学家威廉·冯特，以及许多其他学者，都对这种观点持赞同态度。古典主义者乌尔里希·冯·维拉莫维茨—默伦多夫甚至走得更远，他宣称，不仅是德意志文化，整个欧洲文化的命运都取决于德国军国主义的胜利。宣言签署者信誓旦旦地说，他们会作为文化人士投入这场战斗，对他们来说，歌德、贝多芬和康德的遗赠如同德国领土一样神圣。[2]德国人如此坚持自己文化之战的说法令

1 谢里，《伟大的战争与现代主义语言》。

2 关于宣言的源起及其反响，见布罗克，《科学与军国主义》，第649—719页。这个宣言的英文版本及相关文本，见查普曼，《德国高于一切，或德国在讲话》。英文版的题目混淆了文化与文明的界限，而这种区分对德国人却是至关重要的。托马斯·曼旨在对抗希特勒的宣言写于1938年11月19日到11月24日。这个宣言题为"An die Gesittete Welt"，被译为"致文明世界"。并没有明确的证据显示，托马斯·曼是否通过这篇文章有意影射1914年九十三人签名的宣言。见托马斯·曼，《致文明世界》，载于《文选》，第5卷，第28—35页。

T.S.艾略特非常震惊；“正常”的战争不会让他产生如此兴趣，更不会令他拍案而起。他对抗的不是德国的罪行，而是德国的文明，即“一整个由军官与教授构成的体系”[1]。然而，由于艾略特在信中提及的是德国文明，而不是德国文化，因此意义含糊不清。在宣称他会抵制以军官和教授为代表的德国文明之后，写在信件最后的话给人以不祥的感觉：“不过，如果这种文明保持下去的话，对世界也会是极有价值的。”

然而，德国的许多反对者声称，他们反对的不是歌德、荷尔德林的德国，也不是洪堡兄弟的德国，而是皇帝、兴登堡和鲁登道夫领导下的德国。要将这两个德国分开并非易事。的确，天然地把德国文化与政治分离开来的传统造成了这种分裂。19世纪前半叶，在德国从文化的民族主义向政治的民族主义转变后，这种观点就发生了变化。如今在德国，政治被看作文化的保障，而文化为政治的合理性提供支持。法国人对这种教授与军官的联盟于1870年在色当取得的胜利表示格外钦羡。在1806年的耶拿—奥尔施泰特战役失利后，普鲁士是欧洲第一个实施义务服兵役和义务教育的国家。德国的士兵能够打败法国人的原因是，他们在接受严格训练的同时还在接受教育。因此德国的胜利毫无难解之处：它的根源在于文化与政治的结合。对保罗·瓦莱里来说，纪律是德国人最为有效的武器。德国的知识分子就像德国的将军一样有条不紊。[2]

极具讽刺意味的是，正是德意志帝国的建立，才导致尼采为了文化的前途，坚持政治与文化的分离。在普法战争初期，尼采曾请求巴塞尔大学让他离开去参加普鲁士军队。当时巴塞尔大学授予二十四岁的尼

---

1 见T.S.艾略特于1914年9月8日写给其兄长亨利·艾略特的书信，载于《艾略特书信选》，第1卷，第56页。

2 瓦莱里，《系统地征服》(1897)，载于《作品集》，第1卷，第971—987页。

采副教授职称仅一年有余。他于1870年以医护助理的身份入伍。7月19日，尼采在给母亲的信中说，法兰西猛虎在侵袭德意志文化，应该不惜任何代价打败法兰西。然而就在同一天，尼采在给古典主义者埃尔温·罗德的信中却表达了完全相反的观点。尼采在这封信里断言，战争会揭示出德意志的文化基础实际上是多么不堪一击。1870年12月，同样是在一封写给母亲和妹妹的信中，尼采承认他对德国发动的武装征服战争的同情心迅速减弱。法兰西猛虎不再是威胁德意志文化能否生存的力量，对德意志文化最大的威胁恰恰来源于即将到来的普鲁士的胜利。[1]

德国的统一归功于文化而非政治。很长一段时间里，德国人对自己"文化民族"的身份颇为自得，尽管德国并没有统一的国家形式，却依然没有影响这种自尊的心理。法国人和其他一些国家的人对这种自我满足感甚是羡慕。然而，随着拿破仑的无往不胜，加上后来的解放战争，一切都改变了。德国人开始意识到仅凭文化的力量不能打败拿破仑，于是转而以布吕歇尔、格奈泽瑙、沙恩霍斯特等军官为豪。正如休·特雷弗—罗珀所说："1815年后，德国的文化阶层不得不承认，如果德国要获得强有力的国家保护，那么就只能在严酷的现代政治领域内进行斗争：如果这样，德国就会从文化民族转变为文化国度。"同样，伊格斯把德国的历史思想转变描述为，"从赫尔德的世界性的以文化为核心的民族主义，转向了以国家为中心的排外的民族主义"[2]。文化国家的概念对于历史学家雅各·布克哈特和他的同僚尼采同样不可思议。布克哈特固执己见，拒绝解读国家与文化的概念。"他认为，权力与文化

---

1 尼采，《书信集》(1869年4月至1872年5月)，收录于《批判全集》Ⅱ：1，第130、131、164页。

2 伊格斯，《德国人的历史观念》，第二章，第29页。

是分离的，是文化的敌对力量。权力有其自身要素，而且这个要素究其本质就是罪恶。”普法战争在1870年爆发时，布克哈特预言文化将会成为牺牲品。[1]

尼采与他的看法相同。1870—1871年的战争取得胜利时，大家一致认为德意志文化随着普鲁士军队一起，在色当取得了成功，尼采对此表示反对。这是一个危险的错觉，这个错觉必然会使胜利转向失败，“就算不是全盘失败，也会使德意志精神成为‘德意志帝国’的牺牲品”[2]。从那时开始，尼采的主要思想便纠结在政治胜利与文化失败之间。帝国建立之后，德国人对精神感到厌倦：“政治吞没了一切代表真正精神的严肃感——德国，德国，高于一切：恐怕德国哲学要走到末路了。”对于尼采而言，德国再也找不到真正的哲学家和诗人了，只有一个著名人物孑然独立，他的政治成功摧毁了文化，之后，作为一种讽刺性的安抚，他又把政治转化为一件艺术品：这个人就是俾斯麦。他的追随者称他为政治雕刻家和建筑师，或者是德国政坛的伦勃朗。[3]尼采也开始鄙视理查德·瓦格纳，因为瓦格纳曾将德意志帝国的复苏视为德意志文化进步的先决条件——至少在一段时间内如此。尼采曾期待俾斯麦的尊重，这种尊重在魏玛共和国也许会得以延续，并且依靠这种优雅的残忍，帝国的大臣能够取得政治目标的胜利。从19世纪中叶开始，德国的政治思想就徘徊于理想主义与现实主义之间，公共领域对道德的浪漫渴望与政治王国对伦理道德的巧妙拒绝之间。在俾斯麦那里，这两种截然相反的观念交织在一起：这位铁血宰相被视为精明德国人的

1 特雷弗—罗珀，《雅各·布克哈特》，第360—361、370—373页。

2 尼采，《大卫·施特劳斯：忏悔者和作家》，载于《不合时宜的沉思》，第3页。

3 尼采，《偶像的黄昏》，第43页（“德国人在失去什么？”）。关于伦勃朗和俾斯麦的比较，可参见朗本，《作为教育者的伦勃朗》（1888），第188页。关于日益提升的俾斯麦神话，与将这位宰相称颂为有艺术气息的政治家的言论，参见帕尔，《啊！我胸中涌动两个灵魂》。

典范，在他那里，浪漫感受是一种残忍，愤世嫉俗的态度则因为精神追求有所缓和。当马克斯·韦伯以其颇具特色的判断力看出，俾斯麦的杰出智慧与其在强权政治中出类拔萃的表现在根本上并无分歧时，也曾就此发表过一番高谈阔论。[1]

尼采曾说他是最后一个对政治漠然的德国人，也就是说，他对俾斯麦成功达成的政治与文化之间的结合不屑一顾。"政治漠然"这个词在这里有些不妥；尼采更想表达的是他的"反政治"思想，即对德国政治胜利的不满情绪。而对于布克哈特，文化和国家一直是对立的。任何将二者统一起来的企图都是注定要失败的："你的付出最终不可能超过你的所有——个人如此，民族也是如此。如果你全力以赴投身于无上的权力、堂皇的政界、经济学、世界贸易、国会或军事领域——如果你在一个方向上竭尽全力，认真领会，严肃对待，志在必得，以至于战胜自我，那么你就不可能在另外的领域付诸同样的努力。"[2]尼采认为，文化国家不过是现代社会衍生的虚幻的怪物，永远不会成为现实。事实上，人们必须在文化与国家之间做出抉择："一方依靠另一方生存，一方的落败造就另一方的繁荣，一切文化繁荣的年代都是政治衰落的年代。用政治的语言来讲，文化感觉强烈的，通常是非政治的，甚至是反政治的。"爱默生本不应该因为歌德这位"日耳曼民族的灵魂与典范"居然住在战败国而吃惊不已。[3]爱默生还曾把自己名为"代表人物"的一次讲演献给歌德。对于尼采来说，不可能有任何折中结果。在普鲁士打败法国后，德国文化便失去了价值。只有政治失利才会带来德国文化未来的复苏："在政治的病榻前，在民族精神被重新发现时，民族文化通

---

1 韦伯，《容克与民族性格》(1917—1921)，第390页。

2 尼采，《偶像的黄昏》，第45—46页。

3 拉尔夫·沃尔多·爱默生，《歌德，或者作家》(1850)，载于《随笔书信集》，第751、757页。

常才会重新焕发活力；反之，对权力的追逐与袒护则会导致文化的日渐丧失。文化发展首先归功于政治的长久衰落。”[1]乔治·桑在1876年写给福楼拜的信中回应了尼采的观点，她认为，德国军事的胜利就是德国道德没落的开始。文化与权力的冲突使尼采在其《人性的，太人性的》一书中写下这样警示性的箴言：“当文化讲授者和文化倡导者意欲借助武力保护文化时，会最终毁了自己。就像期望通过参加军队，通过紧密防范、夜间巡逻和恐怖噩梦来改变居所周围的安静氛围，最终却只能导致安静氛围被离奇地破坏。”[2]这句箴言的标题是“如果不必要，不要做文化斗士”。

尼采就是这样赠予了德国知识界一份危险的礼物。他不只是严肃地看待文化与政治之间的分歧，并以它为视角解读德国历史。他披着政治预言的外衣，对爱国主义进行恶意攻击：德国政治和军事的一场灾难就完全可以导致德国文化的复兴。在普法战争后，德国取得了胜利，因此尼采的尖酸讥讽并不引人注目，因为帝国终于建立起来了，德国便全身心致力于在军事和经济上成为世界强国。然而，在第一次世界大战爆发前夜，德国知识分子被迫放弃了尼采的反讽性预言。他们开始宣称内在统一的重要性，不仅是政治与文化的统一，更有文化与普鲁士军国主义的统一。只有在持怀疑精神的现实主义者如马克斯·韦伯的言论里，人们还能听到尼采的声音。韦伯坚信，国家的政治威望会提升其文化成就与声望。然而他又疑惑，在1871年的普法战争中取得胜利后，德国的政治力量空前高涨，德国文化是否能够真的从中获益。

1　尼采，《人性的，太人性的》，第1卷，编号465（“精神的再生”），第169页。
2　出处同上，第2卷，第258页。

个人主义者兼政治家瓦尔特·拉特瑙对此同样持怀疑态度。反思过去，他为德国知识分子和教授们洋洋得意的虚伪心态感到羞耻，他们曾声言，他们的国家是世界上唯一推崇文化到极致的国家，相比之下，其他欧洲国家只能算文明而已。他把1918年写的一篇文章冠以醒目的标题"革命前最后的文章"。文章中拉特瑙把将德国带入第一次世界大战的爱国激情称作德意志精神的低谷。在过去，这种精神曾经辉煌，介入了各种各样的理想主义事业，但一直远离政治——如今它放弃了理想，沦落为宣传工具。将来，德意志精神会成为理想与现实的结合体。[1]然而战争期间，只有极少数知识分子勇气可嘉，远离了新一轮的文化爱国热潮，或者，像拉特瑙，提议从德语词汇中把"文化"一词除去。拥护这个提议的人包括德国民主党的建立者之一、法学家胡戈·普罗伊斯，他不久后会起草第一份魏玛宪法；还有历史学家恩斯特·特勒尔奇，他大胆地把将第一次世界大战称为一场文化战争的激情言论叫作理想主义的胡闹。事实上，他还曾说过，第一次世界大战本质上不是知识分子精英们进行的权力角逐，而是由技术专家、化学家和工人们发动的军事与商业的战争。最后，他虽然认可了同僚们的看法，承认第一次世界大战是"精神与性格的战争"，但他依然坚持说，这场文化战争与德国人格格不入。德国人很难找到能够用以进行精神战斗的"准则与思想"[2]。

当1918年德国在政治上、军事上遭遇失败时，德国的历史学家们早就做好了准备，否认联军只是与德国军国主义作战，而非与德意志文化对抗。可以说在四年前，即战争爆发前，他们就有此准备。德国人民

---

1 瓦尔特·拉特瑙，《国家与祖国：革命前最后的文章》，载于《文献全集》，第6卷，第254—255页。

2 恩斯特·特勒尔奇，《1914年的思想》(1916)，载于《德国精神与西欧》，第31—32、38页。

既能永远保持诗人与哲学家的品质，又能同时成为英勇的战士。在这样一个国家中，对政治与文化的隐蔽区分根本没有意义。德国已经被拖入了它根本没有任何准备的文化战争中，比炸弹与迫击炮更糟糕的是对手的文字攻击，这种攻击占领了歌德的故乡。

德国的历史学家骄傲地承认，在1770—1840年间，他们的国家就已经与欧洲的政治思想主流分离了。然而他们又公然反对那种认为德国避开主流思想的同时转向了内省式的反政治理想的主张。如果听到有人暗示说，德国至今遭受的最残酷的失败是在政治上，而德国取得的最辉煌的成功是在文化方面，那么他们一定会震惊万分。他们觉得尼采的论调是极糟的背叛，因为尼采只对德国生活与精神的统一感兴趣，而对祖国政治上的再统一漠不关心。尤其是弗里德里希·梅尼克，他自觉担负起解说任务，从德国历史的角度讲述了文化为什么会必然被政治取代。根据他的观点，文化与政治的最初分离与德国的民族特性毫无关系，而是由于外在原因的影响。1805年神圣罗马帝国覆灭后，普鲁士人失去了政治独立性，一年后又被拿破仑击败，他们的智性创造力在战争面前、在政治面前显得无能为力。梅尼克与之前的尼采一样，从心底里承认文化创造力与强大的国家政体毫无关系。然而，与尼采不同的是，他坚持认为，一个社会如果渴望长久地保持创造力，那么没有一个健全发达的政治体制是不可能的。普鲁士改革阶段最伟大的成就，应该可以认为是“文化和智力自由地与国家结合，源流得到开发，并滋养了德国人的生活。这远比解放国家这个近在眼前的目标重要得多”。无论如何，文化和政治不能在相同的层次上加以探讨。梅尼克也许有些漫不经心，但他在谈及德国精神时表述得却很清楚。他说，德国精神“降格到国家的层面……不仅会保护处于危险境地的自身，同时也会保护处于危险中的国家。这样，道德与情感这些看不见的财富也得到了保护，并且为后世的创造力提供了源泉”[1]。

1806年法国取得胜利之前，事情已经大为改观。在拿破仑战争之前，普鲁士既保持着古老的邦国体制，同时又产生了新的军事集权。然而受教育的阶层却居住在完全不同的世界中，“一个崭新的王国，不受国家政体干扰。在这个国家，每个人都能对自己的政治及社会观点毫不掩饰，每个人的出身、价值观及目的都昭然若揭”。他们居住在一个优雅高尚的社会中，在那里，凡俗尘世中的普通人每天经历的事情，“到他们那里仅仅是一种回声”。在普鲁士这个国家里，责任分工一直很明确，这对于文化传播者来说无比欣慰。他们的所思所想、所写所著、所论所争都与政治领域关系不大。作为回报，外面的世界对他们无法产生任何影响，“他们大多赞美他们的生存状态，并把这种状态视为文明的典范”[2]。

梅尼克觉察到，在早期的文化与政治的分离中隐藏着深深的历史智慧。假设那时候受教育的德国阶层不与普遍的政治生活保持距离，他们很可能被迫为了国家牺牲掉艺术、文学、音乐和哲学，那么1795年到1805年的古典主义时期便永远不会到来。而到了改革时期，到了19世纪，18世纪的军国主义国家之所以能够变成文化国家，恰恰是因为之前很长时间的酝酿。这样，政治意识发展的滞后被看成哲学、文学和艺术繁荣发展的前提，这种在文化与政治间寻求妥协的做法是典型的德国方式。在这方面，法国则提供了相反的例证。一方面，如果不把17世纪古典主义如莫里哀、高乃依和拉辛的作品与当时路易十四统治时期的国家荣光联系起来的话，就令人难以理解。另一方面，如果说德国古

---

1 梅尼克，《德国的解放时代，1795—1815》，第3页（德文版题为《德国崛起的时代，1795—1815》，1906年第一版）。

2 梅尼克，《德国的解放时代，1795—1815》，第18—24页。

典主义漠视政治，甚至是反对政治的特色会导致厌世心理或狭隘思想的话，也是不正确的。通常情况下，世界大同、四海一家的想法只是那些不得不远离政治之人的避难所。“世界文学”的想法并不是在伦敦或巴黎这样的大都市孕育的，而是在魏玛这样的小城。

在法国，中产阶级和文人墨客联合起来打造民族思想，而在德国，正如梅尼克坚持认为的，是文人墨客单独承担了这样的重任。他们并非有意为之，这只是他们的诗学著作和哲学思想的副产品。因此，下面的言论便很好理解了：威廉·冯·洪堡在1799年3月18日从巴黎写给歌德的一封信中，写出了“致力于哲学与艺术的人比其他人与他的祖国更亲密”的话语；席勒在《吕内维尔和约》签订后（1801），以“德国的伟大”为题为一首诗歌写梗概时声称，德国的尊严“在于这个国家的文化和特性都独立于政治变迁之外……正因政治帝国摇摇欲坠，精神王国才变得前所未有地坚定与富足”[1]。

这些并不是反政治的言论。相反，他们指出，在德国历史的特定阶段，国家的政治意识首先发端于艺术、文学、音乐和哲学。当诺瓦利斯大胆地宣称所有的文化都发源于个体与国家的关系之中时，他绝不是与威廉·冯·洪堡和席勒作对。其实，诺瓦利斯表达的是与他们相同的信念，只不过语言外壳不同，原因是当时的政治生活境遇发生了变化——当时是普鲁士的弗里德里希·威廉三世及其妻子路易丝王后执政。诺瓦利斯同时证明，把浪漫主义定义为内省是多大的错误。[2]只是在1813年普鲁士打败法国后，德国才转变为文化国度。德意志精神和普鲁士政治便紧密结合在一起不再分开。文化与权力并肩生存，政治

1 梅尼克，《世界主义与民族国家》，第42、46页。梅尼克著作的德文版于1907年出版。

2 西奥多·焦乌科夫斯基曾在其《德国浪漫主义及其建构》中对这个等式做过强有力的修正。

国家和文化国家成为一体。从现在开始，在德国历史中，普鲁士被赋予了神圣与幸福的光彩。

那么，为什么政治与文化的紧张关系不仅在魏玛共和国时期顽强地存在，最后还在纳粹那里显示了威力，并最终促成了它的衰落呢？拿破仑战争后，从外国的占领中解放出来并没有给德国人民带来政治自由。在接下来的复辟时期，文化与某种特殊政治形式的联姻在德国被封存。政治意味着公民社会对国家的屈服、个人对集体的投降，是国家价值的传播和狂热自豪感的蔓延，而非对世界理想的追求。它不但点燃了反对现代性的高昂情绪，而且以“文化”的名义抵制“文明”。在这个意义上，德国政治不是自由主义幻梦成空的例证；它是对在西方民主发展进程中起到核心作用的自由思想进行的有意抗拒。

德国并不是没有民主党人和自由党人。然而，像格奥尔格·福斯特为了法兰西共和国而战一样，像海因里希·海涅嘲讽德国独裁主义一样，他们中的大多数人被迫离开祖国，客死他乡，他们始终是局外人。在德国文化精英中有一个广为流传的论调，即政府的民主形式与德意志精神如同陌路，恰如政治被解读为艺术一样不可思议，而接受妥协作为政治斗争的结局则是堕落的象征。恰如德国社会学家约翰内斯·普伦格所说，“1914年的思想”与促成西方社会发展的“1789年的思想”截然相反。许多人因此把企图在德国首次建立民主政权的魏玛共和国看作对德国政治理想的背叛，使文化与议会民主相融合的企图被打上了攻击德意志精神的烙印。梅尼克曾是一个“理性的共和主义者”，也就是说，他并非由于衷心支持才接受魏玛共和国，更重要的原因是基于冷静的理性辨析。而且，他还勉强接受了新的民主形式，并为共和国辩护。尽管如此，他还是刻薄地抱怨说，在德国，真正的英雄都离开了政治舞台，剩下的只有那些小商人。梅尼克依然赞成在德国创建文化国度的想法——他这样做并非出于政治热情，而是出于政治依顺情绪。人们会想起1918年德国民主党的党章。党章建议创建文化国度，但读起来却好像是由“一群沮丧的玄学家们所撰写的，而非出自政治家们的手笔”[1]。党章里弥漫着自我毁灭的预言，人们感到了对于融合议会政治与文化的无能为力。

尼采1870年的预言如今像是对抗文化领域内无爱国心行为的武器。由民主理想和自由价值所促进的文化复兴，却被污蔑为第一次世界大战军事灾难和帝国政治覆灭的获利者。正是政治与文化的紧张促进了纳粹主义的兴起与魏玛共和国的衰落。正如彼得·盖伊在其关于魏玛文化的论著的开篇所写：“在歌德的城市建立一个国家，并不意味着可以保证这个国家与歌德的想象相同，甚至，也无法保证这个国家的长久。”[2]

1　波伊什，《弗里德里希·梅尼克和20世纪的德国政治》，第32页。

2　盖伊，《魏玛文化》，第1—2页。

二

从共和到流亡

托马斯·曼的政治观念

当托马斯·曼听到德国军队进行动员的消息时，他于1914年7月30日写信给哥哥亨利希·曼，说他"为可怕而沉重的现实感到羞愧和颤抖"[1]。几个月后，他为了表达对腓特烈大帝的敬仰发表了一篇充满爱国情感的抨击文章，文章题目含义清晰——《战争思考》。这是继《死于威尼斯》中注定要毁灭的英雄古斯塔夫·阿申巴赫之后，他创作的一部"关于腓特烈生平的清晰有力的史诗式作品"。1918年，当战争接近尾声时，托马斯·曼的《一个非政治人物的反思》问世，身为作者，他以其典型的"谦虚"态度称这部作品为真正的"纪念碑"。不管是《一个非政治人物的反思》还是《战争思考》，都令保守的爱国主义者们爱不释手。这两部作品不仅充斥着爱国主义思想，也弥漫着军国主义思想。然而，只把这些作品看作令托马斯·曼难以接受的保守主义宣言

1 《亨利希·曼和托马斯·曼书信选，1900—1949》，第120页。

是完全错误的。托马斯·曼因为理性思考而转变成了共和政体的拥护者，并且告别了从前的写作风格。的确，他后来从《一个非政治人物的反思》中删除了几页，但是他一直把这部书看作他日后痛苦而真诚地接受共和政体和民主信条的必要步骤。

托马斯·曼在《战争思考》中写道，民主精神与德国人格格不入，因为德国人只在道义上赞同民主精神，在政治上却毫无表示。他们只对玄学、诗歌、音乐感兴趣，对选举权、国会体系的正确程序却反应漠然，对他们来说，康德的《纯粹理性批判》比人权宣言更令人激动。德国的军国主义与德国的道德观念无法分离。虽然托马斯·曼没有在《致文明世界》的宣言上签字，但他的确应该被视为第九十四位作者。对他来说，战败的德国不仅意味着一个欧洲大国的道德没落，而且伴随着整个欧洲的道德衰退。日耳曼思想与欧洲精神密不可分的原因，恰恰是日耳曼思想与英国和法国这些国家的价值观与思想大相径庭。德国坚持文化与文明之间有着不可逾越的差异。德国的传统思想体现在“文化、灵魂、自由和艺术上，而不是文明、社会、选举权和文学”。因此，托马斯·曼深深地相信：“德国人永远不会爱上民主政治，原因很简单，他们本来就不喜欢政治，而且备受谴责的‘独裁主义国家’永远是最适宜的、德国人最习惯的，也是他们从根本上渴望的国家形式。”[1]

托马斯·曼的观点可谓老调重弹。1914年宣言的另外九十三名签署者也可能表达同样的情感。然而十有八九，他们并不会如此言之凿凿。1914年托马斯·曼的爱国宣言《腓特烈和伟大联盟》和1918年他的非政治言论，之所以会对德国和欧洲的舆论产生重要影响，激起了不同寻常的热烈反应，原因是，作者本人以前并不是彻头彻尾的保守主义

1　托马斯·曼，《一个非政治人物的反思》，第16—17页。

者。大多数浅尝辄止的读者从上述两本著述中读出了剧烈而痛苦的转变。这些论著时至今日依然引人注目，原因则是，它们充满了永恒的矛盾情绪。

托马斯·曼承认有一位先驱影响了他的思想，那个人无疑是尼采。同时，俾斯麦对托马斯·曼的思想发展起到了与尼采一样的关键作用。然而，俾斯麦的影响却最终使他的观点与尼采的观点相对立。《一个非政治人物的反思》的目的是反驳在德国权力和文化不可能融合的观点。"国家的繁荣昌盛与文化的繁荣昌盛是互相排斥的……政治上强大的德国必然会反对理性与文化"[1]，这种偏见经常会使歌德与俾斯麦抗衡起来。然而，托马斯·曼却认为，如果看不出二者其实是互为因果的，真是愚蠢至极。俾斯麦的特性无疑能在歌德那里找到，而且，"俾斯麦的权力政治和'德国思想'在1860年时引人注目地结合起来"，这种结合本质上不亚于乌托邦梦想的实现。俾斯麦的政治和瓦格纳的音乐征服了欧洲，二者都代表了德国精神中颇具浪漫色彩的霸权思想。[2]

而在1871年普鲁士打败法兰西后，对于俾斯麦和帝国的建立，尼采根本没有上述想法。当尼采以一种显然是讽刺的语调说俾斯麦是德国幸存的唯一的诗人和哲学家时，他并不是想夸赞普鲁士政治，而是对德国文化义愤填膺。就算是非常抑郁的政治胜利，也必然会导致智力的穷困。在第一次世界大战期间，托马斯·曼放弃了尼采的这种观点。在很久之后，也就是在第二次世界大战结束时，他才重新接受了这种思想。纳粹政体崩溃后，当他在美国国会图书馆作题目为"德国与德国人"的演讲时，他把德意志帝国称为一种文化失落："没有任何

1 托马斯·曼，《一个非政治人物的反思》，第183页。

2 出处同上，第171页。也可参见托马斯·曼，《致一位歌剧导演》（1927年11月15日），载于《瓦格纳和我们的时代》，第52页。

伟大的知识成就与德国这一曾是世界之师的国家有关。它只是曾经很强大。”[1]

在《一个非政治人物的反思》一书中，托马斯·曼考虑到他人的感受，尤其是他哥哥亨利希的感受，便对自己的反讽天赋有所保留。他哥哥在战争开始后不久，完成了讽刺小说《臣仆》，这部小说被称为“威廉二世时代的《圣经》”[2]。亨利希·曼被称为“文明的文学预言者”，而他弟弟的大部分作品都是针对他而创作的。[3]可是，在《一个非政治人物的反思》的最后则处处透露出最高形式的反讽，也就是自我反讽。托马斯·曼用别出心裁的一章作为全书的结尾——“反讽与激进主义”，这不亚于是对德国即将发生的事情的预言。他谈及了“反讽政治”，为了说明问题他用康德和保守的浪漫派哲学家亚当·米勒为范例。因此“反讽政治”一词与“保守的反讽”有了同义词的意味。弗里德里希·根茨则提供了最好的例证。根茨既是梅特涅的合作者，又曾感情充沛地翻译埃德蒙·柏克的作品《法国革命沉思录》。他说：“我时常觉得，尽管我的地位极具权威、极有力量，尽管已经有许多个人取得了胜利，但是，时代精神最终要比我们强大得多……然而，这并不是我拒绝忠诚而坚忍地从事负在我肩上的重任的借口。只有不称职的士兵才会在发现前途不利后摒弃旗帜。”[4]在第一次世界大战结束时，托马斯·曼表现得“像士兵一样勇武”[5]。他在为已经失去的事业奋斗——他

1　托马斯·曼，《德国与德国人》（1945年5月29日），载于《托马斯·曼演说集》，第64页。

2　早在1911—1912年，亨利希·曼就在《西木卜里切斯木斯》杂志上发表了其小说《臣仆》中的几章，这是其政治敏锐与政治勇气的一种体现。

3　“文明的文学预言者”是由埃丽卡·曼和克劳斯·曼的文章《我们父亲的肖像》中的“Zivilisationsliterat”翻译过来的，见《逃向生命》，第95页。我更倾向于沃尔特·D.莫里斯在其翻译的《一个非政治人物的反思》中所用的“文明的文学人物”。

4　托马斯·曼，《一个非政治人物的反思》，第430页。

5　“像士兵一样勇武”是托马斯·曼的小说《魔山》第六章最后一节的标题。

自己心知肚明。

托马斯·曼说，保守主义失去睿智和忧郁的气质后，会成为一种简单而强硬的态度。满怀骄傲和充盈的活力，保守主义与“快乐而幸福的进步主义思想”并无不同。而托马斯·曼并不旨在证明他就是这样一个保守主义者。在《一个非政治人物的反思》的开头的一个非常随意的注释中，他说他可能会为德国小说的欧洲化贡献绵薄之力。在一部支持德国例外论、反对可鄙的欧洲民主标准化的著作中，他的这种表白不仅很是怪异，而且相当危险。只是在《一个非政治人物的反思》的最后，人们才恍然大悟，原来托马斯·曼正如他之前的尼采一样，不仅为德国小说的欧洲化，而且一直为德意志精神的欧洲化尽心竭力。他解释说：“只有当国际理性的重心和民族情感的重心结合起来，当些许民主与些许文学纠结着构成它的本质时，保守主义才会变得睿智而忧郁。反讽是知性主义的一种形式，反讽的保守主义是一种知性保守主义。这种保守主义的形式与效果在某种程度上相互冲突，因此很可能，它在与民主进步对抗的道路上便促进了民主与进步。”[1]

魏玛共和国被毁灭时，托马斯·曼写信给他的孩子们说，在某种程度上，他们都对共和国的灭亡负有责任。然而，他用反讽的语气说，他自己也对德国转向民主与国际理解的特殊道路负有责任。在《我们父亲的肖像》这一感人至深的文章中，托马斯·曼的孩子埃丽卡和克劳斯解释了为什么《一个非政治人物的反思》不能被视为托马斯·曼的保守主义遗物。相反，这部作品是导致他开始接受魏玛共和国，之后对其表示支持的转折点。这是“一本用热情与悲痛写就的书，旨在反对英法在1904年4月8日签署的《友好协议》中传达的精神，反对路德和俾斯

1 托马斯·曼，《一个非政治人物的反思》，第430页。

麦的德国与之作战的那种民主”，托马斯·曼做出了他的政治姿态，与内省风格告别。“创造精神放弃了它的悲观、反讽的独立个性，开始与群体发生关联。突然之间，那个一直以来游离于生活之外的人，令人疑惑而又令人悲哀地全身心地直接投身于生活的大潮中，并且一直在挣扎、在忍耐。”[1]托马斯·曼这种转变的决定性原因不是他从保守主义转向共和主义，而是他的政治兴趣代替了内省灵性。1924年，托马斯·曼把施彭格勒视为保守主义思想者的典型，其实施彭格勒只是看上去与文明保持着距离。事实上，他不仅用语言，而且用行动表达过对文明的肯定。[2]托马斯·曼描绘施彭格勒的话其实是在描绘自己。支持德国文化，反对西方文明；支持艺术，反对文学；支持知性，反对民主：《一个非政治人物的反思》的作者促进了德国文化与西方政治的和解。

然而，和解并非易事。托马斯·曼对欧洲遗产的巨大影响一开始持勉强接受的态度，后来渐渐转变为热情支持，这个过程贯穿了整个的和解进程。当他凭借反讽的洞察力认识到，他的小说很可能比他的政治观点更具欧洲特色时，这终于促进了最后的接纳。然而，他与亨利希·曼所热爱的法国之间的距离感持续了很长时间，只是通过他个人与法国同僚的交往熟悉和巴黎评论界对他的作品的热情称赏，才得以最终克服。后来，法国授予他的荣誉勋章也令他心情愉悦。而对于英国，他则总有一种亲密感。1920年，当他第一次翻看他的小说《王爷殿下》的英译本时（英译本于1916年出版），他被一个事实震惊了——他的书翻译得极好，似乎他原是用英语写成的。托马斯·曼有些自责，他的确不应该把自己描绘成那样极端的民族主义者。他以前还不理解为

1 埃丽卡·曼和克劳斯·曼，《我们父亲的肖像》，第95页。
2 托马斯·曼，《施彭格勒理论研究》（1924），载于《逝去的大师》，第226页。

什么叔本华的作品被翻译成最地道的法语在巴黎出版后，尼采决定只读这位哲学家著作的法语版。现在托马斯·曼完全可以想象他只读他自己小说的英文版。[1]

托马斯·曼作为一位欧洲作家，最后接受了政治与社会都是人类不可分割的组成部分这一事实。这是他自己体会到的认识，而且深感有必要告知他人。为庆祝格哈特·豪普特曼的六十岁生日，在1922年10月的一个晚上，托马斯·曼在柏林的贝多芬礼堂亲自为这位诗人作了名为"德意志共和国"的演讲。同一年的6月24日，瓦尔特·拉特瑙被右翼的敢死队杀害。当这篇演讲的英译本于1937年在美国发行时，托马斯·曼回想起当时他的这一演讲遭遇了多么强烈的反对，而反对他的多数是他的演讲对象——德国的青年。托马斯·曼曾因《一个非政治人物的反思》而深受爱戴，许多人都把他看作促进德国人接受新共和的精神导师，尽管人们并没有足够的信心。"传统文化为了取得半壁江山，为了在新的需求中受到喜爱，发出了自己的声音；同时，它希望通过借助德国浪漫主义而使民主散发出亲切的光泽。"[2]这些言论对于那些依旧记得托马斯·曼四年前的观点的人来说，似乎有些过于激烈。四年前，托马斯·曼曾说，民主和德意志精神水火不容，德国文化和德国军国主义根本就是同一硬币的两面。[3]如今他却宣称战争是一个剥去所有荣誉的谎言，共和政体也不是德国的噩梦，而是德国的命运——

---

1 托马斯·曼在一封于1920年3月16日写给恩斯特·贝尔特拉姆的信中表达过这样的想法。他在这封信中回应了其友人对法国在莱茵兰的侵略政策的描述。《托马斯·曼致恩斯特·贝尔特拉姆》，第80—90页。

2 托马斯·曼，"前言"，载于《时代要求》，第ix页。

3 托马斯·曼本人很清晰地意识到了这一点："你是否认为，从艺术方面看，这本书（《一个非政治人物的反思》）由于其中流露着无边的忧郁，因此更应当将其称为文学作品，而不应将其看作对公众的一种警示，这种警示会在几年后使倔强执拗的青年人对文章的作者感到惊异？"托马斯·曼，《文化与社会主义》，载于《逝去的大师》，第202—203页。

他把共和政体定义为国家与文化的结合。当他在美国流亡期间回想起自己演讲的场景时，他意识到他自己观点的前后矛盾，而他的听众早就对他最初的观点格外熟悉了。让他的追随者承认他在攻击不仅对共和政体，甚至对整个国家都造成巨大威胁的战后民族主义，应该是相当困难的事情。而他又不肯回顾过去，使自己与过去的思想达成一致。

出于迫切需要，以及一心沉迷于完成将共和政体、民主思想和德国浪漫主义运动结合为一体的艰巨任务，托马斯·曼热情难抑，狂热不已。在他演讲结束时，他请听众们伸出“僵硬但非同寻常的舌头”，跟他一起呐喊“共和国万岁！”。这种明显非德国风格的结局一定愉悦了某个人，因为这种呐喊虽然对法国人来说是司空见惯的，却已经痛苦地在德国的政治生活中消失了。这个人就是亨利希·曼。他当时已经在德国作家中享有独特地位，成了不可或缺的人物。因为从没在德国听到过这样的呐喊，亨利希·曼热血沸腾地写道，德国文学应与西方民主相联，尤其是与欧洲拉丁语系的部分。托马斯·曼欠哥哥的道歉几乎转变为一种崇拜，他评论说，亨利希·曼证明了“社会提高了诗歌的地位，并赋予诗歌意义，而诗歌使社会有了灵魂与人道精神”[1]。六年后，也就是1928年，托马斯·曼为了表示对哥哥的敬意，在庆祝亨利希·曼六十岁生日时，他在柏林的普鲁士艺术研究院发表了演说。在演说中，他称哥哥为“日耳曼—地中海地区艺术天才的永恒代表”[2]。

在对共和国及哥哥的赞誉之辞中，托马斯·曼遵从了康德的准则，即人在履行责任时不必太听从本性爱好。然而，大多数情况下，托马斯·曼一直在尽力让追随者相信他是依照自己的信念行事。这样，他

1　1925年托马斯·曼评论亨利希·曼的小说《首脑》时所写的几句话。见《亨利希·曼和托马斯·曼书信选，1900—1949》，第273页。

2　托马斯·曼，《论我们这个时代的德国作家职业：记一位兄弟》。出处同上，第282页。

的赞誉与歌颂都变得有些过度。虽然它们听起来很真诚，但是明显带有精装巧饰的特点，托马斯·曼对这一点是很清楚的。他不断提到，在第一次世界大战后，当共和体制建立起来并费尽心机维持下去时，审美魅力与伦理责任之间的差异前所未有地扩大化，当然他也并没有贬低这种差异。二者的对比一直在他头脑中盘旋，却也因为颇具艺术挑战性而令他欣喜。这是反讽的绝妙源泉。

在1930年9月进行的帝国国会选举中，国社党（NSDAP）的票数有所增加，从1928年的2.6%上升到18.3%，使它成为继社会民主党之后的第二大党。这些选举标志着共和体制没落的开始：到了1932年，纳粹获得了37.3%的选票，成为国会中最大的党。在这个理性受到严重攻击的时刻，托马斯·曼站了出来。1930年，同样是在贝多芬礼堂，就是他1922年曾经欢迎老格哈特·豪普特曼与崭新的共和国的地方，他作了题为"诉诸理性"的演说。演说取得了极好的效果，即使他的敌人也对他表示钦慕。当托马斯·曼坚持说他不想扮爱国讲师，也不想成为再世的费希特时，他实际上在讲反话。魏玛共和国就是因为缺乏政治合法性而困难重重。在政治失利后，诗人、作家和艺术家便成为时代的宠儿。托马斯·曼不再对政治漠不关心，而是扮演了诗人和先知的角色，对未来发出了不祥的警告。他宣称，形式因"从不哗众取宠，因而是精神的近亲，并且会引导社会向好的方向发展；而在艺术领域可以达成社会与理想的和解"[1]。文化因此必须担当拯救共和体制的重担。然而文化之前的表现却让人感到非常无助。托马斯·曼声称，时代的冲突可以在艺术领域实现和解。而四年之后，书籍在柏林被烧毁。

《诉诸理性》不仅因其具有政治学说应有的具体务实性而令人称

1 托马斯·曼，《诉诸理性》，载于《时代要求》，第47—55页。

赏，更是充满诗意的演说。托马斯·曼提到，纳粹不仅对魏玛共和国来说是一种威胁，对德意志精神也同样构成威胁。但是他又说，知性因素为纳粹的发展起到了极大的推波助澜的作用，比如“某种特定的意识形态，日耳曼的民族信条，德意志的浪漫主义，以及来自语言学、学术界和学者们的影响”。对于托马斯·曼来说，结局显而易见：凡是想保卫国家的德国公民都应拥护社会民主党。然而，就是在这篇也许称得上他最具说服力、最大胆热烈地支持共和体制的演说中，托马斯·曼仍流露出对共和体制是否能在德国扎根的疑虑。而且，他还承认，要使大多数选民在经济动荡的年代做出理性决定是非常困难的事情。他怀疑，“在封建制度解体后，德国若顺势采纳西欧的议会体制，那么这种体制是否完全适应德国国情，是否会在一定意义、一定程度上对德国的政治伦理造成伤害”[1]。

1915年，胡戈·普罗伊斯几乎用相同的语言问过同样的问题。[2]到了1930年，当共和制的存续急需热烈信仰的时候，这个问题被再次提出则是疑虑重重的表现。托马斯·曼持怀疑态度，因为“德国问题”还没有找到答案：这个国家能够创造出崭新的政治前景吗？还是摆在它面前的只有两个选择：保留与西方民主格格不入的传统，或者接纳对于德意志的内在品格来说非常陌生的政治哲学与政治制度？他对这个问题并未作答，这也颇令人惊奇，因为两年前，托马斯·曼曾经令人震惊地对下面的问题做出肯定回答——将德国文化思想转变为让世界认可的民主意识是否可能，是否值得期待。[3]“一位在西欧长大的犹太社

1　托马斯·曼，《诉诸理性》，载于《时代要求》，第52页。

2　见胡戈·普罗伊斯的著作《德国人与政治》（耶拿：欧根·迪特里希出版社，1915年），第186页。

3　托马斯·曼，《文化与社会主义》，载于《逝去的大师》，第207页。

会理论家提出的发明——德国社会主义”，使困扰德国思想家和诗人的精神世界与物质现实的紧张关系在很大程度上得到缓解。尽管托马斯·曼在《一个非政治人物的反思》中拒绝社会进入人文领域，他现在却对德国知性生活中缺乏社会意识和“社会主义”成分表示痛惜。“民族思想介入政治，集体概念介入社会和社会主义意识，都意味着德国民主思想的真实化、内省化和精神化。”“德国问题”的解决有赖于希腊与莫斯科的崭新联合。“只要卡尔·马克思能够阅读弗里德里希·荷尔德林”，德国就会前景朗朗。[1]为了拯救德国的共和政体，文化与政治的和解似乎还不够，还需要文化与社会主义的联合，而这在苏联早已成为政治现实。这种观点秉承了德、苏签订的《拉巴洛条约》的精神，对托马斯·曼的读者来说肯定是个不小的震惊——不因为这是他哥哥一生的梦想。为了在文化与政治、艺术国度和民主国家之间架设桥梁，社会主义一跃而变为拯救的力量。这也是唯一的能够拯救理查德·瓦格纳的力量——不是作为一个民族主义者或一个狭隘的爱国主义者，而是一个未来民主的德国的“社会主义者，一个文化乌托邦的信奉者”[2]。

第一次世界大战结束时，托马斯·曼强迫自己跨过一条河流。在魏玛共和国崩溃时，他发现自己站在了河岸的另一边，只有反讽能成就这样巨大的跳跃。第一次世界大战失利。共和制岌岌可危。希特勒的独裁统治隐约可见。然而托马斯·曼却以一种持续不变的含糊态度继续写作，继续辩论。他在魏玛共和国时期的论著就像重复书写的羊皮纸。隐藏在为了维护共和而发布的热情洋溢的演说背后的，是这位早期持怀疑态度的非政治人士依然透露出的疑虑。他一直认为德意志民

---

1 托马斯·曼，《文化与社会主义》，载于《逝去的大师》，第213—214页。

2 托马斯·曼，《理查德·瓦格纳的苦难与伟大》，载于《逝去的大师》，第86页。

族本质上是反对民主的。托马斯·曼的语言令我们感觉似乎在听理查德·瓦格纳的歌剧《汤豪泽》的序曲：在乐曲最后，朝圣者的合唱表面上战胜了世俗的爱和欲望，然而我们却在最后一节中无意听到，维纳斯山中甜美迷人的诱惑主题从虔诚的乐曲后面蔓延开来。

法西斯主义的美学魅力

在第一次世界大战期间，当阿道夫·希特勒所在的前线分队没有任务时，当时身为下士的希特勒每天靠读书作画打发时间。1915年秋，当他在专心描绘一座教堂和一扇庭院大门时，一位英国军官也正在战场的对面描画农场庭院的遗迹。他的名字是温斯顿·丘吉尔。纳粹中间流传着这样的说法：希特勒很崇拜作为艺术家的丘吉尔，因此纳粹胜利后，英国首相是唯一不会被送进监狱的敌军首领。希特勒承诺说："丘吉尔会舒舒服服地住在堡垒中，我会为他提供方便，让他得以作画，写回忆录。"[1]"元首"如此尊重作为艺术家的丘吉尔，大有令人感觉他自己也想被视为艺术家的嫌疑。

托马斯·曼的孩子埃丽卡和克劳斯逃出德国——他们所说的"逃向生命"——后不久，他们看到，不仅作家、艺术家、知识分子作为个人成为牺牲品，"真正的德国文化"也成为纳粹法西斯主义的牺牲品。当有人问特奥多尔·阿多诺，国家社会主义即纳粹主义，对艺术产生了什么影响时，他回答说，希特勒的独裁统治是现代社会中最恐怖的反文

1　施波茨，《希特勒与美学的力量》，第86、133页。亨利特·冯·席拉赫讲述了希特勒的承诺。然而，丘吉尔想的却是在更漫长的时间跨度，而不仅仅是在希特勒的千年帝国中当个画家。正如1988年丘吉尔的女儿索姆斯女士在国际丘吉尔协会举办的会议中提到的，她父亲曾说过："当我去了天堂，我要将我生命最初的整整一百万年的时光投入绘画中，这样我才能有所建树。"

化现象。如今我们依然倾向于认为纳粹主义和文化是相对立的两个概念。看看希特勒和他的幕僚们于1937年在慕尼黑举办的“堕落艺术”展上嘲讽讥笑那个世纪最优秀的画作，就足以让我们更加坚信，纳粹的所作所为毁掉了几个世纪以来承载了德国人的自我欣赏和民族骄傲的文化之邦。然而，许多纳粹首领——其中包括画家希特勒、小说家戈培尔和建筑师阿尔伯特·施佩尔——在夺取权力之后依然念念不忘年轻时的艺术抱负，有时甚至把国家社会主义首领们的小型内部会议变成了堂吉诃德式的充满狂想精神的“落选沙龙会”。野心昭著的政治会谈掩盖的是深深的文化落寞——不仅希特勒有这样的感觉，他作为一个年轻画家，曾经在1907年被维也纳美术学院拒绝录取。

希特勒在柏林曾对英国的特使内维尔·亨德森爵士说，他对政治感到厌倦，很想重返油画领域。“在我为了德国实施我的计划的那一刻……我由衷地感到我想要成为这个时代最优秀的艺术家，未来的历史学家会记住我，不是因为我对德国的贡献，而是因为我的艺术成就。”

今天，当我们读到这些时肯定会哑然失笑，摇头叹息，对此无法相信。听起来希特勒颇有俾斯麦之风。俾斯麦是位天才艺术家，曾经“为了胜利地完成自己的作品而放弃与艺术的所有联系”[1]。希特勒的话被刊登在1939年9月11日的《泰晤士报》上，由此第二次世界大战开始有了“画家之战”的称谓。这个称谓暗示，如果波兰的总司令希米格维—雷兹元帅“是位学院派风景画家的话，才是称职的”。《泰晤士报》只是调侃地谈及元首的艺术抱负，而戈培尔把这种艺术抱负当了真，以至于很不明智地揭露了纳粹政体的扭曲、不人道的本质。他写道：“后来我

1 阿曼德·克罗姆林，《治国天才：歌德与俾斯麦》，载于《拜罗伊特报》，42（1919）：11，引自帕尔，《啊！我胸中涌动两个灵魂》，第27页。

跟元首谈及普遍兴趣等许多话题。他很期待战争结束的那一天……那时候我们就能全身心地投身于美术、戏剧、电影、文学和音乐。我们渴望重新成为真正的人。”[1]第二次世界大战结束二十年之后，希特勒的崇拜者们依然坚称，希特勒在灵魂深处肯定是个道德完善的人，因为他一直拥有艺术家气质。[2]

在1940年4月发表于《外交事务》的一篇文章中，多萝西·汤普森把德国称为欧洲的问题儿童，并指出，希特勒的许多性格特点似乎根源于一个病态社会最终使一个病态的人登上权力顶峰。“人们不禁会想，这个人身上有多少令人难解之处——如此敏感，如此残暴，如此软弱，又如此强悍！再看看他周围那些人——性格扭曲，热衷冒险，都是些在任何报社也找不到工作，创作不出任何戏剧，出版不了任何著作的失意文人。”在她眼里，希特勒是在经历过第一次世界大战的共同冒险之后，渴望在梦境中寻求避难的人，是“一个‘无人理解’的人，充满妒忌、隐蔽的仇恨和受挫的创造力”[3]。汤普森不仅挖掘了纳粹政体中典型的“日耳曼人”的特点，而且把这个政体看作20世纪中叶潦倒的中产阶级产生畸变的一个例证。她的言论明显切中了要害，因为戈培尔闻言勃然大怒，称她是神经病、蠢货，说她脑子里除了稻草什么都没有。[4]

早在1929年，法学家、政治科学家赫尔曼·黑勒就曾经预言，暴力伦理的统治就算有美学思想的协助，也不会长久稳固，更不会撑起一个现代的欧洲国家。[5]在不久的将来，任何这样的国家都会把自己孤立起来。1933年10月22日，《新苏黎世报》发表了题为“孤独的德国”的头

1　《戈培尔日记，1942—1943》，第370页（1943年5月10日）。
2　齐格勒，《我所经历的阿道夫·希特勒》，第50页。
3　汤普森，《欧洲的问题儿童》，第391页。
4　《戈培尔日记，1942—1943》，第160—161页（1942年4月5日）。
5　黑勒，《欧洲与法西斯主义》，第54页。

版文章。德国在三天前宣布退出国际联盟。文章的作者是一位名叫马克斯·里希纳的瑞士公民,也是20世纪最伟大的文学批评家和随笔作家之一。纳粹执政后他被解雇,不再担任《科隆报》的文化主编,随后他成为这家苏黎世报纸的通讯记者。

出于道德尊严和美学魅力,孤独一直是德国人比较欣赏的思想状态。纳粹政治希望德国在统治世界的同时保持这种孤独。在1933年11月12日与国会选举同时进行的公民表决中,95%的德国投票人支持政府退出国际联盟。这有可能是舞弊的结果。无论如何,国际上孤立的形象无疑会帮助纳粹巩固其在国内的统治地位。施彭格勒把退出国际联盟打趣为"一群渴望在盛夏度假的人悠闲地在日内瓦湖畔散步"。大多数德国人听到这个说法肯定觉得很享受。

里希纳认为,这种对国际联盟的恶意而公然的蔑视,部分根源于美国的政策。第一次世界大战结束后,信徒式的虔诚希望便几乎全部寄托在威尔逊总统的方案上,威尔逊因此被称为"来自华盛顿的救世主"。这种希望在德国为即将到来的灾难埋下了伏笔。里希纳写道:"这在某种程度上是由于德国人的性格,他们总是把政治与某种乌托邦的梦想相连,而且认为政治的根本在于拯救一切的情怀。"与其说纳粹的施政原则吸引了支持者,不如说纳粹的世界观有诱惑力。德国人无法把政治看成争夺利益的必要手段,也不认为政治是平衡利益角逐的艺术。桑塔亚纳和杜威应该会支持里希纳的评论——在德国每份外交备忘录中都不可避免地流露出对形而上学的珍视。政治不是人类的事业,而是"命运的狂风骤雨和行动的深谋远虑"。一个像国际联盟一样的小小委员会又怎么能触动德国人的灵魂呢?德国人旨在一步步为世界制定基本原则,并由此指点江山,令世界重新排序,令每个国家,甚至是不可一世的强国也俯首称臣。

还有，德国不像法国，并不依靠教会与国家的分离生存。里希纳发现，新教的教会早已自愿屈尊，与第三帝国站在同一战线上。这种怯懦行为越来越严重，发展到宿命思想的地步——德国有用轮回的观点看待历史的倾向。这样，与其他民族的心理学意义上的联系被割断，德国退隐回自我内心。“每一个血细胞都感受到了单独的自我，并在自我承诺中感受到圆满。”这个国家拒绝与国际组织商议政治，而是孤傲地孑然独立，品味孤独的命运。在举国上下的狂喜中，政治演变成令人难以接受的进攻型艺术。这个运动背后的动力非常强大，因此它不能容忍对现实障碍的深入思考，一心朝目标进发。在德国政治家的想象中，“根本没有对未来困难的具体设想”。天意论清除了任何形式的深谋远虑。预言代替了预测。

经过了1933年的“革命”，德国的自我感觉更加心醉神迷，甚至脱离现实，达到了自我神化、自我崇拜的程度，带着狂热的异教色彩。德国变得越狂热，就使自己越孤立。另外，根据里希纳的考察结论，欧洲政治家缺乏心理学家的能力，无法引导德国回到清醒明辨的状态。其他的国家无法理解德国，而德国又感觉自己被所有人误解。里希纳最后说：“近来德国选择夸大特立独行的意义。它明知自己的世界观有不足之处，却沉浸其中洋洋自得，丝毫不理会世界的目光，还把这种世界观称为20世纪的必然。”这是一种把历史当作戏剧、把政治视为仪式的世界观。

1933年后，德国的政治形式表面看来是歌剧般的华丽，实质上却与民主无关，而是独裁政治。早在1938年，早已脱党的赫尔曼·劳施宁就把国家社会主义称为歌剧，其中充斥的是夸大空洞的言辞、刺耳的尖叫与夺目的旗帜，相比之下配乐则不那么引人注目。约阿希姆·费斯特的评论颇令人信服，他说：“希特勒想把世界变成一场瓦格纳歌剧。这个企图致使他想建造一个非人的乐土，那里不仅非同寻常地明亮，而且艺术与政治再不分离。”要想完全理解希特勒，就要从瓦格纳的语境中看他，因为希特勒曾炫耀说，他聆听瓦格纳的歌剧《纽伦堡的工匠歌手》达百遍之多。1935年7月，当哈里·凯斯勒伯爵在巴黎遇到德国前总理海因里希·布吕宁时，他把希特勒的政治比作理查三世的执政策略。这位前总理回应说：“比它糟糕得多，因为戏剧性的、多愁善感的浪漫情怀，即瓦格纳的因素融入了其中。”[1]希特勒总是坚持认为，他成为政治家、成为德意志帝国的元首纯属不得已而为之。他真正希望的是认真做一位艺术政治家，摆在他面前的最重要任务是把德国转变成文化国家。慕尼黑的德国艺术馆成为纳粹时期第一座伟大新建筑绝不是偶然。希特勒占领巴黎后，在城内只参观了几个小时，却在加尼耶歌剧院逗留了很长时间，并且要求雕刻家布雷克尔和建筑师施佩尔陪同，不要政治家或将军们相随，也就没有什么奇怪之处了。甚至在希特勒最后的日子里，在他自杀前，在柏林的地堡里，希特勒还要确定他离开世界的方式要尽可能地像歌剧演出。

希特勒之后，德国的历史大多像是在拜罗伊特上演。当希特勒与众不同地解读瓦格纳的戏剧，把瓦格纳的戏剧看作融会德国文化与德国政治的特殊模具时，他不是在创造传统，而是在遵循传统。1914年12月6日，恩斯特·特勒尔奇在卡尔斯鲁厄发表的演讲中攻击英国的前首相亚瑟·鲍尔弗，指责他对德国和德国政治目标的错误阐释。他本来能理解得更清楚！[2]然而，鲍尔弗很有可能没有错会德国政治——确切地说，因为他去过拜罗伊特。1918年夏，瓦尔特·拉特瑙在对青年们的

1 凯斯勒，《在20年代》，第470—471页。

2 特勒尔奇，《德国人的本质》，第7页。

演说中，严厉批评了德国的对外政策，因为他觉得对外政策中的歌剧特点过于浓厚。[1]今天，这听起来就像是索尔·贝娄笔下的人物拉维尔斯坦，又叫艾伦·布卢姆的一个修辞性的反问——是否兴登堡只是一部三流瓦格纳歌剧中的男低音，而鲁登道夫不过是肥胖的男高音而已。

在某个方面，希特勒是反尼采的：对希特勒来说，艺术只能在强大的国家繁荣发展，而且政治的衰退必然引起艺术的没落。这个观点必然也是他的圈内人的看法。指挥家威廉·富特文勒曾建议容许出色的犹太艺术家留在德国。戈培尔在与他的争辩中坚持认为，作为一名政治家，他不需要任何来自艺术家的指导，因为国家社会主义政治本身就是最优秀的现代政治，因此代表了最高形式的艺术。戈培尔这番话几乎就是他自己于1929年发表的小说《米夏埃尔，或德国的命运》中的原话。在纳粹德国，政治艺术与舞台艺术是紧密相联、无法分开的。[2]戈培尔说，要感谢希特勒——政治一直都是专业人士在遥远的议会舞台上的陌生表演，因为希特勒，政治摇身变成通俗的戏剧。在一封写于1932年8月31日的信中，作家恩斯特·荣格尔曾对法学家卡尔·施米特表示感谢，因为施米特曾协助将纳粹政体合法化，使政治再一次拥有了戏剧的特质，并因此重新燃起了他的政治热情。[3]

然而，为了听从让纳粹政治艺术式登场的要求，并不需要对纳粹艺术充满热情。艺术作品不过是纳粹意识形态的外化标志，它们在德国的传播并不如纳粹领导层预期的那样好。在一封写于普林斯顿——这是托马斯·曼流亡美国的第一站——的信中，托马斯·曼以胜利者的口吻对奥地利作家韦弗尔说，在德国，那些获奖的纳粹作家

1 瓦尔特·拉特瑙，《致德国的青年一代》(1918年7月)，载于《全集》，第6卷，第171页。
2 施波茨，《希特勒与美学的力量》，第54页。
3 荣格尔和施米特，《书信集，1930—1983》，第54页。

的书已经没人读了，相反，国外作家的翻译作品则大受欢迎。党卫队内部宣传周报《黑色军团》在与德国知识分子的争辩中，曾这样抨击德国书商："如果完全听他们的，那么只有流亡文学才卖得出去。"托马斯·曼评论说："在这一点上，我们完全有理由相信《黑色军团》。"[1]秉承近乎相同的讽刺传统，特奥多尔·阿多诺认为，德国人在战争中情愿为希特勒而死，可是假如希特勒写歌剧的话，他们宁愿被砍头也不愿听他的歌剧。

在柏林施潘道写的日记中，阿尔伯特·施佩尔说，他对权力从来就没有兴趣；如果能够成为第二个申克尔——迄今为止略有争议的德国最伟大的建筑师，倒是件令人欣慰的事。在第三帝国时期，这个梦几乎就要成为现实。在战争失利后，这位希特勒的首席建筑师坚持说，第三帝国的建筑中没有蕴藏独特的纳粹意识形态。纪念碑性的建筑才是最主要的追求。纳粹没能建立自己独特的美学，只有"日耳曼现代主义"在第三帝国勉强维持了短暂的时光。[2]没有了坚如磐石的权力结构，帝国政体无法达成统一的美学。例如，戈培尔就宁愿为纳粹运动把现代主义争取过来，哪怕只是部分的；而于1929年创立德国文化战斗联盟的阿尔弗雷德·罗森贝格及其他人却对此持激烈的反对态度。这种冲突不仅仅局限在纳粹领袖这个小圈子中，而是公开的、人人可见的。敌对的倾向及人身攻击演变为持续不断的激烈对抗。及至最后，帝国政体不再为缺乏纳粹艺术品而忧心焦虑。当德军入侵苏联时，希特勒向德国人承诺，在战争结束后，他会把德国历史上最优秀、最美妙的艺术

1 见托马斯·曼于1939年5月26日写给弗兰茨·韦弗尔的信，《托马斯·曼书信选，1889—1955》，第303页。

2 彼得·帕雷特曾就艺术的现代主义与极权主义政治之间模棱两可的关系特点做过详细的论述，详见其著作《反对第三帝国的艺术家：恩斯特·巴拉赫，1933—1938》。

品奉献给德国人民。

德国法西斯之所以成功地散发出强烈的美学魅力，很大程度上是通过仪式而非信仰。德国人和外国参观者对纽伦堡集会的反应惊人地相似。他们都不约而同地成为他们眼中独特的纳粹风格的俘虏。实际上，他们更多的是被政治领袖们的外在表现和忠诚誓言所吸引，而不是真正领会文化演说的内涵——希特勒常在纽伦堡发表这样的演说。[1]法国作家、法国法西斯政党的创始人之一德里欧·拉罗舍尔曾经写道，集会在他心中激发的情感冲击，只有俄国芭蕾堪与其媲美。1937年，英国大使内维尔·亨德森第一次访问纽伦堡时，也被激发了同样的澎湃情感："那种感觉既庄严又美妙，好像身处一座冰雪的大教堂之中……战争爆发前我曾在圣彼得堡居住了六年，那时候正是俄国芭蕾的黄金时期，但是与我现在看到的壮美景象相比，俄国芭蕾大为失色。"[2]这位亨德森也是绥靖政策的拥护者，这也许是他被法西斯的"舞蹈"迷醉的原因之一，但绝不是他倾心法西斯的先决条件。

当知识分子看到政治在如此程度上呈现出美学风格时，他们都深深沉醉了。政治就是最高形式的艺术，国家就是一件艺术品——被这种思想所诱惑，他们都开始相信元首就是位艺术家。温德姆·刘易斯在第二次世界大战爆发后发表的一部关于希特勒崇拜的书中，令人耳目一新地提出，他在希特勒这位政治家身上看到了缪斯的影子。温德姆·刘易斯并不是唯一有过这种看法的人，尽管他似乎也被自己的话震惊了，于是马上又补充说，如果希特勒是个诗人的话，他也会是"最乏

1　在这个语境中，使用像"风格"这样的词，同时隐含着积极的内涵，总是令人有所犹豫。因此，当联邦德国的知名批评家和文学理论家卡尔—海因茨·博雷尔为德国的政治形式感到悲哀，并宣称纳粹政权是近代德国历史上最后一场有风格意识的运动时，的确在德国引起了不小的轰动。见博雷尔，《格调，或"风格"》。

2　亨德森，《失败的使命》，第66—67页。

味的诗人之一”[1]。对于很多观察者而言，法西斯就是政治领域内的“为艺术而艺术”。任何梦想成为诗人的现代政治家，都会成为他国家里的法西斯主义者，这似乎是自然而然的事情——例如比利时的莱昂·德格雷尔、意大利的墨索里尼、德国的希特勒、罗马尼亚的科德雷亚努就是如此。第一次踏上德国的领土时，法国作家罗贝尔·布拉西拉奇就发现纳粹德国是个奇怪的国家。后来，他愈发崇拜他所谓的作为个人的希特勒禀赋的美学品位，以及作为政治运动的国家社会主义的美学色彩。布拉西拉奇写道，希特勒比任何人都清楚，要吸引公众，民族主义运动就必须焕发出诗意的气质。[2]

法西斯政治的美学支撑引发了相当于二流艺术家的政客们之间的对抗行为，他们身份卑微，嫉妒心重。意大利的法西斯作家崇拜墨索里尼，因为他的政治野心与文学作品中冷酷的主人公如出一辙，比如巴尔扎克的《高老头》中的拉斯蒂涅。他们都喜欢引用里尔克的诗句，而里尔克曾看到墨索里尼的诗人气质。正如德里欧·拉罗舍尔在1938年对“领袖”的描写中所说的，他觉得很有必要指出，墨索里尼读过许多书，对于一个法西斯主义者来说，这是极为自然的。[3]在德国，纳粹对这种赞美墨索里尼是诗人的说法表示怀疑。他们的领导层坚持认为，他们的国家社会主义一直以来都要比意大利的法西斯运动成功得多，意大利不仅在对文化的理解上存在差距，而且在打造文化成就方面有所欠缺。戈培尔的意见更为激进。1942年2月6日，他看过意大利男高音歌唱家贝尼亚米诺·吉里主演的电影《爱情悲剧》后，怨气冲天地说：

1 刘易斯，《希特勒崇拜》(1939)，第47页。

2 布拉西拉奇，《作品全集》，第6卷，第241页。参见塔克，《政治与美学》，第608页。

3 皮埃尔·德里欧·拉罗舍尔，《关于领袖的假设》(1938年5月20日)，载于《政治编年史，1934—1942》，第126页。

"这部电影的艺术水准过于低下，与一般的水平都去之千里，绝对应该禁止上映。意大利人不仅对战争没做什么有益的事……而且，在艺术领域也没拿出什么有价值的作品。"戈培尔还说，意大利人的创造能力被法西斯运动毁掉了。国家社会主义深深扎入文化之根，而意大利法西斯却依然停留在表面无所作为："这的确令人遗憾，然而却必须明确承认。"[1]

德国的国家社会主义被看作法西斯运动的正统继承人，这一点受到了法国政界极右分子的嫉妒，因为法西斯运动的源头在欧洲的拉丁国家。只有国家社会主义有能力改造墨索里尼所谓的"自由主义的世纪"。当法西斯主义在意大利和法国变得僵硬而踌躇时，在德国却生机勃勃，并转变为政治艺术的形式得以幸存。国家社会主义起初只是呈现出一种政治波西米亚的不羁状态，却保留了早期法西斯的无政府主义及艺术化倾向的特点——对现有权威的年轻气盛的蔑视和使保守的资产阶级震惊的普遍意愿，特别是过去，即资产阶级在很大程度上与犹太文化非常切合的时候，情况更是如此。在国家社会主义被打败后，它的法国支持者指责说，过度的"日耳曼傲气"使它永远失去了对法西斯怀有好感的欧洲国家的拥戴。纳粹在种族概念上表现得过于激进，而且对打造一种可能将欧洲国家团结在法西斯旗帜之下的共同文化没有给予足够的重视。[2]

许多法国文人最初对国家社会主义在纽伦堡的集会演讲是持怀疑态度的，但之后却转变为狂热。他们崇拜纳粹的原因不是因为熟悉，而是因为纳粹对他们来说太陌生了——那样原始，对神话无比景仰，通过

1　《戈培尔日记，1942—1943》，第71页。

2　见巴代什，《法西斯是什么？》。巴代什是罗贝尔·布拉西拉奇的内兄，他们在1939年联合出版了有关西班牙内战的著作。

仪式颁布命令，并且对理性极度不信任。回到巴黎的法国法西斯主义者很难说在理性上完全信服，但是感情上却完全被左右。1937年，阿方斯·沙托布里昂得出的结论是："没错，希特勒是个好人。"由此，奇异的美学迷恋转变成道德判定。对于法国作家来说，希特勒的强大在于他的真诚。[1]然而，必须指出，对于法国知识分子而言，还有其他的、不是这样感情用事的方法来表达对纳粹运动的同情。比如，德里欧·拉罗舍尔和安德烈·布雷东对沙托布里昂的著作《一束力量：新的德国》表示钦慕，而布拉西拉奇却对书中传达的混乱而错误的思想表示愤怒："我对于法德关系出现的这种严肃而重大的问题表示心痛，而且处理的方式也是如此幼稚。幼稚是适合这本书的唯一词汇。在书中，面对德国和希特勒主义所代表的一切，作者卑躬屈膝，饱含宗教式的景仰。我从来没见过如此恐怖的场景。"[2]

欧洲作家和知识分子不必成为纳粹的绝对追随者，当然更没必要成为德国的忠实支持者。然而，他们却协力打造了一种情感相通的语境，不仅使协作成为可能，而且成为必要，并觉得甚为光荣。沙托布里昂把他与德国的合作看作对欧洲大统一这一信念的坦诚表达，德国的法西斯主义者却一直以来鄙视欧洲大统一的思想。然而，一旦德国的侵略演变成血腥的战争，这种思想便成为纳粹宣传机器的重要工具。这时的德意志帝国被赞颂为能够防御欧洲要塞的唯一堡垒。破坏行为与种族屠杀被美化为西方最后的、具有决定性的圣战。这种宣传口号成功地取得了预期效果。党卫军"查理曼"师由法国人和会讲法语的志愿者组成，是在柏林抵抗苏联红军、为保卫希特勒总理府进行激烈战

---

1 沙托布里昂，《一束力量：新的德国》，第69页。

2 罗贝尔·布拉西拉奇于1937年7月8日在《法国行动》中发表了该评论。见汉密尔顿，《法西斯主义的魅力》，第211—212页。

斗的最后部队之一。受20世纪30年代法国右翼分子的影响，这些士兵怀着激烈如火的反共情绪和根深蒂固的反美情感，尽管他们明知必死无疑，却深信他们是在进行一场文化战争，这场战争旨在保卫欧洲价值观不受亚洲布尔什维主义和美国物质主义的侵犯。[1]

艺术与道德

1939年的《君子》杂志刊登了一篇引人注目的希特勒描写。只看标题就足够令人震惊了：《那个人是我的兄弟》。这是托马斯·曼在1938年首次到加利福尼亚的贝弗利山参观时完成的。这不仅是因为希特勒比全世界最初想象的更能代表他的国家，甚至也不仅仅因为一位可爱的观察家能够在面目可憎的纳粹身上发现熟悉的德国特色。受托马斯·曼的影响，一位伟大的艺术家也严肃认真地看待希特勒的艺术主张："此人一向激起我的厌恶，然而从反讽的视角看，这种感觉却被压制了。对我来说，反讽使浅尝辄止的研究与艺术领域最为接近。"[2]

1　国家社会主义不允许人们轻视莱妮·里芬施塔尔的影片，或者轻视像保罗·德·曼那样认为德国将会朝"美学国家主义"的方向发展的作家，并且不允许人们将这些言论仅仅视为对纳粹主义的外围支援，或者仅仅当作对纳粹主义的道德辩护与道德同情。正是这种影响深远的美学力量对国家社会主义的政治思想进行了大力支持。不管怎样，我对彼得·施杰尔达在参观了纽约犹太博物馆举办的展览后所得出的结论持赞成态度。这场展览于2002年3月17日开幕，主题为"镜鉴罪恶：纳粹影像／近期艺术"，这次展览引发了很多争议。彼得·施杰尔达说："我认为，如果接受纳粹主义是20世纪独具一格的运动之一，我们可以在很大程度上从对纳粹的智力支持及知性渲染的负罪感中解脱出来。这也包括接受纳粹主义所包含的所有内涵。莱妮·里芬施塔尔的电影、阿尔伯特·施佩尔的建筑、集会舞蹈、各式各样的军服，以及纳粹的旗帜都是极具创造性的盛宴。为什么要伪装成其他的事物？给予魔鬼恰当正确的评价是击败这个魔鬼的睿智之法……只有更加清晰地意识到纳粹文化中有限的潜在魅力，其馥郁的香气才不会成为吸引三流艺术家们激情涌动的必然因素。"施杰尔达，《希特勒的表演》，第87页。

2　托马斯·曼，"前言"，载于《时代要求》，第xiii—xiv页。

这位失意的波西米亚式画家毫无阻碍地取得了一个接一个的政治胜利，这是一场灾难，一个令人痛苦的现象，然而人们却不禁以某种恐惧的钦慕看待他："难道不管会带来什么样的伤害，我都必须把这个人看作艺术现象吗？尽管一再压制，却依然本性毕露：困难、懒惰，年轻人令人同情的头脑混乱……懒惰生发于深入骨髓的道德的与精神的波西米亚态度；根深蒂固的傲慢使自己觉得善于从事任何明智的、光荣的行为，因为隐隐的直觉使他感觉他是为某个重大事业而生的……一个兄弟——相当令人不快、令人压抑的兄弟。他令我紧张，这种关系在某种程度上令人痛苦不堪。但是我不会断绝这种关系。"[1]

托马斯·曼坦率的言辞令人信服，他承认在希特勒身上、在国家社会主义那里发现了某种美学吸引，尽管这是很令人痛苦的事。然而，作为一个艺术家坦承这些，会使自己陷入更艰难的境地。托马斯·曼曾对德国的一位艺术大师理查德·瓦格纳表示深深的敬意，因此当他把希特勒与瓦格纳相提并论时，他一定犹豫过。不过他看到，德国文化的困境恰恰在于，它既培养了瓦格纳，又培养出希特勒。[2]由此，他把希特勒的思想称为"被曲解的瓦格纳式思想"。另外，因为希特勒作为音乐艺术家的地位很好地确立起来了，他也允许自己对希特勒表示崇敬，尽管希特勒的称号来得有些不合情理。托马斯·曼还说，他厌恶可耻

---

1 托马斯·曼，《时代要求》，第156—157页。在《君子》杂志（1939年第11期）上，这篇文章的标题为"那个人是我的兄弟"。而在《时代要求》中，文章的题目为"兄弟"。我是从后者中引用的这篇文章，但是保留了《君子》中的标题。德文版在巴黎首次发表在德国流亡者的报纸《新日记》上（1939年3月25日）。奥托·K. 韦克迈斯特曾经描述过，当他从某种不同寻常的角度看待"艺术家希特勒"时，会产生多么强烈的憎恶之情。见韦克迈斯特，《艺术家希特勒》。我对韦克迈斯特的观点并不持赞成态度，尽管托马斯·曼曾经"既不愿意，也不能够指认希特勒是个艺术骗子或精神失常者，而且不认为他对政治的艺术化有着现实目的"。出处同上，第297页。

2 托马斯·曼，《为瓦格纳辩护》。这篇文章是托马斯·曼对彼得·菲尔埃克的文章《希特勒和瓦格纳》的回应。《常识》，1939年11月，第3—6页。

的希特勒的时候，正是他处于低谷的时候。只有当他克服了他的厌恶，并且运用他所认为的所有创作性写作必须具备的优势和前提——反讽——的时候，他才能够与希特勒称兄道弟。

《那个人是我的兄弟》是一篇文学杰作。只举一个例子加以证实——恩斯特·卡西勒曾断言说希特勒是个错误，他对德国历史毫无贡献。与卡西勒相比，托马斯·曼表现出的知识分子的勇气与坦诚则更令人瞩目。[1]这篇文章指出了艺术与文学的局限性。受反讽手法的限制，艺术家托马斯·曼最后也没能与希特勒这样的现象达成妥协，因为“道德领域……的确不是艺术家应该关心的领域”。正是欧洲历史上艺术和文学在本质上与道德的疏离，使得许多人从不把美学意义上的伟大人物和天才看作道德楷模。因此，不管受不受人喜爱，希特勒也会被称为天才，因为在一定程度上他是美学奇人，狂热情感受到判断力的制约。

托马斯·曼认识到艺术追求与美学判断中的道德缺陷。他并不认为艺术的现代主义思想与民主信仰之间有着自然的姻亲关系，因而对此不抱希望。当意识到有多少伟大的现代作家和艺术家都属于“反民主的知识分子”时，人们几乎可以认为“反民主的知识分子”都是伟大的作家和艺术家这一论断是正确的。亨利·詹姆斯曾对“可以选择和对比不同原则的民主思想的不可救药的怀疑”感到悲哀，因为这种思想试图保障所有书籍的“民主用途”。因为这番话，他完全可以作为这类知识分子的代言人。民主思想几乎不能为威胁文化的政治所接受，如果接受的话，也会因此导致文学与艺术标准的堕落。[2]

1　帕赫特，《在逃亡中》，第16页。

2　亨利·詹姆斯，《新小说》，载于《文学批评》，第124页（詹姆斯的文章首次发表在1914年3月19日和4月2日的《泰晤士报文学副刊》上）。参见哈里森，《反动分子》，第26页。

在希特勒和他的幕僚公然表示蔑视的伟大的德国画家中，有许多人，包括埃米尔·诺尔德，都早在1920年左右就加入了国家社会主义党。如果被这个“三流的艺术家”接纳，他们一定会感觉非常开心，因为他们觉得他们与他的思想非常接近。通过称希特勒为兄弟，托马斯·曼曝光了一个令人难堪的事实。从核心上看，艺术的现代主义无论如何没有承载真正意义上的民主；相反，它公然表示了对独裁主义的喜爱——也许还没到极权主义的程度。作为一项美学进程，现代主义不能从道德层面上受到谴责。为了避免审查制度，它像过去一样，不得不受到社会背景的牵制，而社会背景就意味着将道德顾虑渗透在政治与公众生活之中。在很大程度上，这种牵制体现在那些西方民主国家中，而这些国家正是德国坚定不移地要与其疏远的。

但是，对文化这种梦幻般的过高估价在德国的历史上扮演了极为危险的角色。当文化被视为政治的替代物时，公共范围内的道德缺失也就很容易被接受了。首先是法西斯主义的美学吸引，之后是国家社会主义的文化魅力，这些都不只是肤浅的表面现象。它所蕴涵的核心目的是向大部分德国资产阶级和大多数艺术家和知识分子阐释纳粹意识形态的魅力之所在。伦敦社会学院的学者在第二次世界大战期间曾预言，德国只有重建由歌德所代表的文化价值核心，才有可能从纳粹统治中幸存下来。而在英国学者作此评论时，德国却完全沉迷在宏大而美妙的幻想中：首先是文化，随后政治才接踵而至。相反的发展进程才是正确的。为了使被德国造成的欧洲断裂的文明得以幸存，德国应当放弃多数德国人所坚持的思想意识：文化作为政治补偿的幻想。不过，这个过程要持续很长时间。大屠杀不仅是西方文明的巨大分野，更应该成为勒马回缰的转折点。第二次世界大战之后，让文化凌驾于政治之上的那种高度兴奋感在德国已成明日黄花。当阿多诺把任何在经历奥斯维辛集中营的惨痛之后还想写诗的企图称为残忍时，他表达的正是这种观点。然而，经历过奥斯维辛的保罗·策兰所写的诗歌却无论如何不能被称为残忍——因为他的诗歌反映了文化的无助，而非权力的无助。大屠杀不仅是政治罪行，它也是巨大的道德失败，因为道德面对任何艺术成就都变得无动于衷。然而，德国人对于文化能够成为政治替代物的宏大幻想却在战争中得以幸存，并在第二次德国共和时代重新出现。它的幸存通过流亡和移民达成。

流亡与移民

瓦尔特·本雅明是第一位谈及文化的政治化与政治的审美化之间的差异的人。当然，在今天看来，文化政治化与作为法西斯意识形态的主要特点的政治审美化之间的区别已经不再新鲜。在德国，政治审美化有着不可预见的后果。像施彭格勒和格奥尔格这样的作家，本来令人怀疑有潜在的纳粹倾向，却都与纳粹政体划清了界线。出于对艺术骗子的警觉，他们既不愿意接纳像戈培尔这样的欺世盗名者和阿尔弗雷德·罗森贝格这样的意识形态理论家做他们的导师，也不愿让其成为他们的学生。甚至连莱妮·里芬施塔尔这位对“元首”崇拜得无以复加的女导演，在希特勒公开谴责西班牙画家戈雅和她最喜爱的画家凡·高时，也开始对希特勒的政治智慧表示怀疑。

然而，不可否认，吸引包括恩斯特·荣格尔和戈特弗里德·贝恩在内的德国一些知识分子成为纳粹政体追随者——至少在一段时间内如此——的原因，并不仅仅是受种族宣传和反犹主义的影响，而更多是由于美学的吸引和仪式的诱惑。在旁观者眼中，纳粹运动的崛起过程就像一出戏剧。人们不必去探究原因，它的确实实在在地发生了。只是到了1934年6月30日，当国家社会主义党内部出现分歧，而且国家的可疑敌人在没有审讯的情况下被处决，造成了所谓的罗姆大屠杀的时候，才使得许多纳粹政体同情者的赞成心理渐渐减弱。曾经对纳粹深感意气相通的知识分子对这些事情的反应是厌恶。令他们不可忍受的倒不是他们发现纳粹的杀人小队在清除“二次革命”危险时的残忍行径并不合乎律法，更多的是因为这种行为毫无品位。对于这些同情者来说，形式要比内容重要得多。[1]纳粹的罪行在他们心中激起的不是道德恐慌，而是美学失望。

1934年8月27日，在一封写给作家朋友伊娜·赛德尔的信中，诗人戈特弗里德·贝恩很不明智地清晰表达了这种观点。他写道：“不论内心里还是肉体上，我一向都是双唇紧闭，从不多言。可是不能再这样下去了。一些特定事件把我推向了忍耐的边缘。多么恐怖、可怕的悲剧。整个事件在我看来就像是一出三流的戏剧，尽管它一直宣称上演的是经典剧目《浮士德》，实际上它演出的水平还不及粗制滥造的通俗歌剧《轻骑兵热》。开始时它显得是多么伟大啊，如今却肮脏不堪。”[2]他和他的同伴们曾经相信，纳粹永远都会表现得像《浮士德》一样优秀，如今他们一定大为困惑。然而，这正是许多文化精英的梦：德国会成为文化与政治永远携手共荣的国家。这是戏剧性国家的法西斯之梦。[3]

---

1 1932年10月，莱比锡大学校长特奥多尔·利特建议全体教员对校园内的纳粹学生组织表现出来的兴奋情绪进行公开批评，而爱德华·施普兰格尔则表示反对，他认为，学生们的情绪显然是很真诚的表现，应该予以表扬，只有他们的行为方式应该受到批评。见施普兰格尔，《与纳粹政权的冲突》。

2 赖因哈德·保罗·贝克，“前言”，载于贝恩，《散文、随笔及诗歌》，第xxviii页。

3 我没有使用“戏剧国度”这一用法，因为克利福德·格尔茨曾写过“巴厘岛国家表现出来的本质……从来都与暴政无关”，而且在巴厘岛，“权力是盛大场面的支撑，而非盛大场面装点着权力”。这种阐述限制了我，使我没有直接借用最初出现的那一用法。见格尔茨，《尼加拉》，第13页。

这个美梦最终证明不过是个幻象，随之而来的不是疏离和反对，而是深深的失望。1934年之后，许多德国知识分子依然乐于保持法西斯的身份——只要纳粹能够忍受他们。

双唇紧闭——这后来变成纳粹时期德国知识分子表现出的最显著的特点。知识分子没有停止思考，但很少开口，当然更不可能公然表白。1934年后，许多留在国内的知识分子进入了他们所谓的“内心流亡”的状态。在另一封给伊娜·赛德尔的信中，贝恩写道：“1935年1月1日，我要离开我的公寓、我的事业，离开我在柏林的全部生活，我打算回到军队中去……我不知道他们会给我什么位置。我的未来一片迷茫……可是不论从道义上还是经济上，我都无法再这样继续生活下去，我必须割断我在这里的一切联系。这是拥有贵族气派的移民形式。”[1]这样，古老的德国幻象得以幸存：相信当政治表现出残忍血腥的一面时，就意味着德国更优秀的一面——文化国家——便不会受到伤害。当第三帝国化为乌有时，这些知识分子从来没有把自己看成追随者，从来不认为他们曾经间接地，或者不太情愿地促进了纳粹政体的合法化并且延长了纳粹的罪恶生命。由于美学上的分歧，他们便在回顾往事时，完全沉溺在一种自我欺骗的幻象中——似乎他们也曾被纳粹政治侮辱蔑视过。他们一直生活在流亡之中。他们曾在心灵深处抵制纳粹——正因为在心灵如此之深的地方，因此外人根本不可能意识到这种抵制。

一个奇怪的事实使这种奇怪而强烈的自我幻象得到加强。在德国，有一个方面抵制住了纳粹的诱惑，没有任何妥协行为，这就是德国

---

1 贝恩，《散文、随笔及诗歌》，第xxix页。女诗人伊娜·赛德尔曾经为了庆祝“元首”的五十诞辰，创作了一首颂歌，这首颂歌像贝恩一样——由于同样的原因，当然主要是美学因素——随着纳粹运动一起，失去了其魅力。

语言。在法国，即使法西斯主义者德里欧·拉罗舍尔接任著名期刊《法国小说评论》的主编时，期刊的文学质量也并未下降，许多同情法西斯的撰稿人，与持抵抗态度的作家相比，写作水平毫不逊色。而德国却与法国不同。德语对大多数支持法西斯的辩论家和作家明确地持坚决抵制的态度。[1]一旦作家们屈从法西斯，他们作品中的文学风采和美学才情便消失殆尽。在戈特弗里德·贝恩早期的作品中，他运用德语的能力达到妙笔生花的程度，而当他流露出屈从希特勒和纳粹意识的思想后，他的诗歌才能便立刻瓦解。正如卡尔·楚克迈尔在关于德国艺术家和知识分子的卷宗中所指出的，他准备接受美国的管理。在第三帝国期间，只有在贝恩不能发表的秘密作品中，以及在他的私人信件中，他才能重新拥有对德语的无人能敌的、曾经闻名遐迩的驾驭能力。可以说，国家社会主义的文学从来就没能达到很高的水平。托马斯·曼坚持认为，纳粹使用的"绝对虚伪的德国人"一词足以证明纳粹政治的反人类特性。然而，德语的抵抗态度最终导致了政治抵制这一概念的模糊。在"内心流亡"状态进行写作的德国知识分子无法获得出版机会，更不用说会获得公众的尊敬。但他们后来认为，产生这种后果的原因是他们曾在政治上反抗纳粹。

当战后贝恩被问及为什么他在1934年后还坚持留在德国时，他回答说，他从没动过移民的念头。首先，没有什么压力迫使他离开这个国家。更重要的是，流亡生涯对知识分子来说并不是可行的选择，因为在德国从来没有这个传统。的确，马克思和恩格斯曾住在伦敦等待转机。近年来，西班牙的知识分子也为了避免遭到迫害而逃到伦敦。然而，"移民"的概念在当时并不存在，只是在后来才有了完整的伦理力量。

---

1 参见埃贝，《黑暗年代的救国阵线，1940年6月至1941年6月》。

贝恩说，当他同时代的许多人离开德国时，他们采取的并不是政治移民行为，只是希望通过远赴他乡来逃避个人困境和令人不快的环境。这的确是非常奇怪的论断，有些玩世不恭的味道。似乎贝恩从来没听说过海因里希·海涅流亡巴黎的事情——尽管他在三五句之后便引用了海涅的诗歌《掷弹兵》中的句子。在反对移民及流亡的声音背后，传达出的无疑是反犹太人的态度：德国人怎么可能采纳几个世纪以来犹太人的命运模式呢？

也许有人不喜欢如此严肃地看待贝恩的争辩。这毕竟说明不了什么问题，这只是个借口而已。然而，托马斯·曼的例子却说明了让德国非犹太知识分子接受移民或流亡的思想是多么困难。1933年2月，托马斯·曼离开德国，到了阿姆斯特丹、布鲁塞尔和巴黎。在这些城市，他打算作关于瓦格纳的演讲。瓦格纳的世界观，正如托马斯·曼急于向国内外的听众所宣传的一样，是德国文化的集中体现——只要德国艺术存在，它就对政治表现出最彻底的冷漠。接下来，他要去瑞士的阿罗萨度假。在那里，他的孩子们说服他不要再回德国。起初，托马斯·曼努力把流亡看作对精神有益的必要行为，同时这又是个绝好的机会，可以使自己"摆脱多年来由于对社会的思索而缠身的无尽义务，从此得以全神贯注地过自己的生活"[1]。难以想象将更加德国式的对流亡的反应强加在他身上：没有因为政治迫害而勃然大怒，也没有为了复仇而呐喊奔波，他只是静静地退隐到内省的精神自我。

在很长一段时间里，托马斯·曼都在是否公然指责纳粹政体的问题上犹豫不决。他认为，只要还有机会保住他在慕尼黑的家庭别墅，还能兑现依然存在德国银行中的诺贝尔奖金的一半，他就不能愚蠢地跟

1 托马斯·曼，1933年3月15日，载于《日记，1918—1939》，第127页。

德国斩断联系。然而，更重要的是，他一直希望柏林的S.菲舍尔出版社能够出版他的小说《雅各的故事》，这是他的四部曲《约瑟和他的兄弟们》中的第一部小说。许多年之后，他在美国回忆起，第三部《约瑟在埃及》是在流亡过程中完成的，托马斯·曼感叹说，那是“我外在的生存状况的爆发……我无法再回到那个旅程，那时我的生活基础突然消失了”[1]。可是，瑞士为他的流亡提供了一定的舒适条件，因为在关于约瑟的小说问世时，瑞士允许他住在“德国式的环境中”。如果他想继续写作的话，那么托马斯·曼便无法离开德国的文化土壤。最后，他们在慕尼黑住处的家具被运到了屈斯纳赫特，也就是托马斯·曼一家那时在瑞士的住处。第一夜睡在他原来那装饰着蕾丝花边的温暖的羊毛被下，第一次坐在他钟爱的新古典风格的椅子里打盹，托马斯·曼回归故土的渴望几乎把他的心淹没。

尽管很明显，托马斯·曼不得不过着流亡者的生活，但他总是带着显而易见的鄙视之情使用“流亡”一词。他讨厌“流亡”一词所包含的怨恨的氛围，坚持认为自己处于流亡者的圈子之外。他觉得自己不是避难者，只是一个迫不得已离开国家、到国外居住一段时间的德国公民。他一直念念不忘返回德国。其实希特勒当政期间，许多移居国外的作家和政治家都抱着同样的想法。1933年4月，当托马斯·曼的孩子埃丽卡和克劳斯在巴黎问德国画家马克斯·贝克曼，他是否会回到法兰克福时，他回答说：“为什么不？我当然要回家。有什么变化吗？我跟政治有什么关系？我是艺术家。不论政府是在希特勒手里、共产党手里，还是在印度莫卧儿帝国手里，我都能画我的女人、杂技演

1 托马斯·曼，《约瑟系列小说的主题》(于1942年11月7日在美国国会图书馆的柯立芝礼堂发表了此次演讲)，载于《托马斯·曼演讲集》，第9页。

员或者风景。”[1]这其实也是托马斯·曼的愿望，事后看来这有些不可理解——在那个时候回德国，以一种内心流亡的状态住在那里，这种颇具贵族气质的性格倒是有些像戈特弗里德·贝恩。托马斯·曼曾说：“大可不必在行动上效仿格哈特·豪普特曼和理查德·施特劳斯，但是可以尽力保持高贵的心态，而且避免在公共场合露面。”[2]1934年4月，托马斯·曼给德国的内政部长写过一封信，在信中，他请求更新他的护照，并且归还他的家、他的图书馆和他的财产。这封信透露出托马斯·曼不凡的勇气，因为他在信中再次重申，他对纳粹政体感到无比愤懑，这种情感是不会改变的。然而他也承诺，如果允许他回到祖国，并接受历史的评判，他就会容忍纳粹政府，并且在政治上保持绝对沉默。

正如许多德国知识分子一样，使托马斯·曼放弃回国想法的原因是罗姆大屠杀。在此之前，他就一直顶着来自他的孩子及朋友们的压力，大家都劝他对德国正在发生的事件做出反应。最后他终于屈服了。他感到松了一口气，因为这时他不用再犹豫了，他要永远与德国正在发生的事情划清界线。他称这次事件是“对理性残忍暴虐的亵渎，对真理恶意无耻的践踏，是卑劣、肮脏、诡秘离奇的事件，是罪恶的堕落和道德标准的混乱，是对我们古老德国的一切美好、真诚、信任、信誉的败坏、腐蚀和强奸”[3]。于是流亡成了一种可行的、可接纳的生存方式。托马斯·曼在他的日记里总是提到，他如今必须写点政治宣言或声明之类的文章了。对他来说，艺术与生命总是无法分开：他越来越像梦想家约瑟了——在流亡过程中转变成对政治深负责任感的人。

1　埃丽卡·曼和克劳斯·曼，《失败的妥协》，载于《逃向生命》，第47页。

2　托马斯·曼，1933年11月20日，载于《日记，1933—1934》，第14页。

3　这是托马斯·曼的小说《浮士德博士》中的叙述者塞里纳斯·蔡特布洛姆所说的话。见托马斯·曼，《浮士德博士》，第175页。

伴随采取政治行动的最终决定而来的是与艺术的告别。当托马斯·曼被迫流亡时，他在国外的行程堪称赞美德国的伟大艺术家瓦格纳的旅程。当他终于意识到，他必须接受流亡生涯，必须对纳粹德国说再见时，又是瓦格纳陪伴他做出这样的决定。1934年8月9日，托马斯·曼在日记中写道："整整一天都在打雷下雨，根本无法出门。我在为我的政治宣言做摘录……晚上，我又浏览了一下我的日记，记下了有政治重要性的段落……卡蒂亚和孩子们在听收音机，里面正在播放拜罗伊特电台的《众神的黄昏》。广播不停地受到雷电的干扰。我强迫自己不去听它，我不想再听到任何来自德国的广播……那只不过是文化宣传而已。我又开始牙疼了。"[1]

然而，即使经历了这次诀别，托马斯·曼依然对德国发生的一切感到困惑。尽管非常令人震惊，但他从前一直非常认真严肃地看待纳粹就文化问题流露出的兴趣。1933年9月8日，他读到一份法兰克福地区的报纸。他说："一定是出于某种神秘的原因，这份报纸才送到我手中，因为报纸中刊登了一篇'元首'关于文化的演讲。真令人震惊。这个人是底层市民的典型产物，虽没受过什么良好教育，却学会了夸夸其谈、卖弄哲学修养——他的确是个罕见的现象。他显然与戈林和罗姆不同。可以毫不怀疑地说，他关注的主要问题不是战争，而是'德国文化'……在此之前，在世界性事件中掌握大权、行动果敢之人从未像他这样，有意把自己树为自己人民的，甚至是整个人类的导师。不论是拿破仑还是俾斯麦都未能做到……他们只是从政治利益的角度考虑，倡导那些对他们的政治目的有利的文化生活，对那些与政治目的背道而驰的文化则持残酷的压制态度。但他们从来不会颁旨下诏般对国民宣

1 托马斯·曼，《日记，1933—1934》，第502页。

扬文化理论，也不会制定文化发展的方针要略……可以肯定地说，他们至今为止对'极权主义国家'的概念并不完全理解，极权主义国家不仅提供权力基础，而且还为一切提供基础，甚至于支配文化——文化高于一切。"[1]托马斯·曼对纳粹的文化抱负持鄙夷态度，然而纳粹要赋予政治文化基础的极权主义野心对他而言却有着不可抵挡的诱惑力。即使在流亡阶段，他也不得不告诉自己说，德国依然是个"了不起的国家"。

德国赋予文化至高无上的地位，这种独树一帜的态度一直以来都令托马斯·曼为之沉迷，甚至当在这种思想被包裹在恐怖卑劣的行为之中时也是如此，而纳粹的意识形态及滔滔罪行却把这些行为视为合理合法。尽管托马斯·曼曾坦言，他对自己是否希望成为另一个费希特从根本上持怀疑态度，但这个想法却一直挥之不去。当他渐渐意识到，这种流亡生涯会成为他一生的宿命，而这种生活会使他在未来许多年里不可能成为费希特那样的人时，他几乎泪流满面。1934年3月14日，一位从德国来的访客引述了戈特弗里德·贝恩的话："你见过托马斯·曼在慕尼黑的房子吗？那里千真万确流露着歌德的品位。"托马斯·曼为此心痛不已："我被迫离开了这种生存状态，这个事实是我一生的命运中的严重缺陷。我尽一切努力使自己接受这样的缺陷——但看起来徒劳无益。面对这种命运我无能为力，根本无法重新回到那种生活状态，这种念头一次又一次向我袭来，我无处可逃，只有承受一次又一次的心如刀割。"[2]戈特弗里德·贝恩曾称赞托马斯·曼，认为他是在魏玛共和国没有灭亡时就尽力挽救它的独一无二的人物，这种态度昭示了这种赞许的原因。当文学界的内心流亡者攻击托马斯·曼时，

1 托马斯·曼，《日记，1918—1939》，第170—171页（1933年9月8日）。

2 出处同上，第200页（1934年3月14日）。

贝恩却拒绝加入其中。贝恩说，即使在流亡生涯中，托马斯·曼也依然保持着德国人的独特风貌，而我们也的确应该把他看作德国的化身。没有托马斯·曼，德国文化便只能由二流的作家作为其代言人[1]。托马斯·曼之所以梦想着成为第二个费希特，只是因为他从未放弃对文化所寄予的希望——他希望文化能够辅助政治，就像歌德曾经做到的那样。歌德曾经宣称："德国人想要什么，如果他们没有我？"[2]这不仅是诗人歌德的希望，也是托马斯·曼的希望：不仅被城市接纳，而且还要成为市民的导师。

在流亡之初的一段时间里，托马斯·曼似乎忘记了第一次世界大战后他得到的深刻教训：文化和社会不可能彼此分开。政治是一个自足的领域，是不确定的艺术，妥协与折中是其主导。它不应该与精神和艺术的王国混为一谈，因为在精神和艺术的王国里，纯粹与绝对才是主宰。然而到了1936年，出于令人同情的动机，莱茵河畔的波恩弗里德里希·威廉大学决定剥夺曾在1919年授予他的荣誉博士头衔，托马斯·曼曾为此奉献了自己的文集《演讲与回答》。旧日的记忆又浮上心头。在一封写给该校哲学系主任的信中，托马斯·曼的措辞大方庄重，字里行间却又充满落寞情绪。信中他回忆说，很长时间以来，他竭力不蹚近年来德国政治的浑水，远离是非，以避免将其与德国文化的联系，最重要的是与德国读者的联系置于危险的境地。然而，独善其身是

1 见戈特弗里德·贝恩于1949年3月19日写给汉斯·佩施克的信。贝恩，《与〈水星〉的书信选，1948—1956》，第22—23页。汉斯·佩施克和贝恩的联系人约阿希姆·莫拉斯都是《水星》杂志的编辑。《水星》杂志是第二次世界大战后德国文化界最重要的期刊之一。

2 托马斯·曼引用了歌德的话"他们当中最伟大的不爱国者"，《逝去的大师》，第86页。正是这样的引文使得读者回想起托马斯·曼曾经说过的话："我不是歌德；然而正如阿达尔贝特·施蒂夫特所说的，在我的性格的某些方面，我却无法割断与歌德之间千丝万缕的联系，或者说，'我属于他的家族'。"托马斯·曼，《德意志共和国》，载于《时代要求》，第8页。

不可能的。他的祖国发生的一系列恐怖事件迫使他打破沉默。他无法再退隐到孤独的文化存在中蹲守。如果说纳粹政体给了他教训的话，那就是他终于洞见到，文化不可能与政治毫无干系，社会生活与精神生活也须共存。这封信是托马斯·曼在1937年的新年前夜写于瑞士的屈斯纳赫特的，信中既透出几许骄傲，又流露出些许感伤。然而它的开头是一个胜利。托马斯·曼对系主任正言道，他依然可以称自己为名誉博士，因为哈佛大学重新授予了他被波恩大学剥夺的头衔。不管作为作家还是民主人士，美国都将成为对他礼遇有加的国度。

三

诺瓦利斯与惠特曼：德国浪漫主义与美国民主

没有歌剧的国家

希特勒对于文化问题，尤其是建筑问题所投入的时间与精力，令他的追随者们印象深刻。他对意大利的宫殿非常着迷：显然，每个宫殿都远远超过了温莎堡。如果英国的轰炸机毁掉佛罗伦萨或者罗马，那就是对全体人类的犯罪。假如它们要炸掉莫斯科，则不会有什么损失——当然，炸了柏林也没有什么损失。“领袖”是个了不起的人物，是真正的统帅，然而他却令“元首”失望，因为让他连续欣赏三幅画作都是无法做到的。这些都是在战争期间，在希特勒的军事指挥中心，即东普鲁士有名的“狼穴”中所谈论的，而且大多是在夜里——毫无睡意的希特勒强令他睡眼蒙眬的下属对他提到的一切事情激发出兴趣。

1940年6月，希特勒在战胜法国后飞到巴黎，他首先参观了加尼耶歌剧院。他认为，剧院里演出的那些平庸、乏味的歌剧令建筑物的光彩大为失色。之后希特勒为慕尼黑的一座新剧院画了一份草图，设计的面积是巴黎的歌剧院的三倍。而且，他还对法国人大加赞赏，因为在拜罗伊特的法国游客要比英国游客多。英国人喜爱音乐，但是音乐并不爱英国人。无论歌剧还是剧院，英国都不能与德国同日而语。更令人无法忍受的是，英国上演的莎士比亚戏剧是全世界最糟糕的。不过，希特勒又满怀希望地预言，在不久的将来英国会成为德国愿意与其结盟的国家。[1]

希特勒总是借助对文化与艺术的夸耀来证明结盟的正确性，并且为自己的侵略行径开脱。在德苏签署条约后的短暂友好时期，苏联的剧院受到称赞，但是在合约被撕毁后，它的一切文化成就都遭到了否认。德国与美国的战争也被视为文化战争——与对抗法国和英国的战争不同，因为法英两国的文化虽受到批判，但在根本上是被接纳的。1942年1月7日，在"狼穴"中发表的一次长篇大论中，希特勒声称他发现"英国人比美国人要可爱一千倍……我对美国的一切都表示最深切的仇恨与排斥。整体看上去，美国是一个半犹太、半黑人的社会"。希特勒把自己看作瓦格纳的一部早期歌剧《黎恩济》中的主人公转世。希特勒认为，最糟糕的是，德意志帝国拥有"270家剧院，还拥有比大家所认为的更加丰富的文化生活，而美国人从根本上说就像住在装饰华美的猪圈里的猪"[2]。4月22日，他再次谈及这个话题。希特勒预言道，美国将要面临一次文化衰竭，并且已经出现了不祥的预兆：纽约大都会歌剧院的关闭。希特勒认为关闭的原因不只是财政紧张。美国人根本就缺乏能够像样地在剧院演出的艺术家。所有伟大的歌剧都源于德国、意大利或者法国。如今欧洲的歌唱家无法到大西洋的对岸演唱，美国

1　皮克尔，《希特勒在元首司令部的随谈笔录》，第59—61页（1944年7月21日和7月22日）。

2　希特勒，《元首司令部中的独白》，第184页。这里我引用的是施波茨在《希特勒与美学的力量》中的英文译文，第107页。

的文化贫困就变得格外显著。希特勒督促德国的媒体对这个"事实"予以足够的重视。美国的文化将要走向败落，这已经是个再明显不过的迹象。之后，当然会伴随军事与政治的败退。[1]

纳粹德国公共启蒙和宣传部部长约瑟夫·戈培尔在1942年4月23日的日记中顺从地附和了希特勒的观点："我一向有这样的印象……美国人每隔二十多年就卷入欧洲战争，目的是希望能够用最简单、最容易的方式获得欧洲所取得的任何文化成就。美洲大陆实在无法在文化王国内产生出任何原创思想，它完全依赖欧洲的舶来品。而且，因为美国人对金钱极为疯狂，他们自然是希望尽可能多地获取我们原创性、创新性的劳动成果，却不希望为此付出任何费用。"戈培尔也把大都会歌剧院的关闭看作美国文化衰退的决定性指征。"大都会歌剧院关闭了，这件事发生在仅仅拥有一座剧院的国家。这个国家若是成为主宰，将会无比傲慢蛮横，也将会以维护某种所谓受到我们威胁的欧洲文化的名义发动战争。我们居住的世界真是一个疯狂的世界。"[2]然而希特勒和戈培尔都错了：大都会歌剧院在整个第二次世界大战期间从来没有关闭过。[3]

对于20世纪30年代末发生在纽约一位名叫拉尔夫·埃里森的黑人作家身上的事件，希特勒不知道，当然他肯定也不愿听别人告诉他这样的事。埃里森在散文《切豪车站的小人物》中记录了这件事。作为

1 皮克尔，《希特勒在元首司令部的随谈笔录》，第231页。

2 《戈培尔日记，1942—1943》，第180—181页。

3 在2001年9月11日之前，歌剧院只在下面的特殊情况下关闭过：约翰·F.肯尼迪总统被暗杀，莱奥什·雅那切克的歌剧《马可洛普斯案件》首演之夜一位歌手突然离世，以及一次暴风雪导致全城照明中断。1942年，美国的其他城市，如辛辛那提、旧金山、芝加哥、丹佛、密尔沃基、匹兹堡、哈特福德、迈阿密、查尔斯顿等都拥有自己的歌剧院。美国歌剧协会的信息中心主管约翰·丘奇非常热心地提供了这些信息，他对戈培尔的主观臆断表示非常气愤，并以下面的话作为反驳："事实上，歌剧在美国的存在历史可以追溯到美国革命时期……市场上有一些书都提及了美国歌剧院及其建造时间……许多歌剧院建于1880年左右。对不起，不过戈培尔先生真是个十足的傻瓜。他说的都是误传。"

纽约作家协会的一员，埃里森一直致力于说服人们签署“一份旨在支持一些久被遗忘的社会问题的请愿书”，因为他认为这些社会问题与公众事务的改善密不可分。在圣胡安山——一个随着林肯中心的建成而逐渐消失的黑人聚居区——的一幢建筑的地下室的门后，埃里森无意中听到有人在激烈地争论。争论的声音越来越大，争论的内容是在大都会歌剧院上演的两出歌剧中，哪个女主角才是更好的高音歌唱家。“语言很粗俗，说话方式完全是南方的土语方言，就好像是一个没受到任何教育的美国黑人壮丁在讲话。”埃里森听到这里，深感自己对同胞的了解太少了，于是敲门进入房间，房间里参与争论的是四个运煤的黑人挑夫。埃里森问他们从哪里学到那么多关于歌剧的知识，他们的回答令埃里森大为吃惊——因为他们在大都会歌剧院做临时演员。其中一个人说：“就像我刚才告诉你的，在大都会歌剧院，他们让我们把衣服脱掉，换上他们给我们的服装，然后我们就变成了你所见到的最带劲的埃及群众。老天，我们还曾经穿着豹皮服装，举着长矛，要么就挥舞着大棕榈树的叶子和像鸵鸟尾巴一样的大扇子。我们都干了好几年了！”埃里森从震惊中回过神来，对他们表示赞许，并与他们一起，对“欢快热闹的美国玩笑表示欣赏，这种美国玩笑的中心就是种族、经济地位与文化的不和谐”。从黑人劳工是歌剧迷这一点可以看出，“美国的文化潜力是毋庸置疑的，是不同种族、不同层次的人共同参与的文化”。希特勒要是听到“文化潜力”这个词，一定会觉得这是个耻辱——不过就算是一个体面的欧洲人，也可能会觉得这个词有些不同寻常，因为即使在欧洲，开放的文化面对更广泛的大众时，这种发展潜力也是不容乐观的。[1]

1941年12月，《纽约客》发表了两篇关于托马斯·曼的风趣诙谐、

1　埃里森，《切豪车站的小人物》，第45、48页。

颇有见地的文章，题为“歌德在好莱坞”，作者是珍尼特·弗兰纳。弗兰纳虽然对托马斯·曼甚为尊敬，但仍然在文章中对这位标榜自我风格的大师进行了善意的取笑。弗兰纳在文章中描述美国文化景象时也带着相当程度的讽刺。对于这位“现代歌德”而言，美国看起来一定像文化沙漠，因为在美国，交响乐和严肃文化被抛弃，取而代之的是电影和音乐喜剧。难道托马斯·曼没有感觉到自己似乎是从魏玛游历到了好莱坞？反过来说倒是千真万确的。对于托马斯·曼来说，美国应该成为精神救赎的地方，因为在这里，文化与政治间的鸿沟上架起了桥梁。歌德起到了至为关键的作用。1932年3月，在气息奄奄的共和国勉强维持的最后一年，托马斯·曼在魏玛作了一次演说，题为“歌德的文学生涯”。在《一个非政治人物的反思》中，他曾把艺术称作与宗教一样真实地反映人性的领域，“政治在艺术面前逃遁得无影无踪，如同雾气遇到阳光”[1]。在歌德去世一百年后，托马斯·曼在谈及这位文学巨人时的口吻，就像是谈论一个普通人，一个普通公民，或是一位普通的作家，他曾固执地抵制他的时代出现的两种主要倾向：民族主义倾向和民主主义倾向。与其说托马斯·曼怀有直接坦率的自我正义感，不如说他是带着一种洋洋自得的内心满足感，他似乎在问：我在《一个非政治人物的反思》中说什么了？不过是指出歌德早在一百多年前就发现了真理而已。“歌德认为德国人民是远离政治、聪明智慧的民族，他们关注人类价值，从所有人中汲取营养，并且教化所有人。即使是在激烈地过度弥补失误和全民性的自我修正时期也是如此，这些德国人难道不会一直怀着深深的正义感吗？”[2] 1938年，当托马斯·曼在普林斯顿大

1 托马斯·曼，《一个非政治人物的反思》，第320页。

2 托马斯·曼，《歌德的文学生涯》，载于《随笔选集》，勒韦—波特译，第71页。

学讲授歌德的《浮士德》时，他的声音中流露出淡淡的乡愁，而且他也没忘记提及歌德是多么机敏，能够一直把社会与知识的领域区分得清清楚楚。对于这种区分，虽然托马斯·曼在第一次世界大战期间持赞成态度，但是几年后他捍卫共和国时，却是持反对态度，而在美国的这些年又使得这种区分渐渐模糊。

1940年，托马斯·曼在美国作了题为“战争与民主”的巡回演讲，在演讲中，他把人道主义思想看作联结艺术与政治的因素——这是他在美国作为公众道德家的一切言论与一切作品的主旨。他的朋友和支持者阿格尼丝·E.迈尔对托马斯·曼这种干预政治的做法表示不能苟同。早在1937年，托马斯·曼还在瑞士流亡期间，她就提醒曼说，他只是一个文化人，而不是政治领袖。[1]而如今托马斯·曼却愤怒地回应说，他们之间的观念分歧从没像现在这样尖锐过。他的朋友谈论“纯粹的政治”，并希望他能够超越纠纷，而对他来说，政治已经成为他生命中必不可少的构成，同时也是他文学作品中必不可少的话题。在1918年后，托马斯·曼就把战争称为“文化与思想的主要敌人”。然而现在他自己却卷入了战争。为民主而战已经成为一种道德义务，托马斯·曼对此丝毫不想回避。他说：“我要参战。”[2]

1　事实上，事情要更为复杂一些。1937年5月15日，阿格尼丝·迈尔给托马斯·曼写信说，争取民主的战斗如火如荼。像托马斯·曼这样有着极富创造力头脑的人，如果能站在斗争的第一线，将会对整个战斗起到至关重要的作用。对这个建议，她又加了一条附言：“我意识到了我自己的信中存在的矛盾之处。上一封信中，我认识到作为文化人，你起到的影响与政治人士有很大的不同，然而，这次我又努力劝说你来到政治的角斗场上。”托马斯·曼和迈尔，《书信集，1937—1955》，第79—80页。

2　托马斯·曼于1941年1月24日写给迈尔的信件，见《托马斯·曼书信选，1889—1955》，第354页。作为德国文化的真正勇士，托马斯·曼被视为“良善”的德国与“邪恶”的德国之间斗争的代表。1941年1月17日，佐治亚大学邀请他就“战争与民主”这一主题进行讲座，《亚特兰大宪法报》的主编威廉·C.琼斯在介绍他时，称他为“一个从暴政统治中自我放逐的人，这个暴政国家同样也会将歌德、席勒和贝多芬放逐”。托马斯·曼和迈尔，《书信集，1937—1955》，第904页注释1。

约瑟在美国

1942年1月16日，美国国会图书馆聘请托马斯·曼为日耳曼文学顾问。作为国会图书馆馆长，阿希巴尔德·麦克利什极力促成欧洲移居者到图书馆工作，并邀请他们作了一系列题为“民主国家的诗人”的学术报告，其中包括法国诗人圣琼·佩斯。顾问工作对于托马斯·曼来讲着实是个美差，图书馆的理事，同时也是图书馆的共同所有人之一的阿格尼丝·迈尔提供了财政支持。阿格尼丝·迈尔在怀俄明的山间居住时读过托马斯·曼的《魔山》和《约瑟在埃及》，并因此深深爱上了托马斯·曼的风格。“那时，小松鼠、水貂以及各种各样的小鸟环绕在我四周，奇怪我为什么会几个小时一动不动地躺在那里。”[1]——那时，她简直要爱上作者本人了。托马斯·曼在国会图书馆工作了三年，并且此后一直作为日耳曼文学学会的成员与其保持联系，直至他1955年去世。托马斯·曼为自己是图书馆工作人员中的一员而感到颇为自豪，并在1942年至1949年间举办了五次讲座。这些讲座可以看作他对一个国家表示感激的标志，这个国家增强了他在魏玛共和国勉强接受的信念，即政治与文化绝对不能分开，精神只有在民主国家才能享受充分的自由。

1942年11月17日，托马斯·曼在美国国会图书馆柯立芝会堂发表了他的首次演讲，题为“约瑟系列小说的主题”。副总统亨利·华莱士亲自介绍了演讲者。正如托马斯·曼所说的，约瑟系列小说的主题似乎遥不可及，甚至是有些不切实际。然而，大家也许并不知道，托马斯·曼将其作品与他的自我体验紧密相连，并且与他最近在美国的经

1 迈尔，《脱离那些根基》，第184页。

历紧密相连。例如，书中的人物他玛就是以阿格尼丝·迈尔为原型的，阿格尼丝·迈尔也因成为德国传统的一部分而深感自豪。她后来这样问自己："他玛真的像约瑟爱她一样爱着约瑟吗？也许不是，因为他比她年长，而且更加睿智。但是他却足够成为他玛一生中的烦恼与负担，成为她永远的痛。"[1]在约瑟身上，敢作敢当的庄重严肃与艺术家不拘小节的反讽风格浑然一体，政治与文化结合在一起。谈到约瑟系列小说，托马斯·曼就把他的演讲变成了动人心魄的呼吁——他期望欧洲与美国的传统相结合，不仅在文化方面结合，而且在政治领域统一。

在孩提时期，约翰·沃尔夫冈·歌德曾经给他的朋友讲过约瑟的故事。他发现故事太短，于是便在重述故事时添加一些《圣经》上不曾提及的细节，并以此为乐。而对于歌德只敢去想象的事情，托马斯·曼却表现得更为勇气可嘉，他把故事写进了他的约瑟四部曲中。他在写第三部小说时，已经身在国外，并且不能够回到德国；写第四部小说《赡养者约瑟》时，他被迫离开了欧洲。在很长时间内，托马斯·曼曾坚信，如果要写约瑟系列小说，他就必须住在德国，或至少，如他所称的，住在"德国氛围"内。但是，美国的流亡生涯则为他的避难提供了意想不到却又无比惬意的慰藉。约瑟的最后一部小说几乎就是在"加利福尼亚宁静的、如埃及一样辽阔的天空下"创作完成的——这是一种对新旧世界令人意外地融为一体，也因此生成了一种更加令人欣慰的亲密关系的炫耀。[2]在约瑟系列小说中，具有艺术家秉性的自我最终找到了融入纷扰社会的途径，这绝不是偶然的，而是因为小说的创作者那时正

1　这句话引自阿格尼丝·迈尔未出版的回忆录《作为机遇与定数的一生》中的第十章（"命运机缘的转变"），见托马斯·曼和迈尔，《书信集，1937—1955》，第811页。

2　托马斯·曼，《约瑟系列小说的主题》，第10页。旧世界与新世界之间的姻亲关系也提升了小说的销量，通过"当月书刊俱乐部"，该书就售出达上百万册。

在民主国家中生活、写作。约瑟在埃及的一系列改革与“新政”颇有相似之处，而罗斯福那时就要成为民主世界的养育者。美国的经历对托马斯·曼到底意味着什么，到底有多深刻的影响，这一点在他简短而有力的旁敲侧击中，在他演讲收尾时语惊四座的政治宣言中表现得十分明显。

托马斯·曼对他的美国听众说，从孩提时期开始，他就对尼罗河畔的帝国非常熟悉——显然就像年少的歌德一样熟悉。年仅十二岁的托马斯·曼在这个问题上比他学校里的老师知道得还要多。有一天，当老师问同学们古埃及神牛的名字时，托马斯·曼自告奋勇地回答说“查皮”。老师责备了他，并告诉他正确的答案应该是“阿皮斯”。然而，阿皮斯只不过是这个埃及名字的拉丁或希腊形式而已。“我比那位可敬的老师懂得多，但是纪律却不允许我对他直言，告诉他我知道的事实。我只有保持沉默——我这一生都不会原谅我自己在错误权威面前的沉默态度。如果是美国男孩，就会理所当然地大声说出自己的想法。”[1]

因为在美国写作，托马斯·曼在创作约瑟系列的最后一部小说时，把它与美国神话紧密相连。这个神话就是歌德在他的老年无比珍视的“先驱般对人类的乐观态度与真诚信念”。这个神话曾激励早期移民蜂拥来到美国，正如歌德在他的小说《威廉·迈斯特》中所描述的一样。如今德国乃至欧洲的知识分子已经在其流亡生涯中感受到了与这种神话息息相关所带来的益处。这种关系使他们体会到了一种新人文主义精神，同时也使他们洞见到，仅仅要求欧洲统一是远远不够的。在他演讲的最后，托马斯·曼引用了歌德的话，但是当他大声宣讲“两个半球之间的联合，整个地球的统一”的必要性时，听上去似乎在引用伍德

1 托马斯·曼，《约瑟系列小说的主题》，第9页。

罗·威尔逊总统的话。

1943年10月13日，托马斯·曼又发表了一篇名为“战争与未来”的演说。当他听到自己在美国谈论他对民主的信仰以及对自由传统的信念时，这位《一个非政治人物的反思》的作者发现他又一次处于他最为欣赏的思想状态——反讽——中。毕竟他仍然是德国作家，而且他提醒他的听众们，他的祖国对社会与政治问题是相当冷漠的。作为一位面对新的现实的德国知识分子，他必须学会大胆地坦承自己的信仰，尽管这种信仰与政治密切相关。同时，托马斯·曼却暴露了典型的德国态度，因为他告诉一位迷惑不解的华盛顿听众说，未来是属于共产主义的。这是典型的德国古怪性格的表现，害羞畏缩几乎变成了傲慢自负，就像一个学习西方民主思想的学生突然把自己提升到导师与预言家的高度，认为自己比美国人还了解美国未来的政治走向。

在第二次世界大战刚刚结束的时候，即1945年5月29日，托马斯·曼作了题为“德国与德国人”的演讲。这对于托马斯·曼来说是个颇有诱惑力的时刻，因为他那时成为美国公民已经一年多了，而借这个机会他可以表明他与其德国身份的距离。事实上他的表现恰恰相反。他在演说中谈到了德国的孤僻与忧郁气质，指出这种气质与世界格格不入。他提醒他的听众，这种内省与浪漫的反革命倾向导致了深刻思想与社会政治灾难性的分离，使得德国人不能适应现代民主——与此同时，他承认，这些德国性情，再加上对民主迟来的热爱，都会永远成为他个人生命中的一部分，并且成为他继续写作的先决条件。不可能有两个界限分明、格格不入的德国，德国的好与坏永远交织在一起。德国人是世界上最褊狭的民族，但同时他们是世界主义者，是世界公民。这种观念的模糊、信仰的交错，以及不可能得到解决的持久矛盾，使得托马斯·曼宣称他所代表的德国精神的类型“在好客的帕诺波里斯非常适宜，在这个叫作美国的充满各种种族与民族的地方也能如鱼得水”[1]。托马斯·曼说，他以前从未感觉到他与自己的德国过去的经历竟如此和谐一致，他在他无比景仰的富兰克林·德拉诺·罗斯福执政期间宣誓成为美国公民之后才感觉到这一点。

德国的民主

听众们一定能够理解托马斯·曼这番表述忠诚的誓言，这是他在美国流亡生涯的果实。他自己可能也会对自己的话做同样的理解。谈及德国与德国人，托马斯·曼总会赞扬美国与美国人。这是一种令人感动、令人震撼的情感表白。然而，他对美国爱的宣言早在1922年他还在柏林时，就曾在他的演说《德意志共和国》中表露过。

四年前，在《一个非政治人物的反思》中，托马斯·曼沉浸在德国浪漫主义的符咒中，曾对“罗马的西方”和“大洋对岸屹立的崭新国家”所安享的民主进行过猛烈攻击。[2]而1922年的托马斯·曼，随着其最近信仰的转变，主动承担起了争取独裁主义德国的青年人的艰巨任务。他希望争取他的柏林听众以及全国范围内的人们走到魏玛共和国与德国民主的事业上来。仅仅对他的听众讲他的家乡吕贝克曾经是“德意志帝国的共和制联盟国”，或者声称“民主会比皇家的堂皇歌剧更有可能富于德国味道”是远远不够的。[3]这位新生的共和主义者找到了稳固其共和主义的方式，并使其对年轻听众充满吸引力。如果无法改变日耳曼精神的话，他至少需要使德国精神与美国的政治理想相融相通。

1 托马斯·曼，《德国与德国人》，载于《托马斯·曼演讲集》，第47页。
2 托马斯·曼，《一个非政治人物的反思》，第31页。
3 托马斯·曼，《德意志共和国》，载于《时代要求》，第10、20页。

托马斯·曼知道，如果他要求青年一代与德国气质中的情感面貌、知识传统以及浪漫主义思想做出清晰的了断，并把德国青年争取到共和制的道路上来，也就是“所谓的民主道路，即我所称的人性”上来，是根本不可能的。魏玛共和国只有一种生存的机会，就是它能够明白地告诉大家，浪漫主义与民主思想并不相左。回顾德国的过去，在浪漫主义世界观的深处可以找到共和主义的影子。通过回忆“美妙的知性领域”——弗里德里希·冯·哈登贝格，即诺瓦利斯就属于这个领域——托马斯·曼将浪漫主义描述为民族主义与世界主义携手并存的运动，在其中，爱国主义与共和之恋融为一体，或者说根本就是同一事物。无论是谁，只要读过诺瓦利斯——他曾被错误地指责为反浪漫主义者——都会明白，原来人可以同时既是保皇主义者，又是民主人士。共和是无法避免的，托马斯·曼说，这是德国的“命运之爱”，即无法回避的爱。而且，共和就是德国的未来。正如诺瓦利斯曾经写过的，共和是“青年人永远的追求。哪里有青年，哪里就有共和”[1]。

以共和主义者的崭新视角回顾浪漫派运动，一次“德国民主”的告白，会发现最初听起来离奇怪异、令人忧虑的运动，突然之间变得如同大家熟悉的“德国人民”一样无比正确，而且令人敬仰。然而，仅仅依靠从浪漫主义中寻求共和元素从而促成对共和的迫切要求是远远不够的，还需要从共和主义中发现浪漫气息。诺瓦利斯还需要一个旗鼓相当的对手。托马斯·曼呼唤一位美国人来支持他，那位美国人就是已经熟悉诺瓦利斯的诗歌，尤其通过卡莱尔写的诺瓦利斯的评论文章而对他的《夜之颂歌》情有独钟的沃尔特·惠特曼。托马斯·曼对他的听众说，他殚精竭虑所构思的就是“关于这对杰出人物，即诺瓦利斯和

1 托马斯·曼，《德意志共和国》，第11页。

惠特曼的演讲”。

那时惠特曼的两卷诗集刚刚在德国出版发行，托马斯·曼怀着越来越浓的热情阅读了诗集。对他来说，歌德和惠特曼就像是两位“父亲”，每个人都张扬了人性中的情感欲求，在重要程度上不分伯仲。托马斯·曼庆祝在“曼哈顿的怒吼声”中到来的人性与民主的融合，并赞誉惠特曼为歌德的精神同胞。[1]通过把惠特曼溢满胸膛、饱含美国精神的热烈情感与诺瓦利斯的思想引为同类，并称之为“知识界中热情洋溢的追梦人”，托马斯·曼希望说服德国青年接受共和理想。“如果我能成功地在共和、民主以及德国浪漫运动之间建立联系，是否我就能够同时使我们国家中那些顽固不化、争吵不休的人更容易接受共和？”[2]这个问题清楚地表明了托马斯·曼的过人之处：他能使年轻且充满疑虑的听众们确信，他并不是使他们改变信仰、追随共和——在1914年参战的德国青年并不知道，他们已经在为共和精神而战了。

托马斯·曼继续在诺瓦利斯的作品中挖掘共和主义之根，他所做的可能比他的听众们所期待的更加彻底。同时，他又将注意力转向美国民主理想中的浪漫之核，就像沃尔特·惠特曼的生平事迹及其书信中所代表的那样。当这位曼哈顿歌手在其文集《民主展望》中宣称，政治策略、投票程序以及法律的制定都不足以赋予民主生气，民主需要真正地触及“人的心灵、情感及信仰”时，他的声音难道与德国的诗人不是非常相似吗？在《一个非政治人物的反思》中，托马斯·曼自己拉远了与民主的距离，他性格中与生俱来的阴柔情感使他不可避免

1 托马斯·曼，《汉斯·赖西格收录的惠特曼作品》，载于托马斯·曼《十二卷版文集》，第十卷，第626—627页。早在1868年，费迪南德·弗赖利格拉特便在《奥格斯堡汇报》上刊登了十首惠特曼诗歌的译文。弗赖利格拉特（1810—1876）是卡尔·马克思的合作者，在1848年的革命中被称为“革命的号手”。

2 托马斯·曼，《德意志共和国》，第26页。

地与法国更加投缘；在《战争思考》中，他对腓特烈大帝的同情之心也许因这位普鲁士国王的同性恋情结而愈发深重。如今沃尔特·惠特曼触动了托马斯·曼的情感，使其最终得以拥抱民主理想——他也因此承认了他自己的同性恋倾向，尽管这种承认微妙得令人难以察觉。[1]

然而，民主似乎与德国的内在精神之核背道而驰，德国一直以来追求的是独裁政体，而独裁政体的主旨就是男权社会。男权社会演变成了魏玛共和国最强硬的敌人，杀害左翼人士马蒂亚斯·艾茨贝格尔和瓦尔特·拉特瑙的凶手都是这些纯男性组织的成员。为了将保守的德国青年争取到共和的道路上来，托马斯·曼一定要使自己相信同性恋和民主没必要成为对立的两极。这个目的使得沃尔特·惠特曼成为颇受欢迎的同盟。他不仅是位民主诗人，也是位诗意的思想家，他对同性恋关系持赞许态度，并且认为同性恋在民主国家真正发挥作用的过程中不可或缺。在《民主展望》中，沃尔特·惠特曼谈到了国家要依靠他所谓的“灵魂”引导的必要性。在一个像美国这样的民主国家中，灵魂就是文学。沃尔特·惠特曼就被誉为文学中灵魂一样的人物。在得到这个称号后，他立即发表言论，认为男性结合会对美国的未来起到相当重要的作用。“强烈而深情的同志关系，男人与男人之间私密而热情的爱慕——这虽然有些难以界定，却存在于思想深邃的救世主的经验与理想的深处，世界上的每块土地、每个时代莫不如此。这似乎在告诉我们，如果这种关系能在社会习俗与文学中得到充分发展、促进和承认，那么这些国家未来中最重要的希望以及最令人信服的安全感便会得到最充分的表达。”[2]

1　维斯基兴，《共和主义者的爱欲》，第17—40页。

2　沃尔特·惠特曼，《民主展望》，载于《诗歌全集及散文选集》，第981页。

在托马斯·曼的作品中，很难发现他在1922年作演讲时那样激情四射的告白。在那次演讲中，他呼吁沃尔特·惠特曼对他施以援手，帮助他将同性恋与民主调和起来。的确，那时的德国社会在“性爱领域”中表现得更加平静，“我们看到，在性爱领域进行激情交流的原则是同类相聚，也就是在成熟稳重的男性与充满钦慕的青年之间产生感情”。托马斯·曼能够把自己内心情感的幸福寄托在其他人，如歌德和叔本华身上。然而到目前为止，同性恋关系首先是“君主制联盟的秘密黏和剂”。一直以来，同性恋关系都与战争、死亡、毁灭、侵略和恐怖紧密相连。公元前514年，希腊两位“民主主义者”，即男同性恋者阿莫迪奥斯和阿里斯托革顿刺杀了当时的雅典僭主喜帕恰斯。他们生活的时代过于久远，还不能使同性恋被民主思想接纳。托马斯·曼需要创作了《芦笛集》的沃尔特·惠特曼来帮助他说服听众，使大家相信，重拾把爱神厄洛斯看作政治家的古老思想并不会导致退步、引发君主主义的复辟。这种思想的复活只会引导人们接纳共和思想，而共和思想对托马斯·曼来说只意味着国家与文化的统一。[1]

及至最后，惠特曼在托马斯·曼的共和主义转向中所起的作用甚至超过了诺瓦利斯。“就惠特曼而言，他对男孩的崇拜成为他以阴茎健康与活力为代表的蓬勃生命观的绝佳表现，这种崇拜与可怜的诺瓦利斯对苍白羸弱的索菲亚的爱情相比，自然更加健康、充满活力。”托马斯·曼之前从未对哪位美国作家表达过如此惺惺相惜之情，后来也从未再有过。惠特曼使托马斯·曼在赞颂德国共和的时候，能够充满激情地大胆承认自己对性的理解，并且还能够用非常形象生动的热烈言

1　如果只惊异于惠特曼的人文主义思想与诺瓦利斯的人文主义思想之间的共性，就会低估惠特曼对托马斯·曼产生的巨大影响。见莱斯利·F. 菲德勒，《惠特曼印象》，收录于欣德斯主编，《百年之后的草叶集》。

辞加以描绘。然而，不仅托马斯·曼本人1945年在国会图书馆作的演讲中对他之前发表的这些赞誉美国的文字只字未提，而且在三年以前，他还在他的柏林演讲被翻译成英文并收录在《时代要求》中时，明确指示要把赞颂美国的内容删除——《时代要求》是一部政治文集，由克诺夫出版社于是年出版。托马斯·曼对惠特曼的赞美之辞于2003年才首次全文被翻译成英文公开面世。

他的朋友阿格尼丝·迈尔曾敦促他删改他的演讲。也许她与其他人一样，认为美国读者是“格调高雅、吹毛求疵、中规中矩的人”[1]。在1942年5月26日于加州帕西菲克·帕利塞德斯附近的家里写给迈尔的信中，托马斯·曼对其考虑周全的删改建议表示了感谢。很明显，他不希望提醒自己，正是惠特曼对男性之间友谊的赞颂，使他在深怀民族主义与独裁主义思想的德国青年面前得以表达对民主与共和思想的拥戴之情。他甚至可能想到，男性之间的友谊也许会像糟糕的浪漫主义一样，不可能继续在政治领域发挥什么作用，于是托马斯·曼在给阿格尼丝·迈尔的信中表示言听计从。他的早期演讲也需要清理，因为提及同性恋与民主之间关系的言论都会使信奉清教的美国人深感不安，尤其是在当时“标准的反纳粹的比喻就是所谓的反对希特勒及其追随者的反常性取向”[2]。为了避免伤害美国人民的纯洁感情，1942年托马

1　戈尔·维达尔，《辛克莱·刘易斯传奇》，载于《最后的帝国》，第63页。

2　戴维·费恩巴赫，“译者手记”，载于马尔，《蓝胡子城堡》，第111页。在前面的论述中，我主要依据费恩巴赫的评论，而且引用了其译文，即托马斯·曼的演讲，尤其是被删除的段落。托马斯·曼写给阿格尼丝·迈尔的信参见托马斯·曼和迈尔《书信集，1937—1955》，第402页。1943年9月，阿格尼丝·迈尔不仅是托马斯·曼性爱问题的审查员，而且她还拒绝翻译托马斯·曼一篇关于共产主义的文章，“因为这对你将会有致命的危险”。出处同上，第513页。因此，可以更清晰地看出，阿格尼丝·迈尔和托马斯·曼都没有看到将两篇文章送到美国公众面前的问题所在——文章写于1922年，在文章中，托马斯·曼指责其德国读者，认为共和国不应该被视为“机智敏锐”，或者说“精明灵活”的犹太人的根据地。托马斯·曼，《德意志共和国》，第18、33页。

斯·曼亲自操刀审查自己的作品，删除了二十年前他充满深情地献给美国人民和美国民主的段落，以及充满深情地对哈特·克莱恩所称的“美利坚歌手”——沃尔特·惠特曼的赞美之辞。

托马斯·曼在阅读惠特曼的诗歌时激情有余却细致不足，然而《民主展望》却引起了他的极大关注及真诚钦慕。惠特曼和诺瓦利斯在社会的性倾向观点上不谋而合，一个用它来解读政体，一个则用它来看待民主。两人都把个人主义与世界主义看成一个硬币的两面——“我歌唱自我，歌唱每个独立的个体／然而却用民主的词汇，大众的语言”。两人都旨在将知性生命与为国家服务相结合，都希望维护宗教作为民主的核心因素。[1]熟读了惠特曼的作品之后，如果再读诺瓦利斯的作品，会在德国充满浪漫气息的词汇背后，发现其作品中回响着美国特色的民主多元论的声音。德国浪漫的声音摆脱了形而上的玄学风格，突然呈现出“几乎完全美国化的清新之气”。这不仅因为诺瓦利斯大胆地把商业精神称为文化精神——“先生们，不可否认，这就是民主”，而且托马斯·曼的总结性陈述也表达了同样的观点。[2]沃尔特·惠特曼曾帮助他“通过使民主与德国浪漫主义相连，赋予了民主更加亲近随和的光彩”，并使他的演讲在结尾时出乎意料地一反德国习惯，以一声战斗口号作为结束：“共和国万岁！”

托马斯·曼在解读诺瓦利斯时，令人意外地把他看作德意志共和国的前锋和先驱，以上的论述仅仅是个开始。沃尔特·惠特曼也曾期望能找到一条使所有民族、所有人类成为兄弟、亲如一家的规则。“这是全人类一个既古老又永远具有现代性的梦想，不管是耄耋老人还是青春少

1　这里引用的是沃尔特·惠特曼的第一篇题记，载于惠特曼，《诗歌全集及散文选集》，第165页。

2　托马斯·曼，《德意志共和国》，第34页。

年，不论是出色的哲学家还是杰出的诗人，都胸怀这个美梦。”这些出色的哲学家中包括康德，他著书立传歌颂永久的和平；这些杰出的诗人中包括诺瓦利斯，他不仅倡导能把欧洲统一起来的“诸国之国”，而且期望建立世界通行的律令，以使世界最终走向大同。[1]这不仅是民主，正如托马斯・曼所言，这是政治启蒙。这种启蒙在惠特曼和诺瓦利斯身上表现得更加突出，因为启蒙的基础不是理性思辨，而是与身体政治有关的涵盖一切的情感与欲望。惠特曼的政治欲望使他不仅与诺瓦利斯达成密切联盟，而且与歌德和尼采心有灵犀。托马斯・曼说，在惠特曼的诗歌中，希腊从美国的民主精神中得到重生。于是民主与审美合二为一了。

正是美国的经验使托马斯・曼在1922年意气风发地投入为年轻的德意志共和国声辩的活动中。阅读惠特曼的诗歌对一个不仅要赞颂共和，而且全身心拥抱共和的作家来说，一定会感到慰藉与启迪。托马斯・曼做好了准备，要对年轻人慢慢灌输民主思想，使他们对民主产生热情。有许多人曾对这些年轻人说过——托马斯・曼自己也曾说过——民主思想与德意志精神格格不入。德国的民族主义思想在路德新教对天主教会的抗争中、在普鲁士解放战争击溃拿破仑的胜利中孕育而生，于是总带有不息的战斗情结，让人感觉这个国家似乎总是与全世界对着干。内省精神与好斗的民族特性交织在一起，使德国成为一个孤独的民族。惠特曼的诗文中自然也流露着强烈的民族特性，但是美国的民族特性是骄傲而不是好斗。惠特曼把美国称为最伟大的诗歌，并没有因此嘲讽其他民族平庸之意，而是激励美国作家们积极行动起来，以期把美国变成真正的诗意国度。

惠特曼对诗歌与文学寄予无限的期望。与世界上其他国家相比，

1　托马斯・曼，《德意志共和国》，第37—38页。

在美国，诗歌更容易影响政治。在大萧条期间，赫伯特·胡佛总统曾声称——也许是漫不经心之言——“这个国家所需要的是一首伟大的诗歌，是能够振奋人心、使人们摆脱恐惧与自私的精神食粮。”这个论断恰恰指出了诗歌对政治的影响之深。当惠特曼歌颂美国“血管里沸腾着诗意理想”时，旨在颂扬美国的“真正的仲裁人”是诗人而不是总统，而德国作家却只能坐在家中，任这种情感幻觉默默滋生。[1]这仅仅是幻觉而已，因为共和这首伟大的圣歌只能在为政治解放和民主平等而奋斗的情境中传唱。美国是“无韵诗歌”之乡，不仅因为在美国人民不必向总统行脱帽礼，更因为总统要向人民脱帽致敬。当多数的德国青年对施特凡·格奥尔格这样的诗人崇拜有加并把他称作魏玛共和国的先知时，对他的赞美也便成为对国家政治精英的指责。当惠特曼把美国诗人称为先知时，他的赞美同时也是共和国的战歌。在德国，“抵制的多，遵从的少”会成为德国诗歌与德国政治的奇怪格言。而在美国，磅礴的自然气势与宏大的民族精神交相辉映，这个格言便成为将政治与文化联结在一起的力量。[2]

《草叶集》问世十二年后，惠特曼发表了《民主展望》，托马斯·曼在其柏林的演讲中进行了详尽的引述。《草叶集》是一部繁茂丰富的梦幻般的作品——包括惠特曼写的序言也是如此。而《民主展望》则是在物质主义泛滥的“镀金时代”，对现实严肃而忧郁的描绘——至少部分如此。在这部作品中，惠特曼既没有把美国强劲的民主视为必然，也没有把自由的诗歌看成理所当然。在他的“道德显微镜”下，他看到“像干燥萧条的撒哈拉沙漠一样的景象……城市中，渺小卑微的各色丑

1 惠特曼，《草叶集》前言，载于《诗歌全集及散文选集》，第8页。

2 惠特曼，《致国家》，出处同上，第172页。

怪、畸人、幻影挤成一团，做着毫无意义的怪诞之事……在商店、街道、教堂、剧院、酒吧、办公室，在任何地方，处处弥漫着轻浮的举止、粗俗的言谈、低级的骗术、不忠的行为……处处充斥着变态的淫荡、病态的做法，男人、女人涂脂抹粉，奇装异服，胡染乱描，发型古怪，面孔肮脏，血液污浊”[1]。希特勒和戈培尔对这种悲叹一定欣赏有加，而且会援引它们证明他们对没有文化气息的美国的憎恶之情。

然而，与令人欢欣鼓舞的《草叶集》相比，这部作品更加令人信服地表明了文学在民主社会中不可替代的决定性作用——作品中充满了对美国商业精神及伴随而来的堕落生活的鄙夷，对一心期待在社会与文化诸领域都取得长足进步的国家将会面对的衰败未来的恐惧，同时又流露出对空有辽阔疆土却无灵魂与内涵的国家的愤怒之情。在一个全面推行了民主并使民主发挥了有效作用的国家，文化绝不仅仅是一种装饰，更不是交响乐的尾声。然而，在民主为了生存而挣扎的社会中，诗人便会致力于国家政体的改善，并因此肩负无比沉重的负担。“我要求真正的诗人们坚定信念，永不妥协。来吧！西方可爱的民主的君王！”[2]托马斯·曼选择《民主展望》作为他演讲的主要援引资料，表明他完全意识到，年轻而脆弱的德意志共和国的未来不容乐观。

爱默生的舵手：贝多芬与贝蒂娜

1856年8月，惠特曼将他增编再版后的《草叶集》寄送给拉尔

1　惠特曼，《民主展望》，载于《诗歌全集及散文选集》，第939页。我认为，戈尔·维达尔这位对美国政治的最犀利的评论者，后来转向对帝国的研究，最终选择“民主展望”作为其辩论的标题，绝非简单的巧合。见维达尔，《民主展望》，载于《国家》，2001年1月，第8—15页，后收录于《最后的帝国》，第444—447页。

2　出处同上，第974页。

夫·沃尔多·爱默生的同时，也写了一封信给他。在信中，他清晰地表明，他对美国的局势深感忧虑。教会在撒谎，政府官员与法官们昏庸无能，流氓和盗贼窃取了领导职位。然而，美国作为"坚持其政治理论成就并取得最卓著成绩的国家"，应该具备某种民族品格，以使民众引以为豪。要成功地做到这一点，文学必将发挥巨大的作用。文学不是自命不凡地成为政治的替代品，而是要使政治更加丰富多彩。"抑制那些不能直抒胸臆、真情流泻的歌者；向西方敞开大门；召唤能够领会全新艺术、全新典型以及全新需求的大师出现；聆听意气风发、感情热烈的诗人心声，让他们医治你们的空虚无聊。那时，你便不再需要拾人牙慧，因为你拥有了自己的宝藏。让我们做自己的主人，让我们的血管里流淌自己的血液。"[1]

然而，要建立美国自己的文学，要建立"令人振奋、生机无限、健康蓬勃"的崭新文学，而且要摆脱英语的传统影响——如果不是强制性施压的话，这绝不是件容易的事。美国拥有最强的出版社、最大的书店、大型图书馆，还有庞大的报业系统——但是，美国仍需发展文学，并使新文学能够像美国政治走出欧洲政治的陈规旧俗一样，同样走出陈旧的写作与阅读的老路。然而，惠特曼相信，建立新文学的过程不久便会开始，美国的诗人与作家会遵从美国政治的范例，拒绝任何外国传统束缚美国。"伟大的时刻已经到来了，我们内在的、固有的文学将成为美国的主流，它会像蒸汽机、铁、玉米、牛排和鱼一样实实在在地出现在我们面前。"[2]当托马斯·曼看到在美国文学与政体之间没有丝毫紧张的关系，而是相安无事，似乎文学是国家政体的天然构成时，一定被这种轻

---

1 惠特曼，《致拉尔夫·沃尔多·爱默生的书信》（布鲁克林，1856年8月），载于《诗歌全集及散文选集》，第1328—1329页。

2 出处同上，第1328、1330页。

松的民主氛围深深吸引了。惠特曼曾用“轻松的民主氛围”来描述他与爱默生首次会面的情境。[1]爱默生和超验主义运动本质上说是惠特曼歌唱美国与民主理想的浪漫颂歌的精神源泉与情感基础。

1837年，爱默生在哈佛大学优等生荣誉学会的颁奖典礼上发表了题为“美国学者”的讲话。在这篇文章中，他断言道：“我们依附他人的日子，我们长久以来拾人牙慧的日子就要结束了……我们将走自己的路、做自己的事、讲自己心里的话。”[2]奥立弗·温德尔·霍姆斯把这篇文章称为美国知识分子的独立宣言。萦绕在爱默生心头的是如何减少欧洲对美国的影响，如何使美国作家摆脱英国传统、创作本土作品。恰如威廉·卡洛斯·威廉姆斯在谈及埃德加·爱伦·坡的期待时所说的，“要割断牵在我们的英国祖母手中的引路之绳”[3]。从某种程度上说，这是超验主义运动的规划，亨利·戴维·梭罗在1851年的《日记》中也做了同样表述。梭罗认为，现在的诗歌中没有一首能够充分表达美国人“渴望狂野激情”的精神。“英国文学从中古的吟游诗人到湖畔诗人，从乔叟到斯宾塞到莎士比亚到弥尔顿，诗风都不甚清新澄明，更不消说有狂野之气。本质上说，那是一种温驯恭良的文学，秉承了希腊与罗马时期的精神。在这种文学中，狂野不过是一片绿地，狂放之人充其量是罗宾汉而已。在创作这种文学的诗人们身上，泛滥的是对自然的温柔情怀，然而……英国的历史记载只告诉我们野生动物何时灭绝，却未能

1　惠特曼，《与R.W.爱默生的最近会晤》，载于《诗歌全集及散文选集》，第913页。

2　拉尔夫·沃尔多·爱默生，《美国学者》，载于爱默生，《论文与演讲录》，第53、71页。1941年3月29日，托马斯·曼在伯克利的美国大学优等生荣誉学会颁奖仪式上发表演说时，谈及了将思想与人生密切相联的必要性。他风趣地说，如果尼采还活着的话，他一定会移居到美国来，而且很有可能加入美国大学优等生荣誉学会——尽管他身负浪漫之罪。

3　威廉·卡洛斯·威廉姆斯，《美国背景》(1934)，载于《威廉·卡洛斯·威廉姆斯文选》，第144页。

告诉我们狂野之人是何时消失的。而狂野正是美国之所需。”[1]不过美国也需要帮助。由于真正的美国传统尚未完全建立，要使美国在思想与写作上都远离英国传统，需要在相当大的范围内依赖与其他民族的哲学思想与诗歌创作进行对话，以期确立新的方向。虽然美国永远不会完全放弃英国传统，但是因刻意与其保持距离而形成的空缺，在很大程度上可以通过德国传统来填补。1837年2月23日，波士顿珀彻斯街教堂的教士乔治・里普利希望詹姆斯・马什翻译一些法国和德国作家的作品结集出版，并定名为《外国文学精品选》。里普利说，他希望“通过接受真正德国精神的熏陶”，美国学者能够赋予文学新的气象，做到“我们的英国大姐未能做到的事情”[2]。

然而，对超验主义产生最大影响的书却被认为是詹姆斯・马什编辑出版的柯勒律治的《对沉思的援助》(1829)。不过，大多数超验主义者都认可神学家与社会改良主义者西奥多・帕克的诊断。帕克认为，在现代社会，英国天才的光芒在德国人身上闪耀，在英国人那里则失去了光彩。雪莱曾以一句铮铮论断语惊世界——“诗人是世界的立法者，虽然未获认可”，不过只有德国人才拿这句话当了真。[3]像柯勒律治和卡莱尔这样的英国作家的作品，以及斯塔尔夫人的《论德意志》，都促进了德国精神对美国思想的影响——后者于1814年在美国纽约出版，八年后爱默生如饥似渴地仔细阅读过。有些时候，德国对美国的影响非常深远，以至于被偶像化的德国开始浮现，连德国人自己都不敢相信德国居然如此美妙。爱默生曾经呐喊：“即使在古老而陈腐的德国，

1 梭罗，《日记》，第3卷，第179页。

2 乔治・里普利于1837年2月23日写给詹姆斯・马什的信，载于达菲主编，《柯勒律治的美国信徒》，第192—193页。

3 盖伊，《魏玛文化》，第67页。

激情昂扬的精神都比这个国家更浓烈——那是一种源自美好自然的活力释放。我们就像是胆小怯懦、腿脚不便的老爷爷、老奶奶，一直沿着公路蹒跚而行，不敢偏离半步。在这一刻，我心中的精神舵手只有两个人：贝多芬和贝蒂娜。"[1]"新英格兰文艺复兴"发生的根源在于德国，不过并不只有德国的影响才导致了超验主义的出现。根据詹姆斯·艾略特·卡伯特的阐述，超验主义是"浪漫主义在清教土壤上的绝美绽放"[2]。然而，当批评家谈起德国的狂乱精神时，认为它像瘟疫一样横扫新英格兰，致使"一些牢骚满腹的男女……爱上了日耳曼人的一切，从条顿冰鞋到德意志的不忠行为"。这个观点正是西奥多·帕克运用措辞绚丽的语言所表达的反德意志的情绪，而这些描述只是他描绘德国思想的文字中情感最激昂热烈篇章的开端。[3]

因为德国思想已经对美国文化留下了深深的烙印，因此对爱默生来说，已经没必要走出国门了。"在想象的世界里，我们可以在德国的这部作品或那部作品中找到精神食粮。而真的身在德国，你也许就找不到了。这些精神食粮已经被送到了美国，你只能在美国国内找到，离开美国却无处可寻：这与地理无关，只关乎灵魂。"[4]除了在爱默生的一些著名文章中一再重申美国要自强自力之外，德国对超验主义运动的影响实在不容高估——不管是正面影响还是负面影响。门肯曾谈及"惠特曼精神的全面瓦解"，并针对美国的文学做出如下评论："除了几个壮怀激烈、信心过强的错误开端，美国文学总体来说是非常出色的，原

1　爱默生，《日记与各种笔记集存》，第7卷，第198页。贝蒂娜·冯·阿尼姆是一位作家，同时也是歌德的朋友。

2　这里引用的是亨利·詹姆斯的话，而詹姆斯引用的是詹姆斯·艾略特·卡伯特发表在1887年12月的《麦克米兰杂志》上的《拉尔夫·沃尔多·爱默生回忆录》。载于詹姆斯，《文学批评》，第265页。

3　帕克，《德国文学》。

4　爱默生，《日记》，第7卷，第124页。

因就是它的平凡无华。”他认为，盲目模仿德国传统就是造成错误开端的原因之一。他贬低爱默生的努力，认为他不过是“把从前梦想过、诉说过的情怀用圆号吹奏了一下而已”[1]。

德国对超验主义的影响很容易被误解。超验主义者认为他们所处的社会有严重的缺陷。惠特曼羡慕超验主义者“轻松的民主氛围”，而超验主义者们早已预见到了埃里森的观点，因此可能会认为，“如果深入挖掘，会发现美国精神状态并不轻松，而是充满不安”[2]。爱默生把美国说成一个民主社会，却无法在其中看到真正民主的因素。梭罗宣称在社会中无法找到健康，只有寄希望于自然，并且认为写作是最接近生命本身的艺术。这两人听起来都像是遁身于社会之外、沉浸于自省的内心世界之中的德国作家。追随德国浪漫主义的华丽传统，意味着他们在探寻一种新的政治行为与公民参与的方式，并期望在这种方式中，个人的情感与欲望能够得到自由表达，而这正是爱默生和他的新英格兰朋友在19世纪30年代所做的事情。他们在寻求美国政治的崭新途径过程中，受到德国浪漫主义及其创造性个体观念的影响，并认为个体才是重要政治角色的真正归属。“最伟大的行动可以简单地归结为最隐秘的境遇。”爱默生在谈论歌德的文章中如是说。他还宣称，社会远没有安宁的文学界对政治的兴趣大。爱默生赞美歌德，认为他是德意志民族的精神舵手，因为歌德使“我们的现代生存罩上了诗歌的外衣”。对于爱默生来说，莎士比亚是世界上最伟大的诗人，而歌德是世界上最伟大的作家。

德国浪漫主义对超验主义意欲改变美国民主的宏伟计划影响巨

1　H.L.门肯，《国家信件》(1920)，载于《成熟醇厚的门肯》，第86、89页。

2　埃里森，《切豪车站的小人物》，第37页。

大。同时，浪漫主义本身也在改变。浪漫主义被美国接受后，变得比以前更容易探测出文学运动背后的政治本质，而在德国历史中，文学运动经常被认为是对政治漠不关心的本质的体现。这一点在托马斯·曼早期赞美德意志共和国的文章中表述得最为明显，他认为德国共和是在浪漫土壤中绽放出的绚丽多彩的共和主义之花。

在德国哲学和浪漫主义思想向美国传播的过程中，詹姆斯·马什起到了决定性作用。他翻译了赫尔德的《希伯来诗歌精神》，并撰写了题为“古诗与现代诗”的文章，将德国浪漫文学中的美学信条转变为美国习语。马什首先在达特茅斯学院供职，之后任佛蒙特大学的校长（1826—1833），他对美国高等教育的影响是深远的，他更欣赏浪漫主义把人与自然的关系视为有机的、健康的观点，而非洛克所宣称的被动思想的论断。他可谓桃李满天下，学生中包括曾在1851年协助成立《纽约时报》的亨利·贾维斯·雷蒙德。直至19世纪70年代晚期，当约翰·杜威在佛蒙特大学攻读学士学位时，依然能清晰地感受到马什的讲座所产生的影响。当杜威试图在德国哲学与纳粹政治间建立联系时，他对他的老师詹姆斯·马什曾努力带到美国来的传统与世界观进行了猛烈抨击。实际上，杜威攻击的是曾深深影响过美国思想的德国的思想体系。

四

德国文化在国外：失败中的胜利

美国精神的封闭

2003年11月6日，在美国国家民主基金会成立二十周年的纪念大会上，乔治·W.布什对听众谈及了里根总统曾经发表的演说。1982年6月，里根曾在威斯敏斯特宫对英国议会发表演讲，他预言，历史的转折时刻即将到来。“里根总统说，在苏联，专制的日子即将成为历史，人们永远不会停下迈向自由的脚步。”布什还调侃地补充道：“根据当时的一篇社论，可以看出一些评论家对总统的这番演说不屑一顾。似乎既要做缜密练达的欧洲人，同时又是里根的崇拜者并不是件容易的事。”在网络上发布的布什总统的演讲稿上，这句话后面又插进了一个词：“（笑声）”。

在1987年的畅销书《美国精神的封闭》中，作者艾伦·布卢姆引用了里根用来称呼苏联的词——“邪恶帝国”。布卢姆评论道：“头脑正常的人都会不约而同地愤怒反对这种挑衅性的言辞。”然而，当里根谈及美国与苏联截然不同的价值观时，抗议者们却并未加以反对。布卢姆一针见血地指出，令这些批评总统的人不能理解的是，总统在两个场合内说的是完全相同的事情。他们的误解直指美国道德观和政治观的巨大变化，这种变化之大，只有古希腊与罗马的异教信仰被基督教思想所代替时的转变可以相提并论。“如今对于善恶的解读有了一种全新的语言。这种语言产生的根源是‘超越善恶’的企图，这种思想试图使我们不再判断善恶。甚至那些谴责我们当前道德状况的人，也在使用恰恰体现了这种状况的语言做同样表达。”里根的批评者们觉得他用“邪恶”这个词过于狂妄——他们被美国总统判断善恶时表现出来的决绝态度吓到了。用“价值”这样的中性词汇代替“善”与“恶”这样的词汇，意味着“一切有关善恶的激进而主观的信仰，都变成了舒适地自保而寻求随和闲散的仆从”。

这些句子出现在布卢姆作品某个章节的开端，在这一章中，他明确指出了导致美国思想发生可悲变化的主要罪魁：“德国背景”。布卢姆断言，里根总统演说的批评者们只是以超前的方式对德国的哲学思想进行了表述而已。[1]对布卢姆而言，20世纪后半叶美国的社会与政治问题的根源在于精神危机。高科技造成的时间消费与休闲消费风气、性革命以及多元文化，都反映出美国精神向相对主义及中性价值观的转变，这种转变同样也深受德国思想的影响。

不论是第二次世界大战之前、期间或之后，《美国精神的封闭》一书都不会被视为完全在经验基础上对身居美国的德国思想家的影响的真实描述。布卢姆的书是活生生的症状表述，而非准确的诊断结论：是辩论，而非实情报告。不过，他的辩论却应当被严肃对待，不仅仅因为它属于针对德国精神的特定批评传统。布卢姆没有引用朱利安·本

1　布卢姆，《美国精神的封闭》，第141—142页。

达的话，不过他的书明显传承了本达《知识分子的背叛》中的思想。该书首次发行于1927年，书中把对相对主义的普遍信仰归结于德国思想家，而世界性的形而上思想崇拜则被看作希腊给予人类的礼物。“现代‘教职人员’的教导，再一次体现了德意志价值观的胜利以及希腊思想的破产。”[1]

为了正确理解该书的意图，或者避免过高估计该书的影响，从传统的角度看待艾伦·布卢姆和朱利安·本达很有必要，当然作者本人也许并不认可这种解读方式。在谴责德国浪漫主义方面，布卢姆表现出来的歪曲与缺陷与本达很是相似。二人不约而同地怀有恢复“希腊对德国的暴政”的企图。[2]在魏玛的全盛时期，德国曾经受到希腊思想的深刻影响，发展了历史决定论与相对主义思想传统。通过拒绝希腊传统，德国却最终背叛了自身的经典思想。布卢姆的书可能会被简单地定义为反德书籍，实际上他是挑起了德国不同思想间的相互抵制。

在布卢姆针对德国思想传统对美国精神影响的攻击中，尼采是位核心人物。布卢姆对尼采的着迷程度与他对尼采在美国的追随者与仿效者的恐惧程度不相上下，他认为美国的追随者们把一种悲情的世界观转变成了廉价的知性生活方式。德国世界观的美国化不可避免地走向庸俗化。布卢姆憎恨欧洲人的绝望感，他更憎恨没有缘由的阴郁情绪、“有着欢快结局的虚无主义”。然而，“虚无主义味道”一直以来都是美国文化的一部分——摆弄一下欧洲风格的存在主义伤感，最终却拒绝沉溺其中。1906年，克莱德·菲奇将伊迪丝·华顿的小说《欢乐之家》改编为戏剧，于是华顿邀请小说家兼批评家豪威尔斯到纽约观看

---

1 本达，《知识分子的背叛》，第101页。

2 参见伊丽莎·玛丽安·布特勒，《希腊对德国的暴政：希腊艺术对18、19以及20世纪德国伟大作家的影响研究》（纽约：麦克米兰，1935年）。

首场演出。华顿预见到这部戏剧注定会失败，因为她拒绝让女主角活下来。当豪威尔斯离开剧院时，他转身对华顿说了一句话，就简单明了地指出了戏剧失败的原因："美国大众需要的是有幸福结局的悲剧。"[1]

也许是在不经意间，布卢姆辩论起来很像是尼采的狂热门徒。政治失利时文化坐阵——他对这种力量着迷不已。在盟国攻打纳粹的时候，德国思想占领了整个西方，而不仅仅是美国。"自我陶醉的嬉皮士、雅皮士、黑豹党、高级教士和管理人士们，都在半个世纪前受到了德国思想潜移默化的影响；赫伯特·马尔库塞的口音变成了中西部特有的鼻音；'正品德国货'的标签已经换成'美国生产'的标志；对整个家庭而言，崭新的美国生活方式则成为魏玛共和国的迪士尼版本。"[2]当美国军队承受着巨大的损失在诺曼底登陆时，美国国内也经历了决定命运的"进攻发起日"。德国文化的入侵导致了战后美国哲学思想的巨大变化。按照布卢姆的观点，第二次世界大战对思想领域产生的后果更加不幸，因为战场并不是进行战斗的唯一场所。这也是一场文化战争。"当美国人严肃地谈论政治时，我们是指以政治为基础的自由、平等和权利等原则是合理的，并且处处适用。第二次世界大战从根本上说是一次教育工程，这项工程迫使那些原本不接受这些原则的人依此行事。"[3]

令布卢姆沮丧的是，第二次世界大战后，不仅战败的德国经历了再教育工程，胜利的美国也接受了再教育。美国人深深受到德国思维习惯的影响，甚至采纳了一种新的语言，并且在谈到自己的文化时感觉非使用不可。出租车司机们一夜之间就开始使用"格式塔"这样的词汇，

1　华顿，《回顾》，第147页。显然，这件事情对伊迪丝·华顿而言非常重要。她曾经在《法国方式及其含义》（1919年，第65页）中做过陈述。

2　布卢姆，《美国精神的封闭》，第147页。

3　出处同上，第153页。

马克斯·韦伯的那些复杂的社会学术语侵入了日常生活，比如，布卢姆惊恐地发现，在芝加哥街头就出现了“气质清洁器”这个词汇。甚至是电影这一最美国化的艺术，也沾染了德国思想的色彩。伍迪·艾伦在布卢姆眼里是教条主义者，他的剧本处处流露出德国哲学思想的痕迹，使其成为美国娱乐市场中司空见惯的组成部分。没有马克斯·韦伯、海德格尔和阿多诺，像伍迪·艾伦的《泽利格》这样描述毫无主见之人的电影，就永远不会在美国问世。

在19世纪，像约翰·斯图亚特·密尔和马修·阿诺德这样的作家，都尽力通过传播他们所谓的“感觉文化”来弱化功利主义思想。在这个过程中，他们转向了德国哲学与德国诗歌——正如法国人对笛卡尔哲学思想感到厌倦时所做的一样。布卢姆认为，同样的事无意间也在美国发生了。尼采对理性主义的抵制，弗洛伊德对无意识和灵魂中黑暗领域的挖掘，马克斯·韦伯致力于使世界清醒的努力，海德格尔对希腊文明的崇拜，托马斯·曼在《死于威尼斯》中所描述的神秘与苦难——这一切都改变了美国文化的理性进程。在对希腊、罗马、犹太教和基督教的理解上，美国人完全依赖于德国的指导与传授。令人称道的是，布卢姆讲述了亚历山大·克瓦雷的故事。1940年在芝加哥，他的一名学生总是在其论文中提到“亚里士多德先生”，因为他不知道这位伟大的希腊哲学家并不是与他同时代的人。这令亚历山大·克瓦雷很受刺激。布卢姆的美国之梦便是送韦伯教授回海德堡去，送弗洛伊德博士回维也纳去，而让亚里士多德先生和柏拉图先生以及洛克先生，甚至卢梭先生获得永久的美国居住权，尽管他们的作品也都秉承了严肃的批评主义传统。

德国对美国的入侵影响到了古典学、神学以及政治思想、道德思想、哲学和心理学——也许受其影响最深的是社会学。布卢鲁坚持认为，戴维·里斯曼这位极具影响力，而且看上去极具美国特色的作家，本质上只不过是马克斯·韦伯的替身。例如，在《孤独的人群》中提及的传统行为、他者行为和内心引导行为这些时尚的分类，是对德国大师三种合法性的理想类型的直接翻译。然而布卢姆又宣称，德国文化入侵之所以成功，只不过是由于误读的结果。事实上，德国文化是无法传播的思想体系和信仰体系。模仿德国思想仅仅说明美国人对德国精神的精华一无所知。美国知识分子唱的是一支自己都听不懂的歌。

像马克思、弗洛伊德、尼采、韦伯和海德格尔这样的作家——他们都是理性主义思想的批评者——怎么会对一个一向以无处不在的启蒙思想为豪的国家产生如此深刻的影响？一方面，布卢姆坚信，没有什么比来自美国的热忱接纳更让尼采和海德格尔厌烦的了。另一方面，美国并没有完全把德国作家转变为本土精神。新弗洛伊德思想的信奉者把精神分析的大胆探索变成普通常规，弗洛伊德变成了家庭医生。在社会科学领域，塔尔科特·帕森斯把马克斯·韦伯的理论变得庸俗化了，是将非凡理论常规化的活生生范例。布卢姆蔑视德国思想的影响，同时又指责美国作家未能全面接纳德国传统。伴随德国思想而来的是常规化与庸俗化的倾向。德国的虚无主义是有关生死的哲学思考，而美国的虚无主义是一种过了周末便忘在脑后的短暂情绪。

布卢姆的严厉指责有时变成了拙劣的模仿，不过他对德国人文科学对美国精神产生的影响所做的评估是正确的。没有哪个国家的学术传统——英国除外——对美国产生了同样的影响力。如果只考虑为了加以重视而将学术作品进行翻译或者阅读外文原版的情况，那么德国书籍的影响是无与伦比的——至少是在法国的思想潮流诸如存在主义、结构主义和解构主义在美国盛行之前。法国学者涂尔干和意大利学者帕雷托的影响力永远不及马克斯·韦伯，法国哲学家柏格森的影响及至今日也无法与海德格尔相比，而任何人也无法与马克思和弗洛伊德相提并论。

如果要对布卢姆的德国文化观点，尤其是其对德国人文科学的态度提出批判，就必须指出他特定的范围选择、奇特的歪曲失真，以及他书中处处流露的对德国知识与理性内涵的狭隘理解。由于在论述中精心选择探讨的对象，布卢姆坚持认为自尼采之后，尤其自海德格尔以来，德国文化走向了无可挽回的反理性。这已成事实，无法改变。而不管是在尼采之前还是之后，对促成德国思想传统中的启蒙精神与自由意志形成的作者们，布卢姆要么只字不提，要么极不充分地加以论述。而且，布卢姆认为尼采、弗洛伊德、马克斯·韦伯和海德格尔，在某种程度上还包括托马斯·曼，众口一词建议背弃理性，主张开始对人类存在中更神秘的非理性领域加以探索：这本身就是一种歪曲。布卢姆忘记提及，在这些作家的作品中，完全可以找到理性成分，以及在黑暗时代里保护残余的启蒙思想的严肃的，甚至有些悲剧色彩的强烈诉求。然而对布卢姆而言，启蒙思想根本没有辩证的一面。

作为布卢姆褊狭理解德国传统的例证，托马斯·曼的情况极具说明性。在《美国精神的封闭》中，托马斯·曼仅仅作为两个故事的作者而被加以讨论，即《死于威尼斯》和《托尼奥·克吕格尔》。他的其他作品对布卢姆来说是不存在的。按照布卢姆的观点，托马斯·曼诱导美国学生追求"思想精深、老于世故的欧洲人的神秘与苦难"。托马斯·曼本人就是思想精深、老于世故的欧洲人的杰出代表，他借其小说中的人物之口（这些人物当然都是经过布卢姆精心选择的），表达了对亲身体验人类生存中隐蔽而原始的动力的渴望，这些动力都是文明行为致力于驯化的。对他而言，文明行为只能给予次要的、间接的满足感，如果可以获得主要的、直接的满足，那就没有必要选择文明行为。

必须指出，布卢姆承认托马斯·曼描述文明危机和西方没落的意图。然而，托马斯·曼的这种意图似乎并不为美国受众理解，美国人大多把《死于威尼斯》看作性解放的早期宣言。同时，布卢姆在指导他的学生如何阅读柏拉图时，认为《死于威尼斯》的主人公阿申巴赫对柏拉图《斐德若篇》的理解令人震惊。布卢姆把这种理解归因于托马斯·曼本人。"没有任何地方表明托马斯·曼认为人们应更为直接地从柏拉图那里学习性爱的知识。人们应该把弗洛伊德的洞见应用于柏拉图身上，从而理解欲望如何实现自我的理性化。柏拉图不幸沦为科学剖析的标本。托马斯·曼对弗洛伊德的崭新思想过于着迷，因此毫不怀疑升华是否如其所言果真能够解释精神现象。他是个教条主义者，或者说他认为我们一定比古代思想家的知识更丰富。他们是神话学家。"[1]

托马斯·曼的作品的确有助于形成新的思维习惯及生活方式，然而对布卢姆而言，托马斯·曼始终是外国人，一切还需要美国本土的"教条主义者"加以开发利用。那个努力使自己成为共和主义者和民主人士的托马斯·曼对艾伦·布卢姆来说根本不存在——作为欧洲人的托马斯·曼也未得到他的关注。布卢姆未能看到托马斯·曼身上体现出来的美国与欧洲传统的融合。托马斯·曼笔下的约瑟是在加利福尼亚的天空下成熟起来的，他的性幻想不仅受到弗洛伊德思想的滋养，也受到曼哈顿振聋发聩的新思想的影响——托马斯·曼把惠特曼"解剖式的爱情之歌"定义为"在美国的民主精神中重生的希腊风采"[2]。布卢姆声称，托马斯·曼之所以对美国读者产生了如此深刻的影响，不能完全归因于美国读者对托马斯·曼所代表的欧洲传统的误读。在很大

1 布卢姆，《美国精神的封闭》，第237页。参见《柏拉图的理想国》，由艾伦·布卢姆翻译并加注，同时附带一篇阐释性文章（纽约：基础图书出版公司，1968年）。

2 托马斯·曼，《德意志共和国》，载于《时代要求》，第41页。

程度上，这是因为托马斯·曼本人不仅受到美国思想的影响，而且受到“美国生活方式”的影响，其中惠特曼的影响力是毋庸置疑的。这种影响绝不是肤浅的，而是非常深刻、非常强烈的，而且这种影响在他的双脚踏上美国领土之前就产生了。拉尔夫·埃里森说：“我们大多数人在理发店随意读到的首先是海明威、菲茨杰拉德和托马斯·曼。”他把将这三位作家相提并论看作当时美国文学界最自然而然的事情——这种认识绝不是出于偶然。[1]

于是，艾伦·布卢姆把美国精神走向封闭的原因归结为德国作家的影响，并且认为这种影响很久以前便存在了。然而，布卢姆应该不可能把弗洛伊德、马克思、尼采和马克斯·韦伯从根本上视为“德国”作家。因为就是在他们的著作没有正式出版或进行翻译的地方，他们的思想也早已全面地与人文科学结合了起来。当然，这不一定永远是件幸事：弗洛伊德的思想从维也纳和伦敦经由巴黎传播到纽约和加利福尼亚的过程中，的确经历了不同寻常的变化以及些许的调整。懂德语的人在阅读马克斯·韦伯著作的英译版时，每当碰到类似“一些基本概念”这样的标题，便会感觉到深深的遗憾，因为具有新康德学派风格的德国“一些基本概念”在译文里根本没有体现出来。然而，布卢姆所探讨的“德国”作家早已成为公认的经典，他们的作品也早已超越了创作之始的民族语境，在其他不同的环境中也获得了意义。

布卢姆仅仅把“影响”看作单向的运动，因此他对被驱逐出德国的德国学者，尤其是犹太学者对人文科学的历史所产生的波澜壮阔的影响认识不足，观念颇为狭隘。移民到其他国家的人的影响同样相当可观——不过对哪里的影响也没有像对美国那样深远。当有人问普林斯

---

1 埃里森，《切豪车站的小人物》，第30页。

顿高等研究院的创始人亚伯拉罕·弗莱克斯纳，谁是这所学院最大的赞助人时，他的回答是"阿道夫·希特勒"。比较而言，由于法国高等学府中根深蒂固的仇外心理，要使其知识界因为受外来移民的影响而使基本方向发生任何实质性转变，是非常困难的。布卢姆对法国知识界抵制外来影响的特点印象极深，对他来说，每个法国人生来不是属于帕斯卡学派，就是属于笛卡尔学派，这种身份一旦确定便很难改变。出于越来越强烈的羡慕之情，布卢姆讲述了他最近在法国的一次见闻：在一家饭店里，他无意中听到一个服务生称他的同伴为"笛卡尔信徒"。

然而，在移民到美国后，德国人文科学的代表们改变的不只是美国的思想方式。他们的思想不仅在美国生根，而且在很大程度上自身也发生了改变，后来又经常以伪装的状态回到德国。当然，也不必像格奥尔格·西梅尔那样夸大其词，认为实用主义不过是美国从尼采那里拾得的牙慧而已。例如，曾在德国哲学界占据重要地位的现象学思想，在战后被当作美国的独特思想被德国接纳；通过在思想与范畴方面与帕森斯1937年的《社会行动的结构》相结合，马克斯·韦伯才被尊为经典。《社会行动的结构》一书也许是美国思想体系与不同的欧洲理性潮流相融合的范例——尽管在欧洲，这些理性思潮原本互不相干。当出生在维也纳的美籍著名社会学家保罗·拉扎斯菲尔德于1945年后到欧洲传授经验社会学时，他的到访被看作美国入侵的一部分，尤其是在西德，他的行为被视为企图对他们进行再教育。不过，这也可以被理解为具有明显维也纳传统的社会科学与以社会学为指导的社会民主政策重返欧洲。格式塔心理学的倡导者几乎全部被迫移民国外，使得格式塔心理学在美国被改造，最后听起来极具美国风味——包括艾伦·布卢姆的司机和大量读者在内的人都做此理解——以至于托马斯·库恩在其专著《科学革命的结构》中会使用"格式塔转换"作为关键词之一。

用布卢姆的话说，美国一直以来都是“一潭死水，只充当消费者的角色”，完全依靠欧洲知识传统来确立自己的特点。如今应该意识到，这种依赖已经不再是必不可少的了。欧洲不再是美国人去学习和训练自己的地方。布卢姆嘴上说的是欧洲，实际他针对的是德国。布卢姆写道，洛克、霍布斯和卢梭，更不必说苏格拉底、柏拉图和“亚里士多德先生”，都依然被认为是“思想界的哥伦布”，美国应该向他们寻求精神指引。他还写道，自洛克和亚当·斯密之后，理性思想传统的没落是德国非理性主义越来越猛烈进攻的结果。几乎可以这样认为，爱默生在日记中写下如下评论的时代已经结束了。爱默生在日记中说：“正如植物的芽眼根据需要生长成为树叶、果皮、根茎、树皮、苹果或者荆棘，最初的动物细胞根据需求孕育成为胃、嘴、眼或者指甲，世界也是这样把生命投掷在英雄或者牧羊人身上，或者说世界把生命投掷在最需要的地方。在当时，但丁和哥伦布必然在意大利出现；而在今天，他们将会是美国人和德国人（普鲁士人）。”[1]

布卢姆谈及“世界历史的美国时刻”时，似乎预见了今天新保守主义的雄辩之言。他认为要成就这一时刻，就需要美国与欧洲思想源流划清界线，尤其是要抵制德国传统。然而传统融合得如此之深，要做这样的了断绝非易事。布卢姆忘记了，在19世纪，有一位名叫查尔斯·狄更斯的作家希望建立“美国本土之外的美国”；而托马斯·曼在真正成为美国公民四年之前的1940年5月，就曾在NBC的广播中宣称“我是美国人”[2]。

1 爱默生，《日记与各种笔记集存》，第14卷，第151页。

2 《狄更斯说，我将建立美国本土之外的美国》，载于爱默生，《日记与各种笔记集存》，第14卷，第147页。托马斯·曼，《我是美国人》，载于托马斯·曼，《散文集》，第5卷（《德国与德国人，1938—1945》），第132—135页。

面临危机的德国精神

《美国精神的封闭》被翻译成德语时叫作《美国精神的没落》，而意义更加对等的翻译应该是《面临危机的美国精神》——也许这个翻译并不是最恰当的。在纳粹上台前一年，著名的罗曼语言学家恩斯特·罗伯特·库尔提乌斯出版了专著《面临危机的德国精神》，该书极为畅销，几个月之后便重印了。这是一本深奥的学术著作，同时也是一部既极具挑战精神又有些懦弱胆怯的充满矛盾情绪的作品。时至1932年，库尔提乌斯也没有表明立场，而只是将选择方案公开——而托马斯·曼在1930年作题为"诉诸理性"的演讲时就已清晰地表明了立场。这部著作可以被解读为对纳粹革命表示同情的预言——或者被看作与纳粹的早期决裂。书中流露出反犹太人的迹象，然而字里行间的暧昧言辞使这部书既可以被解读为对犹太人的控诉，又可以被当作为他们的辩护。

库尔提乌斯的出版商称赞这本书可以唤醒所有人。对库尔提乌斯而言，德国精神——首先是指德国的人文科学——处于危险之中，原因是两个重要的理性思潮威胁到了德国精神的基础：一方面是纯粹的历史主义渐渐对价值观持中立态度；另一方面，强有力的非理性主义运动愈演愈烈，导致了精神世界毫无约束的野蛮状态——在这一点上，尼采要负主要责任。"民主化"是卡尔·海因里希·贝克尔文化政策的关键词。卡尔·海因里希·贝克尔是昙花一现的魏玛共和国时期的普鲁士教育与文化部长，他受到库尔提乌斯的严厉抨击。库尔提乌斯认为，德国大学的民主化和自由化是由于传统教育价值的日渐衰落和无处不在的对文化的轻视造成的。德国目前迫切需要的是严格整饬思想与学术领域的规范，重新尊重理性，以及回归传统价值观。相比其他的西方国家，如法国、英国和美国，德国更需要形而上思想，时下流行的新学科——社会学——根本不能取代它。哲学必须再一次成为主宰其他各学科的君主，知识分子必须回归古哲学的根基，以期获得新的自信。他们必须记住，在欧洲，荷马缔造了诗歌，柏拉图开创了智慧，亚里士多德启蒙了科学，柏罗丁则开神秘主义思想之先河。

《美国精神的封闭》和《面临危机的德国精神》有着令人惊异的相似之处，二者的区别也同样令人津津乐道。艾伦·布卢姆的书创作于"世界历史的美国时刻"。库尔提乌斯坚信："盎格鲁—撒克逊在世界历史上的辉煌岁月就要过去了。"[1]这是令人惊奇的相似论调，然而这两种观点却导致了几乎完全相反的结果。布卢姆言之凿凿地要求美国精神摆脱德国思想的影响，以达到净化的目的，而库尔提乌斯抵制高等教育与学术领域中的任何保护主义行为，他不遗余力地反对切断德国精神与西方文明的联系以求杜绝德国精神受到影响的企图。最后，库尔提乌斯争辩道，如果阻止德国精神与西方精神的融合，德国的人文传统会遭受巨大损失。当库尔提乌斯嘲笑敌视西方的态度时——这种态度无论在战后的德国，还是战前的德国，都是知识界的主要思潮——他很清楚自己在说什么。他曾经被赶出先知诗人施特凡·格奥尔格著名的"格奥尔格圈"，因为他不愿意摆脱法国和英美的影响。库尔提乌斯身上的欧洲公民和世界公民的气质过于强烈，无法被其持民族主义思想的同僚接纳。

《面临危机的德国精神》听起来像是一部保守的宣言，它确实也是

---

1 库尔提乌斯，《面临危机的德国精神》，第12页。库尔提乌斯引用的是英语语言文学学者赫伯特·舍夫勒于1929年出版的著作《德国文化中的英格兰》中的观点。

一部保守的课本。然而，书中同时又流露出强烈的反民族主义思想，并且作者表现出对普遍主义的认同，对德国人文科学中大量存在的地方主义倾向则表示不满。该书写于纳粹上台前夕，在书中库尔提乌斯倡导的不是启蒙思想的全球化，而是中古思想的全球化。布卢姆以同样的心态督促美国学生回溯至起点，即重新研读古希腊罗马的哲学思想。库尔提乌斯告诫他的读者说，只有文化负载者们重新与中世纪的人文思想建立联系，才能使德国文化得以幸存。然而，这种人文思想不仅在德国受到冷落，在整个欧洲也处于衰败状态。因此，在库尔提乌斯看来，美国于1925年成立美国中世纪研究院，并在一年后创建《美国中世纪研究院院刊》，就具有非常重要的意义了。库尔提乌斯引用该刊编者的话说，"希望我们能够意识到讽刺、幽默和快乐是我们生活的一部分，艺术、美和诗歌是中世纪遗产的一部分"。从这些话中可以看出真正的人文精神。[1]库尔提乌斯希望在柏林和魏玛面临毁灭威胁的东西，能够在哈佛这样的美国大学里得以留存，因此他沿袭了歌德的做法。歌德曾经夹着一份手写的献辞，在1819年将其全部文集送到哈佛大学，同年，这位七十岁的老人对首相弗里德里希·冯·米勒说，要是他年轻二十岁，一定会漂洋过海到美国去。[2]

艾伦·布卢姆期望将美国精神与不朽的古希腊罗马思想重新结

1　库尔提乌斯，《面临危机的德国精神》，第127页。

2　托马斯·曼在1949年5月2日在国会图书馆发表的题为"歌德与民主"的演讲中，引用了歌德的话。见《托马斯·曼演讲录》，第128—129页。然而在美国，哈佛大学却没有成为歌德的研究总部。哈佛大学任命的第一位德国教授是卡尔·福伦。卡尔·福伦是极具反抗精神的德国学生会的成员，他认为歌德对贵族阶层极尽谄媚之能事，因此他是民主不共戴天的仇人。只是在后来，首先是由所谓的圣路易斯运动的驱策，歌德才在美国拥有了文化光彩。《浮士德》第二部被当成美国作品来看，浮士德也因此被视为与美国神话密切相联的人物。见沃尔特·欣德勒，《歌德与美国》，载于欣德勒主编，《歌德与浪漫主义时代》，第489—505页。

合，并且警告美国人不要继续在德国的影响下发展，因为德国思想显然是对任何关于善与恶的严肃思考的终结。在这部由索尔·贝娄作序的布卢姆的著作中，令人大惑不解之处及其在美国获得巨大成功的原因，是对美国所承担的领袖地位的绝对信念和知识界奉行的门罗主义思想的结合——布卢姆声称，在人类依据天性而展开的对美好生活的理性追求过程中，美国所取得的成就是最高的，几乎无人可及。布卢姆发出的诉求不仅要使美国的知识界去德国化，也要去欧洲化。布卢姆似乎对孤独绝世情有独钟，因此他的作品不可避免地带有曲高和寡的意味，同时他的论辩也蒙上了一层悲剧性的空谈色彩。如今看来，这种曲高和寡的语调与索尔·贝娄2000年发表的小说《拉维尔斯坦》相比，就显得苍白多了。小说主人公的悲观态度不可避免地与他对上层生活的强烈渴望交织在一起。

平静地告别欧洲

在竭力使自己远离欧洲思想传统的过程中，布卢姆并没有背离美国一直以来追寻身份的传统，这种传统在第一批清教移民踏上马萨诸塞时一直延续至今。然而，到了1814年，美国神学家西奥多·帕克却提出："也许我们太年轻、太缺乏经验，因此我们无法负载伟大的美国思想，无论在文学领域还是社会领域。"[1]一百年后，美国著名批评家莱昂内尔·特里林写道，欧洲的影响"作为美国知识界广泛的、决定性的自觉的思想历程"，已经到了终结的时刻，这对所有人都有益处。[2]肤浅

1 帕克，《德国文学》，第327页。

2 莱昂内尔·特里林，《当前美国知识分子的处境》(1952—1953)，载于《亡命者的聚会》，第78页。

的世界主义思想主宰了美国文学界，美国知识分子在模仿欧洲风尚时表现出前所未有的狭隘。当布卢姆大张旗鼓地与欧洲告别时，特里林却平静地说了再见。在其题为《当前美国知识分子的处境》（1952—1953）的文章中，特里林对与欧洲影响决裂所表现出的平静态度可见一斑。特里林发现，知识界——不是狭隘的知识分子，而是指普遍的有识之士——有史以来首次在美国的政治与社会生活中发挥作用。曾公开称自己是知识分子的阿德莱·史蒂文森，在1956年的总统竞选中落败于艾森豪威尔，却获得了民主党提名，并且赢得了广泛支持。很难想象，在美国这样一个幅员辽阔的大国中，某位精英会对政治起到决定性的影响。然而，“与美国历史上任何时期相比，艺术和思想就算没有受到发自内心的真诚爱戴，也都得到了更普遍、更愉快的接纳与认可”[1]。整个国家对精神力量的提高感到兴奋。像特里林这样的作者肯定对这样的情况尤其感到欣慰，因为他曾经宣称，让人们只要谈及政治便想到文化政治的时刻为期不远了。如今文化可以被明确地定义为文学与社会行动的融合。[2]特里林恰恰是在美国的政治与文化愉快结合的时刻，抛弃了欧洲的传统与影响。

在特里林发表他关于美国知识界当前状况的评论文章的同时，他在另一篇回顾性文章中提到了20世纪一名伟大的美国知识分子——埃德蒙·威尔逊。特里林言之凿凿地说，他肯定威尔逊会是愿意阅读他即将发表的关于马修·阿诺德文章的唯一的人。特里林很看重威尔逊的读者身份，因为威尔逊是位很值得推崇的作家，他不仅深深相信文学生活至关重要，而且认为作家们有能力使这种生活变得充满魅力。

1　特里林，《亡命者的聚会》，第74页。

2　特里林，《利维斯博士与道德传统》（1949），载于《亡命者的聚会》，第112页。

人们也许会心存这样的期待，那就是特里林关于威尔逊的文章会成为一个有说服力的例证，用以支持他曾对美国知识分子和文学生活所做的评论。然而事情并不是这样。把这两篇大约是同一年创作的文章放在一起，就好像在读《罗生门》那样令人费解的电影剧本。回顾埃德蒙·威尔逊并追忆他曾担负的作用时，特里林竟然依此判断美国的文学生活，他认为，尽管“文学生活与文明密不可分”，然而却不会在美国政治生活中发挥什么重要作用。

当年埃德蒙·威尔逊在为《新共和》撰稿时，这份杂志缔造了完美的背景，在这个背景中，美国文化被看作这个国家道德命运中起重要作用的力量。然而时光变迁，特里林评论道：“今天，在我们的知识生活中不再有像当时《新共和》那样的杂志。如今没有哪份杂志被知识界普遍接纳，并在认定政治与文学之间存在着发自天然、生机勃勃的内在联系的基础上，能够同时为政治与文学服务。”[1]当然，这种内在联系在威尔逊开始写作之前就已经存在很久了，它一直伴随着美国文学试图摆脱欧洲影响、获得自由的努力。如今，文人们的形象已经不再引起公众的注意，也不再令公众愉悦欣喜。正如特里林所说，这种状况使人对爱默生的时代怀念不已，那时候，爱默生能够公开宣称“社会远没有康乐幸福的文学界能令人产生深沉兴致”[2]。

伊迪丝·华顿的小说《天真时代》中的主人公纽兰特·阿彻自问，人文学科在其他城市是否也像在纽约一样在陋室穷巷勉强栖身。他说这些时，显然忘记了，尽管他偶尔到波士顿旅行，而且经常光顾纽波特，但是新英格兰却已经对他的问题做了响亮的回答“不是”。不过，大家

---

1 特里林，《埃德蒙·威尔逊：回顾》，载于《亡命者的聚会》，第54页。

2 爱默生，《歌德，或者作家》，载于《随笔书信集》，第750页。

要小心，不要把新英格兰现象错当作美国现实。在爱默生大力称赞文学界的同时，老纽约的良善社会却也以自成一个完全不需要文学介入的小社会而自豪。读书被看作“与生俱来的怪癖”，而“以写作为生的人”则居住在偏远的西二十三街，跟裁缝们和喂鸟人挤在一起，“散落破碎的人文科学工作者从没有与社会结构相融合的意愿”。华顿这样描述自己作为作家的经历，在纽约她的作品仅仅被视为“劣等与困窘之物”，同时，“文学人士在世纪俱乐部相遇，并继续对社会持不屑一顾的鄙夷态度”[1]。然而，在新英格兰，爱默生与梭罗的作品却让大家觉得，文学会自然而然地与社会中的人发生联系。这个观点是斯坦利·卡维尔在评论梭罗的《瓦尔登湖》时要重点强调的。他指出《瓦尔登湖》创作于哲学、文学与神学彼此无法分割的时刻。这也是德国浪漫派的观点。

特里林这两篇文章的创作背景大相径庭，这也说明了这两篇文章令人感受如此不同的原因。关于美国知识分子的文章在颂扬美国知识界脱离欧洲影响获得自由方面达到顶峰，这种解放使得知识界得以在美国公众生活领域发挥关键作用。而在关于埃德蒙·威尔逊的文章中，特里林却争辩说，美国知识分子在过去已经发挥了过大的作用。与埃德蒙·威尔逊的高大形象相比，美国知识界目前的状况显得有些平淡无味。两篇文章在柔和的写作风格方面颇为相似，在评论文学时既缺乏愤怒之情，又无激昂之气，完全是基于常识判断。在为美国文学的衰落而哀叹时，特里林并不是怒不可遏，而只是叹道：“就时下人们对文学的看法来说，我们都有些不合时宜了。”特里林曾使用马克斯·韦伯用来改变美国词汇的短语写道，当读者们对文学生活“不再着迷”时，

1　华顿，《天真时代》(1920)，载于《小说集》，第1069、1096、1191页，以及华顿，《回顾》，第144页。

绝不是一个好的征兆。艾伦·布卢姆若看到这句话，一定会大为惊恐。

20世纪50年代初，当特里林发表这些文章时，美国知识分子似乎已经割断了与欧洲的联系，而这一事实似乎没有产生任何政治回应。北大西洋公约组织在几年前便已成立，美国与欧洲之间多有意见相左之处，尤其是与法国，但是在冷战期间，西方却坚定地与美国站在一起抵制东方国家。在这个背景下，知识界的文化争论所起的作用非常有限。当布卢姆于1987年发表《美国精神的封闭》时，情况却完全不同了。里根总统预言了苏联和东欧的失败。欧洲人对美国政治这种摩尼式的二元论调表示反对。这种冲突是美国与欧洲之间的关系——不管是政治方面还是文化方面——脱离常轨的前兆，接踵而来的便是冷战的结束。

对于畅销书的影响，我们总是容易对其评价过高。《美国精神的封闭》出现在千万美国人的咖啡桌旁，并不能证明艾伦·布卢姆改变了他的读者们的世界观，或者认为艾伦·布卢姆能够对美国政治的进程施加影响。布卢姆揭示美国症状的著作预见了美国将自我怀疑抛在脑后、重拾骄傲与坚强的决心。《美国精神的封闭》出版时便受到里根总统的称赞，两年后，柏林墙被打开了。新保守主义在共和党中形成一股力量，而且1994年由共和党人纽特·金里奇起草的《美利坚契约》大型法案，也为民主党的节节败退铺平了道路，使共和党候选人乔治·W.布什首次登上总统宝座。意识形态成为美国政治中的关键因素，并且显示出空前的强大力量——无论在国内还是国外。而且，比以往更加明确的是，有一个人被拥戴为新保守主义运动的精神动力：列奥·施特劳斯。施特劳斯是德国犹太移民，于1937年来到美国，并在芝加哥大学任教，1973年逝世。他为什么会对美国政治产生如此大的影响，这是个难解之谜。“一位一文不名的德国犹太人，一位普通的《圣经》学者，一位有见地的历史学家，一位柏拉图、阿尔法拉比和迈蒙尼德的崇拜者，怎么会成为美国共和党起决定作用的思想源泉？”[1]这个问题本身就是马克·里拉所谓的“施特劳斯对美国政府的影响所做的大胆推断”的一部分，“甚至施特劳斯关于阅读文本的‘深奥’方法也可以是美国表里不一的对外政策的幕后指导，尤其是在最近的伊拉克战争中”。施特劳斯能够成为持新保守主义观点的共和党的思想教父，的确极其令人怀疑。施特劳斯把“哲学生命”与“物质生命”分开来的思想令人想起法国学者朱利安·本达对知识分子的警告，即主张知识分子寻求非物质方面的利益，不要与政治交织在一起。不过，这种反讽意味一直存在，从事对抗“老欧洲”的文化战争的美国政治家看到，承袭研究欧洲思想经典范例的学者著作中的思想，原是件适宜之事。[2]

艾伦·布卢姆曾与列奥·施特劳斯一起求学。有人坚持认为，《美国精神的封闭》是施特劳斯思想的普及之作，是《自然权利与历史》的最新续篇，该书是1949年施特劳斯在沃格林系列讲座的思想录，那一年德国分割为东德和西德两个国家。《自然权利与历史》于1953年正式出版。这位德国移民比许多美国土生土长的作家更为激进，他对德国某种思想潮流对美国的影响表示痛惜和哀叹。列奥·施特劳斯责问美国是否依然相信它最初的信念，即不证自明的天赋人权的信念。施特劳斯得出这样的结论：对天赋人权思想的放弃与坚持已经不再有任何区别。一方面，德国思想与西欧思想的差异已经完全消失；另一方面，德国思想与美国思想的差异亦不存在。华盛顿面临着变成魏玛的威胁。列奥·施特劳斯总结道：“一个战场上被打败的国家，虽然作为政

---

1 迪吕伊，《列奥·施特劳斯与美国权力》，第3页。

2 里拉，《施特劳斯思想的终结》，第54页。

治形态被消灭了，然而却通过将其思想之绳套在征服者的身上，从而抢夺了胜利的最辉煌战果。这在历史上已经不是第一次了。”[1]德国文化取得了失败中的胜利，充分证明了其基本设想：它不仅可以抵消失败，甚至可以在政治方面进行报复。

布卢姆的著作出版之时，恰逢美国复仇的开始之日。很快，新保守主义者们将其信仰撒播开来：“自由思想以及由其衍生的平等与人权思想是明智合理的，在任何地方都可以生根发芽”，而且，“强迫不接受这些思想的人遵从它”也是合情合理的。[2]这表明，美国已经将自己从为害不浅的德国影响和欧洲影响中解放出来了。

1 施特劳斯，《自然权利与历史》，第2页。

2 布卢姆，《美国精神的封闭》，第153页。

五

法德文化之战

两次革命

20世纪80年代和90年代，在美国大学中的英语系所展开的极具特色的“文化战争”，到底更多的是“高卢入侵”的结果，还是德国非理性主义入侵的结果，一直以来是争论的焦点。[1]然而，我们很难把法国与德国的影响分割开来。艾伦·布卢姆对“德国联系”所采取的驳斥态度尽管只是个案，但是由于第二次世界大战后，经由法国学者介入，德国传统得以在美国幸存的事实，却使得人们对德国人文学科片面而歪曲的看法愈演愈烈。列维—施特劳斯也许是个特例，除他之外，许多对美国思想产生影响的法国作家都承袭了德国思想家的传统：让—保罗·萨特受惠于胡塞尔与海德格尔，雷蒙·阿隆深受马克斯·韦伯影响，米歇尔·福柯流露出尼采的影子，而雅克·德里达则

1 参见布鲁克斯，《高卢入侵》。这篇文章是弗朗索瓦·屈赛的著作《法国理论：福柯，德里达，德勒兹及美国知性生活的改变》(巴黎：发现出版社，2004年)。

无法摆脱尼采与海德格尔的思想印迹。自从18世纪末与19世纪初的浪漫主义——“既是德国精神的特权，亦是德国精神的祸根”[1]——崛起以来，德国便成为法国作家们的思想源泉，法国作家从德国非理性主义与怀疑思想中获益颇多。因此，法国作家们或者继续加强他们自己的笛卡尔哲学的理性思想，或者比德国人自己更加激烈地宣称，理性与非理性的界限是流动不定的，不论从何种研究方法中，都可以找到疯狂的影子。对德国思想的援引吸收成就了这些法国知识分子——不论是大学教师还是文人作家。他们与国内占主宰地位的思想划清界线，对门槛严格的巴黎学府不屑一顾，并期望借此树立自己风格迥然的公众形象。萨特、福柯和德里达都是运用这个战略的高手，不仅在国内收益颇丰，在国外甚至得到了更高的待遇，尤其是在美国。德国的非理性主义经由法国穿越大西洋，到了美国已经成为二手货。

当特奥多尔·阿多诺在战后返回德国时，他出乎意料地见证了德国的文化复苏。他感觉仿佛有架时间机器把他推到了过去的时代，在那个时代，一本“乏味的哲学书”，比如费希特的《知识理论》，就能够比任何政治行为对公众舆论施加更多影响。[2]也许无意间，阿多诺的言论证明了，与法国相比，德国文化中发生的事件，有多少必须得以认可——反之亦然。阿多诺在影射一位著名的浪漫主义作家施莱格尔的话。施莱格尔在1789年就知道如何激怒邻居，他把法国革命、费希特的《知识理论》与歌德的《威廉·迈斯特》称为那个时期最重要的成就，当然排序不一定如此——他居然胆敢把德国哲学的一本小册子

1 罗登，《德国的与法国的保守主义》，第98页。
2 特奥多尔·阿多诺，《复活的文化》，载于《文献全集》，第20.2卷，第453—464页。

和一部德国小说与法国革命相提并论。[1]对于这个评价，德国读者一定惊讶不已，而法国读者——至少是其中的共和人士——则一定会感到郁闷不已。

施莱格尔做出了解释。不对那种“既不喧闹亦无实际利益”的革命，即狭义上讲算不上政治革命的革命采取反对态度，就无法从居高临下的角度看待人类历史。在施莱格尔生活的年代，一本被大多数人忽略的小册子可以比这大多数人可能采取的任何行动产生更大的影响。看待法国大革命有两种方式。一方面，可以把它看作国家历史上最重要的现象，一个对全球产生影响的事件，一切革命的原型，以及送给人类的礼物。另一方面，可以把法国革命仅仅看作法国民族性格的一种表达方式，它包含并展现了法国民族性格中所有矛盾因素：历史的奇异表演，所有已知偏见的最完全的集中，人类历史上最令人震惊的一出悲喜剧。[2]德国浪漫派对这两种对立的观点都不表示彻底的反对。而且，他们保留了德国观察者的权力，要自己确定法国人宣称的普世主义思想到底有多么普遍。对施莱格尔来说，法国是一个“化学国家”，而法国革命就像一场化学实验。在“化学时代”之后，“有机时代”将会相随而至，这样的时代也可以被称为德国世纪。当事后从德国的角度回望法国革命时，会发现法国革命仅仅是人类一次年轻冲动的演练而已。

1　弗里德里希·施莱格尔，《雅典娜神殿断片集》216“特点与批评Ⅰ（1796—1801）”，载于《施莱格尔批判版全集》，第2卷，第198—199页。费希特的国家主义热情根源于他对拿破仑的厌恶，因此当然会引起法国人的愤怒。夏尔·莫拉斯称费希特为在本体论中迷失的诗人，他对费希特对拉丁思想与拉丁语言的轻蔑态度感到震惊。参见莫拉斯，《法国人何时心生厌恶》（1916）。

2　弗里德里希·施莱格尔，《雅典娜神殿断片集》424，载于《特点与批评》，第1卷，第248页。这两句话我借用了恩斯特·贝勒和罗曼·斯特鲁克对诺瓦利斯、施莱格尔、施莱尔马赫及其他作家的翻译，见《德国浪漫主义批评》，莱斯利·威尔逊主编，德国图书馆，第21卷（纽约：连续出版社，1982年），第129、133页。

歌德曾经一直在判断，是否将法国的主张作为具有普遍性的声明来接受。1830年8月2日，法国七月革命的消息传到了魏玛。经过三天的动乱，即所谓的“光荣三日”——7月27日、28日和29日——终结了波旁王朝的统治。查理十世流亡英国。来自日内瓦的自由共和人士弗雷德里克·让·索雷与一位受到歌德高度称赞的矿物学者在一个下午拜访了诗人。歌德情绪高昂地说：“对这个伟大事件，你们做何思考？火山就要爆发，一切都燃烧起来，我们不可能再关起门来做事！”索雷回答说：“一个可怕的故事。不过，在这样一个臭名昭著的恶劣环境之下，一个这样的政府，我们还能期待什么呢？除非将皇族驱逐出去，一切才会有个了断。”歌德的回答令人费解：“我的朋友，似乎我们都误解了对方。我说的不是那些人，是一些毫不相干的事。我在谈论法国动物学家乔治·居维叶和若夫鲁瓦·圣伊莱尔之间的论争，这是科学界极为重要的事件，导致了学术界坦然率真的狂喜。”这个回答对索雷来说太出乎意料了，用他自己的话说，“他不知道该说什么好，有几分钟，他觉得自己的思想完完全全停顿下来了”[1]。

惨淡的收成导致了价格的急剧上涨，也造成了法国许多地方的饥荒现象。失业人数持续激增，越来越多的人被迫在赤贫状态挣扎。波旁的国内与社会政策完全失败。许多外省城镇中的居民都拿起了武器，三色旗到处飘扬——这表明复辟进行过程中，革命的精神依然存在。拿破仑的名字经常被提及，因为这个名字对大多数人来说是社会公正与平等的象征。然而，巴黎科学院中最大的房间在1830年7月19日依然挤满了人，房间里洋溢着抵制与反抗的激情气氛。居维叶与圣伊莱尔这两位

1 歌德，《歌德与埃克曼及索雷谈话录》，约翰·奥克森福德译（伦敦：史密斯和爱尔德出版公司，1850年），第2卷，第290—291页。在从这个版本引用的引文中，我沿用了原文中对圣伊莱尔名字的拼写。

曾经的朋友之间激烈的口水仗会导致什么结果？未来的岁月中谁会成为科学人士的形象代表，是体系的建立者还是进化论者？不仅科学界，整个教育界都对这个问题极为重视，作家与诗人也无法逃离它的魔咒。一些人很难决定支持哪一个。比如说，巴尔扎克在其《人间喜剧》的开头提及了圣伊莱尔，并将其中一部小说《高老头》题献给他。然而，在一部更早的小说《驴皮记》中，他却称赞居维叶为本世纪最伟大的诗人，一位不朽的科学天才，并认为居维叶能够在死去长达数千年——如果不到数百万年的话——之久的动物枯骨中再创新的世界。

而在歌德看来，居维叶的研究没有系统性可言。歌德最欣赏的是圣伊莱尔，并且歌德认为，圣伊莱尔肯定是口水仗的胜利者。这意味着歌德自己积极追求的进化论思想的胜利——歌德单枪匹马地苦苦追求了多年，至少是在他从事科学生涯的早期，他没有找到同盟者。“如今圣伊莱尔明确无误地站在我们这一边，与他在一起的是他在法国所有的重要学生与追随者。这件事对我来说有着不可思议的价值，我有理由欣喜万分，因为我最终见证了我为之奋斗终生的全球性胜利，而且，这个学科正是我自己的超群之处。”[1]歌德盛赞法国科学家在政治动荡的年代全心致力于自然历史问题的争论之中。然而，正如无政府主义者古斯塔夫·兰道尔于1918年德国“革命”之前在一篇关于歌德的政治思想的文章中所宣称的，如果认为歌德对法国的政治发展毫不关心的话，则是大错特错了。[2]在与索雷的谈话中，歌德毫不隐晦地说，他会自

1　歌德，《歌德与埃克曼及索雷谈话录》，第292页。不过，歌德认为在这场口水战中圣伊莱尔战胜了居维叶的想法有些欠成熟。时至今日，仍旧很难说谁是这场永恒争议的胜者。“如果说居维叶正确是错误的话，那么，说圣伊莱尔错误就是正确的。一个半世纪之后，哪种情形会更令人羡慕？”见勒·居亚代，《圣伊莱尔》（1772—1884），第254页。

2　兰道尔，《歌德的政治：一则宣言》（1918/1921），载于《关于歌德的评论文选》，第3卷，第477—486页。

己决定对什么事赋予世界性的意义，对什么事则只能赋予地方性意义。七月革命是一次政治事件，尽管产生公众影响，但只是法国范围内的事件；而进化思想的重大成就却是文化事件，是人类取得的世界性胜利。

歌德与索雷之间的著名误解总是被重提。尽管，没有埃克曼与歌德在一年后进行的后续对话，即1831年6月20日星期天的谈话，这种说法就不完整。歌德与埃克曼像他们经常做的一样，探讨自然科学的问题。在那一天，他们提出，科学家们在描述他们的研究过程与研究结果时随意使用的语言，在运用上既不完美又不充分。埃克曼在谈及德语与法语的比较时，对德语给予了相当高的评价，这令歌德甚为开心。埃克曼认为法语是“物质气息浓厚，而且非常粗俗”的语言，完全不适用于科学领域。歌德因此攻击他从前心目中的英雄——圣伊莱尔，说：“毫无疑问，他对自然中的精神内涵极具洞察力，然而他的法语却使他一直无法摆脱困境，因为他一直受传统表达方式的束缚。”除却“物质”一词外，另一个尤其令歌德愤怒不已的词是“组成”（Komposition）。

埃克曼一直都是他的导师歌德的传声筒，因此对这个令人讨厌的词汇同样予以贬斥。诗人对这个词的态度几乎更加怒不可遏：“这是个完全令人鄙视的词，这个词的出现还真得感谢法国人呢。不过我们应该竭尽所能地避免使用这个词。我们怎么能说，莫扎特‘组成’了《唐璜》！——组成！就好像是蛋糕或者饼干什么的，用鸡蛋、面粉和糖搅拌在一起做成的一样！这是一种精神创造，在这个创造过程中，不管是种种细节还是整体思想，都贯穿了同一种精神，散发着同样的生命气息。”[1]歌德常常把消息传播很快、诸事进行得很顺利的日子称为“法国日”，而1831年6月20日这一天显然算不上是“法国日”。歌德对法语

1 《歌德谈话录》，第402—403页。

的批评是非常严肃的，丝毫没有玩笑的成分。

为什么法语会成为通用的欧洲语言？这是1784年在柏林科学院进行的辩论中的有奖问题。法语真应当有此特权吗？在未来的几年中，法语的地位是否会终结？雷法罗是两名获奖者之一，他争辩说，法语的使用与清晰的思想和明确的表达之间有着天然的纽带。如果哪些事情表达不清，那一定与法语无关。这个观点引起了许多争议。在路易十四时期，由于政治优势，法国文化入侵德国，法语也于1648年成为德国的宫廷语言。然而，到了18世纪中叶，诗人与哲学家们开始通过用德语写作并与法国文化划清界线，来恢复日耳曼的自豪感。歌德对圣伊莱尔进行攻击的真实目的是抵制法语，因为他觉得法语缺乏精确性，不适合用于理解科学精髓。于是，这位德国诗人在法德文化之战中，给予了对手意想不到的最猛烈的一击。[1]

“流亡”的歌德

然而，法国人进行了报复。1932年4月30日，歌德逝世一百年后，为了纪念这位德国诗人，保罗·瓦莱里在索邦大学的大阶梯教室作了一场报告。瓦莱里在写给安德烈·纪德的信中说，为了准备这次演讲，他真是费尽心思，因为他不懂德语，对歌德也知之甚少。他只读过歌德

1　尽管歌德是第一批反对法语作为全球性语言的设想的人，但歌德对法语的批判却不应过分夸大。1770年，当他攻击祖尔策的《美学》时，他发现没有比污蔑这本书好像是从法语翻译而来的更加残忍、更加狠毒的批评了。然而，在1808年他却坚持认为，曾跟随过拿破仑的著名演员塔尔马的剧团可以在魏玛演出伏尔泰和高乃依的戏剧——而且是用法语演出，德国演员只扮演一些群众角色。歌德并不是一个纯粹的民族主义者，而且对浪漫派很是不屑，因此不愿参加浪漫派组织的反法宣传活动。如果想了解法语是如何影响了欧洲思想意识及道德规范的，可以读一下颇有怀旧意味并且有着相当说服力的故事，参见富马罗利，《欧洲何时讲法语》。

的几本书，其中包括《浮士德》的法文译本，还有一些关于下颚骨及植物变异的生物学文章，对这些作品，瓦莱里好像施恩般简短地评论为“还算不错吧”。他花了整整五天时间在他的老式雷蒙顿打字机上打完了演讲稿，之后他就再也不愿多看一眼了。歌德的思想中有些东西令他不安，他曾说：“不知为什么，歌德的作品让我觉得不舒服。”然而，或许没什么对歌德这位“世界上最复杂的人物”的赞美比这篇演讲更热烈的了。瓦莱里运用这个机会，在演讲中详细阐述了在他的许多作品中一直存在的基本观点：“如果政治与知识的力量能够携起手来，至少二者之间的关系再稍稍稳定一些，那么整个世界，尤其是欧洲会发展成什么样呢？”[1]瓦莱里从没停止过他对“政治精神”的期待，不过他也深知这不过是一个梦想而已：“这两种形式的力量从根本上讲有不可比较的因素；而且毫无疑问，它们理应如此。”

只有极少数人将瓦莱里的梦想变为现实，其中包括拿破仑和歌德。“他们其中之一无疑是……睿智的，另一个则是全人类最疯狂的……两个人都是……世界上最令人兴奋的人物。”[2]瓦莱里似乎重复了爱默生的模式——将拿破仑与歌德并列。爱默生曾这样描述这种感觉：“我将波拿巴描述为普遍的外在生活的代表，他也是19世纪的目标。而另一半，即内在生活的代表则是诗人歌德。歌德在这个世纪变得极具亲和力，他呼吸着那个世纪的空气，享受着那个世纪的果实——而这在以前是不可能的。同时，其巨大的影响力使其免受软弱无能的指责，而那个时代的其他知识分子的作品则不能幸免。”这位作家与帝王一起，完完全全代表了他们那个时代。“你和我，歌德先生，拥有‘完满’这种

1　瓦莱里，《纪念歌德的演讲》，载于《瓦莱里文集》，第9卷，第147页。

2　出处同上，第173页。

罕见的美德。”拿破仑曾经如是说。瓦莱里继续说，这就是为什么在1808年，歌德和拿破仑在埃尔富特见面的时刻会凝固成为世界历史上极为珍贵的瞬间。“在这样的会面场合，大家都格外注意自己的一言一行。每个人都希望自己看上去举止从容，因此对每个微笑都仔细设计。他们两个都成为意图迷惑对方的‘魔术师’。拿破仑试图把自己打造为思想的帝王，甚至是文学的帝王。而歌德则希望成为思想本身的化身。”拿破仑知道世界的命运“毫无疑问掌握在他优雅的手中，而他‘名字’的命运则掌握在握笔的文人手中”。歌德则认为波拿巴会成为《浮士德》第三部中一个绝对理想的人物。[1]

瓦莱里对埃尔富特会面的描述是恢弘不凡的，似乎像一场引人入胜的戏剧，充满了紧张感，即使在七十年之后，那种震撼人心的活力也依然如昨。瓦莱里似乎在追随安德烈·纪德——纪德把歌德称为“所有德国人中最不像德国人的人”，因为歌德没有退隐到内省的世界中远离政治。对于瓦莱里而言，歌德是“一位廷臣，一位知己，一位大臣，一位勤勉的官员，一位诗人，一位收藏家，同时还是一位自然主义者”；他还是一位伟大的，或者说是德国最伟大的“现象世界的辩护士……在他晚年，在欧洲的中心，他自己就是所有智慧之人所仰慕与崇敬的核心”。歌德也许会想起拿破仑，“也许拿破仑是他最辉煌的记忆，他的眼神依然在他面前留连不去”[2]。如何叫法国的知识分子不去崇拜这样一个崇拜法国天才的德国作家呢？

然而，瓦莱里的演讲的最后，他对歌德的赞美听起来似乎是他希望借此对德国诗人的批评进行报复——不是对法国的批评，更糟糕的

1　爱默生，《歌德，或者作家》，载于《随笔书信集》，第750—751页；瓦莱里，《纪念歌德的演讲》，第170、171页。

2　瓦莱里，《纪念歌德的演讲》，第156、161页。

是那些对法语的批评。“多么美丽的落日！当到了耄耋之年，他凝神思索——而不是‘组成’他的黄昏——他曾付出无尽的心血打造的无与伦比的精神世界的富有及辉煌，并且成功地把这种财富与辉煌撒播到国外。这种生命的丰富与灿烂是多么美丽的风景啊！”[1]歌德在对圣伊莱尔的批评中，曾经将“组成”一词用作说明法语无法描述自然现象、不能正确叙述人类成就的例子。而当时瓦莱里——尽管几乎可以肯定他没有读过那段文章——不仅用了“组成”（composer）一词，并且加了着重号，专门用它来形容德国天才。[2]

歌德一向被认为是世界天才，正如爱默生所写的：“歌德生活在一个小城，一个小小的城邦，一个被打败的国家内，而且是恰逢德国在世界事务中并无主导地位的时候，因此它的子民无法在祖国的怀抱中感受到大都市应有的自豪感，德国天才们也无法像法国、英国，甚至是从前的罗马或希腊的天才那样受到景仰和爱慕。然而，德国在深思冥想中达到的境界却毫无狭隘之气。”[3]瓦莱里并未因此降低对歌德的敬重之情。虽然他的崇敬之情影响了巴黎和索邦的知识界最核心的人物，然而，这位法国作家在他的崇敬之中却夹杂了一些不安，最终毁掉了他的评论。这种评论与其说是针对歌德，倒不如说是他对德国的理解：

1 瓦莱里，《纪念歌德的演讲》，第175页。1948年，卡尔·雅各·布克哈特参观了赛特墓园，瓦莱里在这儿写下了诗歌《海边墓园》，而且他最后埋葬在这里。当时墓园守护人曾走近他说：“这是瓦莱里创作的地方……”，见卡尔·雅各·布克哈特和马克斯·里希纳，《日记，1926—1965》（法兰克福：菲舍尔出版社，1987年），第123页。

2 显然，歌德在1808年曾在埃尔富特与拿破仑会面，歌德将这位法国帝王比作指挥家，一位“音乐会的主宰”。见《歌德谈话录》，第2卷，第352页。

3 爱默生，《歌德，或者作家》，第751页。莫里斯·巴雷斯曾将歌德的戏剧《伊菲革涅亚》称为“一部传播文明与教化的作品，它‘捍卫社会权利不受傲慢自大的精神因素的制约’”，是对德国过高地估价文化与精神——如果真的存在那样的文化与精神的话——影响的质疑与反对。这里引用的巴雷斯的话来自托马斯·曼于1949年5月2日在美国国会图书馆发表的演讲《歌德与民主》。在我看来，这个演讲——托马斯·曼在这次演讲中还提及了1932年在索邦的演讲——似乎是对保罗·瓦莱里的含蓄回应，而且是心有灵犀的回应。

"约翰·沃尔夫冈·歌德在拿破仑逝世十多年后去世，死在那个小小的魏玛，那里对他来说颇有些当年囚禁拿破仑的圣赫勒拿岛的宜人味道。"[1]将魏玛比喻为有着某种宜人味道的圣赫勒拿岛，这种类比的意思是，政治与知识的力量快乐共存的时刻，不过是德国历史的一个小小插曲而已，而且是在一个遥远的小岛上，"流亡"到那里的"歌德们"是不愿再返回的。在德国，曾经有过一个未曾实现的政治对文化所做的承诺。

"文化战争"的根源

美国学者塞缪尔·亨廷顿并未创造"文化冲突"的思想；"文化战争"这个词可以在知识分子所写过的最严厉苛责的作品中被找到，即朱利安·本达于1927年出版的小册子《知识分子的背叛》。本达认为，从19世纪初开始，政治热情不再只为国家利益服务，而是打上了世界思想的旗帜。在对外事务上，诸国家都做出追求道德原则的模样；政治仇恨则开始依赖于知识分子的组织。文化与文化对抗，爱国主义也呈交战状态，并且必须以文化思想为基础。德国历史学家中最强烈的民族主义者海因里希·冯·特赖奇克声称，一旦战争演变为文化战争，那么便永远不会结束。本达对此表示赞同。在德国，有一种现象比其他国家更为明显，即文化成为普遍信念的后盾，在这个后盾的保护下，人们在追求各自不同的利益。在本达的眼中，普鲁士反对拿破仑的解放战争，便是第一场"文化战争"[2]。

尽管有人也许会对本达的主张——文化战争"完全是现代社会的

1　瓦莱里，《纪念歌德的演讲》，第174、175页。

2　本达，《知识分子的背叛》，第20页。见朱利安·本达，法文版《知识分子的背叛》（巴黎：格拉塞出版社，1975年），第118页。

产物”——表示怀疑，但是人们却无法否认文化战争一直是法德冲突的核心。一旦某个国家在战场上被打败，文化政策便成为复仇的工具，直至精神力量的复兴使得“真正”意义上的复仇成为可能。德国于1806年在耶拿—奥尔施泰特战役中败北后，普鲁士国王大喊着说，这个国家如今必须由精神力量进行统领，以收回在实际力量的抗衡中所带来的损失，最终的结果是洪堡大学的建立——这便是依赖文化进行报复的实例。法国于1870—1871年在战争中失利后，政治家们希望收回阿尔萨斯—洛林地区，而在他们眼中，完成这个愿望的最好方法就是到敌人那里学习，于是他们把最优秀的法国年轻学者送到莱比锡和柏林的大学去——这是依赖文化进行报复的又一例证。在第一次世界大战期间，德国知识分子把受到全民广泛欢迎与支持的德国预备队征募士兵的动员活动与法国革命中的人民大征兵相比较——这也是文化担纲的又一明证。最后，“1789年的思想”被“1914年的思想”所取代。1918年托马斯·曼曾指出，乡村酒吧名为“世界思想”，甚至拖网渔船都被称为“沉思”或者“现代荣誉”和“牺牲精神”[1]，对这样一种文明，没有谁不会哑然失笑的。法国的世界主义思想俨然成为一个笑柄。这样一种在民主幻觉中成长起来的柔软的文明，如何能在武装严密的德国文化之邦的进攻下得以幸存？

法国与德国关系的主要特点并非只有文化战争，其实两国之间就算谈不上相互欣赏，也有相互吸引的一面。腓特烈大帝喜欢说法语，而且愿意让伏尔泰来主宰普鲁士的文化生活。几乎可以说，在弘扬和崇拜德国文化方面，斯塔尔夫人的《论德意志》可谓独占鳌头。对她来说，法国与德国在道德约束方面一脉相承，它们本是一对孪生兄弟，也

1 引号内原文均为法语。——译注

是欧洲未来的希望。第一次世界大战前夕，罗曼·曼兰在他的小说《约翰·克里斯朵夫》中重复了斯塔尔夫人的观点。他把法国和德国称为“西方的一双翅膀——折断其中的一个，便会妨碍另一个的飞翔”。德国并非情感缺乏的民族。安内特·科尔布女士是位女作家，她的母亲是法国人，父亲是德国人。1928年，她到巴黎旅行期间拜访了阿里斯蒂德·白里安。白里安当时是法国外交部长，他与古斯塔夫·施特雷泽曼曾共建友谊——古斯塔夫·施特雷泽曼曾于1923年任魏玛共和国总理，当时任德国外交部长。回顾往事，她陷入沉思：“‘政治’对我来说意味着什么？它首先意味着德国与法国应该团结协作。我们的世界已经转变思维，接受了像小说《约婚夫妇》中的合作观点，这一定会有一个圆满的结局。除了这个结果，其他的已经不重要了。其他的国家都只是些配角，英格兰也是配角而已。东方国家，巴尔干国家，俄罗斯帝国，以及多瑙河沿岸的国家又如何呢？他们也都无足轻重，到后面才有出场的机会。最重要的是，查理曼统治下的帝国，即真正意义上曾经存在过的帝国，必须得以恢复。之后，世界才有可能得到拯救。”[1]这种期盼法德联合的呼吁甚至更加令人印象深刻，因为它们需要两种截然不同的品质的结合：法国人认为典型的德国人是浪漫主义梦想家，而德国人则把典型的法国人看作公证人。

让敌对的双方进行和解的政治努力数不胜数。1868年，曾任法国外长的弗朗索瓦·基佐在《两世界杂志》上发表了一篇文章，文章提醒法国与普鲁士要铭记他们为欧洲和平所担负的特殊责任[2]。法国著名评论家圣伯夫后来读到了这篇文章。基佐的呼吁还局限于督促外交官与

1　科尔布，《拜访白里安》，第10页，这里，安内特·科尔布指的是亚里山德罗·曼佐尼1827年创作的小说《约婚夫妇》。

2　基佐，《法国与普鲁士对欧洲所担负的责任》。

其他官员们的沟通上，而圣伯夫却坚信，为了达到法德两国长久的和平，要建立真正意义上的文化友好关系。1867年的一天，圣伯夫正在他位于巴黎蒙帕那斯街的家中为他每周的文学专栏忙碌时，突然间听到了莫东区西南郊的军队的演习与爆炸声。圣伯夫不再口述专栏中的文章，而是向他的秘书谈起了法德和解的必要性。“我不知道他们的计划是什么……法国和德国都处于欧洲文明的顶峰。不应该把这些伟大的力量像狗一样地对立起来，如果能让它们亲密共存，会有极大的好处……由于它拥有强大的军事力量和优秀的科学天才，与普鲁士结盟对我们来说是合情合理的，因为我们不但强大，而且是不断向前发展的国家……我们这两个顶尖大国不应相互对峙，不应当一个在柏林、一个在巴黎树立起两个派别，如果结成同盟则大有益处。他们的年轻人可以到我们这里来，从我们这里感受适度与平和，他们不会因此丢掉他们的力量，而是会学到我们所具备的谦恭品质；而我们呢，也可以将我们大学中的精英们送到他们的实验室中——他们实验室设备要比我们好得多——这样，他们就会与那些粗暴的人接触，使自己感染到强悍之气——那些人，你简直可以说他们像马其顿人一样野蛮……哦，没错，他们就是现代的马其顿人，比过去的马其顿人更加可怕。”[1]圣伯夫厌恶他所谓的“超验的沙文主义”，并认为阿尔弗雷·德·缪塞所作的爱国歌曲《德国莱茵河》是法国诗歌中最糟糕的一首。他尊重歌德，因为歌德拒绝了德国民族主义。圣伯夫于1869年10月去世。他去世后不到一年，普法战争爆发。没过多久，法国就遭到惨败。[2]

战争失利后，没有什么能比一个普通的普鲁士士兵，即一位名叫

1 特鲁巴，《圣伯夫最后的秘书回忆录》，第319—320页。

2 但对于秘书特鲁巴而言，他取得了一个小小的胜利，即成功地从普鲁士人手中保住了圣伯夫的酒窖。

尼采的实习医生的不祥预言更能令法国人感到些许慰藉的了。尼采写道："就在德国作为一支强大的军事力量出现的时刻，法国却成为一支极为重要的**文化力量**。许多崭新的严肃思索，许多崭新的精神**热忱**，都已经转移到了巴黎。比如说悲观主义的，即瓦格纳的问题，事实上所有心理与艺术的问题都要在那里得到更加精炼、更加深刻的思考，在这一点上德国根本无法与法国相比。德国人对待这类严肃问题根本**无能为力**。在欧洲的文化史上，'德意志帝国'的崛起只意味着一件事：**重力中心的转移**。全世界的每个地方都明白，在真正重要的领域——真正重要的领域依然是文化——德国变得不值一提……人们会永远对一个事实惊愕不已，那就是，德国不再有真正的哲学家。"[1]

法国与德国的关系不是一场一无所获、两手空空的游戏，不是军事力量转变为文化霸权那么简单。德意志帝国梦想的实现变成了法国人的一场噩梦。现代马其顿人统治着德国。一个诗人与思想家的民族被俾斯麦统治下的普鲁士人践踏得血流成河。这位德国宰相成功地把德国"文化民族"变成了强大的德国"文化国家"，这与古希腊在马其顿的军事独裁下与其联合的情况颇为相似。[2]秉承了斯塔尔夫人的思想传统的法国知识分子，对德国哲学与德国文学一直心存赞赏，并且一直对德国抱有希望，如今却进退维谷。对德国文化的热爱与对普鲁士政治的厌恶使他们必须把德国一分为二，即一个良善的德国和一个邪恶的德国。[3]然而，关于普鲁士的军队是否真的与德国哲学水火不容的问题，法国知识分子却未达成一致。一些人坚持认为，在普鲁士哲学家康

1　尼采，《偶像的黄昏》，第46页。

2　休·特雷弗—罗珀甚至谈到了"马其顿理论"。参见他的文章《雅各·布克哈特》，第377页。

3　卡罗，《战争的道德》，第577—594页。哲学家埃尔姆—马里·卡罗曾经出版过一部关于歌德哲学的著作。我把他的文章视为对将"良善"的德国与"邪恶"的德国进行区分的许多尝试的典型范例。

德的作品中，能够找到俾斯麦所亵渎的普遍规则。而另外一些人，比如夏尔·莫拉斯这样的民族主义者和右翼“法兰西行动”的奠基人则持相反观点：康德数学般精密的头脑中产生的精准公式，不仅是针对德国人的，而且是针对所有野蛮行为的。[1]对于莫拉斯来说，那么多科学家、哲学家、历史学家和法学家在普鲁士的军队中任职，这绝不是偶然现象。法国的对手是由“受过教育的阿提拉”组成的军事力量。这些“受过教育的阿提拉”拒绝任何将德国一分为二的企图。正如有九十三人签名的宣言《致文明世界》中所坚称的，普鲁士的军国主义与德国文化不仅能够和谐共存，它们本就是同一硬币的两面。这些签名者声称，没有武装力量，文化就不会在康德与俾斯麦的国度得以幸存。

失意落寞的爱与相互之间的仇恨是法德文化战争中的主要情绪，但不是唯一的态度。在19世纪，历史学家埃德加·基内断言，法国人之所以喜爱德国文化，是因为他们根本不了解德国文化。而谈及法国人对德国文化的蔑视态度时，有人也有同样的论调——“仇恨是因为不了解”，正如西奥多·帕克曾经说的，在美国的德国文化的敌人，同样也能在法国找到。[2]有些时候，法德知识分子之间的关系特征既不是喜爱，也不是仇恨，而是显而易见的缺乏了解。在社会科学的历史中，能证明此观点的例子不在少数。

社会学史上的谜团

1885年，出生于阿尔萨斯的埃米尔·涂尔干被派往德国。他是法国公众教育部派往德国去学习敌方长处的才华横溢的年轻学者之一。

---

1 莫拉斯，《关于1789年革命的思考》，第14页。

2 帕克，《德国文学》，第318页。

同年，一位德国军队的预备役军官开始了他在斯特拉斯堡接受训练的日子。他曾说过，在德国与法国的文化价值之间做出理性抉择是不可能的，它们之间的关系就像是不同神祇之间永恒不息的争斗。这位军官的名字叫马克斯·韦伯。

涂尔干与韦伯之间这种神奇的关联，在法国与德国的社会学史上都成为谜团。[1]这两位20世纪之初的伟大社会学家都做出对对方视而不见的姿态，他们的姿态有些过于做作了，因此只能解释为有意地忽视对方。在涂尔干的著作中，没有一处提及韦伯，而韦伯发表的全部著作与信件中，也没有一处提及涂尔干。不过，法国同僚的怠慢态度却终于迎来了令马克斯·韦伯感激的时刻。有一天，他的妻子玛丽安妮把一篇涂尔干的评论拿给他看，在评论中，涂尔干把玛丽安妮关于历史上妻子与母亲的合法地位的著作（《法律发展史中的妻子与母亲》，1907）批驳得体无完肤。

要在法国高等教育的体系中确保自己的地位不被轻易撼动，社会学——如果那时有社会学的话，它也一直处于四面楚歌的状态——就必须证明其明确的民族姿态，还要证明与德国社会科学毫无瓜葛。正如涂尔干已经认识到的，德国精神的主要特点是强烈地意识到社会生活的复杂性；而德国人则通常却只具备平庸的分析水准，而且只要遇到困难便会早早放弃——社会情况对他们来说颇为复杂深奥，似乎不是他们所能够理解的。因此，涂尔干坚信，社会学对德国人来讲只是一门伪科学，因为在严格意义上的社会规则术语方面，德国人已经放弃了研究。他们满足于指出规律性和近似性，以及社会生活中的种种例外。

1　第一个提出涂尔干与韦伯之间这种“共有无意识”的问题的是爱德华·A.蒂尔亚恩。参见其《一个知识社会学的问题：涂尔干与韦伯之间的共有无意识》，载于《欧洲社会学刊》，第7期，1965年，第330—336页。

而法国人则是彻头彻尾的笛卡尔信徒，不仅相信整个世界作为一个整体是可以理解的，而且相信世界能够完全以科学的体系进行阐释说明。只有法国的社会学能够充满信心地踏上通往世界主义的旅程：涂尔干开始建立最初被称为波尔多学派的学说，后来又被称为新索邦派社会学，之后更名为法国社会学派，最后演变成纯粹的、朴素的社会学。

作为第一次世界大战的余波，同时也是影响深远的法兰西第三共和国时期的著名政治事件——德雷弗斯案件——迟来的结局，涂尔干的德国之行几乎可以说给了雄心勃勃的法国社会学致命的打击。法国人开始攻击他，说他这个犹太拉比的独生子明显沾染了反犹主义的气息。批评界一时怒气冲天，称“法国派社会学”一无是处，完全是一种伪装而已，事实上，在它背后藏身的是一种“德国制造”的哲学体系，这种体系背叛了法国传统，旨在替代索邦学派。针对这些批评，涂尔干著书两部，两部著作均通过支持法国在宣传上所做的努力，通过公开表明他对那些曾一度与他一样隶属于相同的道德群体的德国同僚们的蔑视态度，对德国及其好战的政治提出批判。如今这些德国人已经变成野蛮的生物，好斗成性，肆无忌惮，“我们毫不隐藏对他们的愤怒之情”。很明显，坦率的历史学家、对社会学持反对态度的特赖奇克，通过撒播其极具侵略性的民族主义观点，促成了社会突发的病态现象，即第一次世界大战的爆发。涂尔干声称，他为法国的宣传尽心尽力，这辈子他都没有这样卖力地工作过。然而，他的敌人们却误读了他对莱比锡和柏林的情感。直至1916年，巴黎的报纸还称涂尔干为德国间谍。同年，涂尔干唯一的、被他视为学术继承人的儿子安德烈在一次运动中被杀害。1917年，涂尔干去世。

十年后，涂尔干的侄子马塞尔·莫斯比较了社会科学在美国与德国的分崩离析及其在法国所达到的和谐统一，并认为法国的成就要归功于涂尔干。在对不同的德国社会学学派进行了批评后，莫斯在结论中说："尽管晚期的马克斯·韦伯并未引述过涂尔干的观点，也未提及在涂尔干指导下完成的著作，但是其晚期的观点比其他德国社会学家都更加接近我们的观点。与他相比，今天的德国社会学似乎只是在退步。"[1]涂尔干与韦伯之间一定存在着某种相互吸引与共鸣的观点，这对马塞尔·莫斯而言早已是不争的事实。几年前他在参观海德堡时就持这样的看法。在位于海德堡的马克斯·韦伯图书馆的书架上，摆放着涂尔干全部的《社会学年鉴》。而在这套年鉴中，找不到一句涂尔干对马克斯·韦伯的评论。

文化使者：哈布瓦赫

涂尔干自己的确对马克斯·韦伯只字未提——然而，涉及社会学而绝口不提及马克斯·韦伯的名字却是不可能的事情。《社会学年鉴》的读者们通过阅读该书，也会对马克斯·韦伯的知名作品有所了解。通常会有一两句简短的句子用于赞美马克斯·韦伯的著作——尽管那些评论只不过像目录那样简短而已。其中对马克斯·韦伯那部影响深远的著作《新教伦理与资本主义精神》的第二部分的评价是："非常有趣的论著，然而至今却未见任何影响。"十有八九，这位满口都是俏皮话的人是莫里斯·哈布瓦赫，他是涂尔干继承者中颇有影响的一位。他1877年出生在法国的阿尔萨斯，父亲是位来自塞勒斯塔的德语老师。

1　马塞尔·莫斯，《关于社会学延伸研究的方法阐释，兼说明一部最近出版的著作的几个原则》(1927)，载于《作品集》，维克托·卡拉迪主编（巴黎：午夜出版社，1969)，第3卷，第291页。莫斯所评论的"最近出版的著作"指的是《社会科学的历史及前景》，H.E.巴恩斯主编，1925年。

他是在第一次世界大战后在德国的学术杂志上重新发表文章的第一批法国学者之一。哈布瓦赫对德国的发展一清二楚，他曾研习德国哲学，他的第一本专著便是关于莱布尼茨的。他还曾于1902—1903年在德国的哥廷根大学任讲师，之后又在柏林从事研究工作。1921年，他在莱茵兰的美因茨德国研究中心担任教师，当时莱茵兰是在法国军队的占领之下。

20世纪20年代，莫里斯·哈布瓦赫逐渐改变了玩世不恭的写作风格，开始对马克斯·韦伯的生平与著作进行全面深入的研究。1925年，他偏偏选择了斯特拉斯堡大学神学系的一份刊物发表了其关于韦伯的《新教伦理》的长篇论述，这篇文章直到1964年才被译为法语。1929年，他发表了描述马克斯·韦伯的文章，该文严格遵循韦伯之妻玛丽安妮的传记。哈布瓦赫的文章开篇就说马克斯·韦伯是位不折不扣的德国作家——马克斯·韦伯是德国人，真正的德国人，不过他也有法国的血统，因为他的祖母艾米莉·苏舍来自奥尔良的胡格诺家族，这个家族在17世纪移居德国。哈布瓦赫认为，马克斯·韦伯的不凡之处在于他永不停歇地修正自己的想法。每当他完成一个计划，他似乎都能找到继续前进的新动力。人们会自然而然地把他比作英雄时代的工业巨头——他自己对这些工业巨人极尽赞美——这些人认为，将赢得的所有利润进行新型产业的再投资是自然不过的事，更是他们的职责所在。虽然哈布瓦赫对于德国社会学的整体成就并非没有刻薄之辞，然而在这篇文章的最后他却说，每位研究类似问题的学者，都可以充满信心地沿着韦伯指明的方向前进。

1919年，哈布瓦赫首次被任命为斯特拉斯堡大学社会与教育学的教授。之后，他成为法国首个获得社会学专业教授职位的人，当然也仅限于社会学。在很长一段时间内，他一直是拥有该教席的唯一一个人。1935年，他被任命到巴黎的索邦大学任教，并于1944年担任法兰西学院的教授。从1872年至1918年，威廉皇帝大学曾是斯特拉斯堡拥有的名校。这是德国大学里反犹气氛最少的学校。弗里德里希·梅尼克年轻时是反犹人士，他甚至称这所大学对犹太人非常友好。格奥尔格·西梅尔是犹太后裔，最后被任命为社会学正教授。第一次世界大战后，斯特拉斯堡大学得到了法国政府的慷慨支持——目的是为了促进阿尔萨斯—洛林地区的再次融合，为了证明法国的优越性，同时还为了扩大法国文化在欧洲的影响。法国与德国政府都不约而同地利用大学作为他们之间文化战争的切入点。不过，即使在1918年后，德国教授们为自己的大学订立的箴言依然价值如昨，因为这句用拉丁语写就的箴言只流露出某种中立的爱国主义情感。这句话就是"学问与祖国"，即躬行一生献身于学问与祖国之意。在法国与德国的学院中，一种学者般的精神气质幸存下来，这种精神气质的目的非常单纯，就是拒绝屈从于无时不在的国家主义的政治思想。西梅尔不会听从劝告，进行泛德意志主义理想的宣传活动；而哈布瓦赫也对从事文化宣传活动持坚决抵制的态度，这让他的对手们经常谈及他那令人无法接受的亲德立场。

哈布瓦赫被任命为斯特拉斯堡大学社会学系的教授一职，因为这一职位在斯特拉斯堡隶属德国时期便已经存在。然而，正是在法国的斯特拉斯堡大学，即法德文化对抗的核心，韦伯对法国的影响才日益明显、日益加强。这种影响在1929年由马克·布洛赫和吕西安·费弗尔创办的《经济社会史年鉴》中表现得尤为明显。哈布瓦赫是该刊物的编委之一，也是编委中唯一的社会学者。正如早期的编辑社论中所说的，人文问题根本没有科学的解决方式，因此许多社会学家对人文现实产生了误解。如今人们应该开始接受像马克斯·韦伯这样的怀疑论者的观点了。马克斯·韦伯的观点更广泛，更具建设性，他的著作为长期以来在法国受到忽视的社会科学开辟了崭新的广阔远景。

法国对马克斯·韦伯这种持续甚久的忽视，导致人们做出强烈反响，而这反响最终超越了两个国家社会科学的对立情绪。法国社会学家对韦伯著作的阅读与研究虽然姗姗来迟，但最终使他们意识到他们所缺乏的那种政治洞察力。纳粹在德国上台三年后，马塞尔·莫斯竟然承认涂尔干式的研究其实对现代文明的核心冲突视而不见——他也许有些过于大胆了。法国社会学派一直以来都为其高瞻远瞩的世界性研究方法而自豪。然而莫斯却抱怨说，事实上法国社会学一直都非常狭隘。它未能预见到20世纪的极权主义运动会发展到使现代社会后退到野蛮时代的程度。当涂尔干的一个学生对于过去对社会等级体系所做的理解表示极度失望时，涂尔干回应道："亲爱的朋友，从客观的角度看，绝对没有任何原因使我们感到失望。社会事件不会从我们身边逃脱，我们不久就能够找出其规律。"如今，莫斯却把法国社会学未能给予社会事件足够的重视称为悲剧，并认为，正是这些未受重视的社会事件导致了现代极权主义的崛起。雷蒙·阿隆曾在德国的科隆学习，他不仅对德国社会学了如指掌，对德国社会也是一清二楚，而阿隆曾经重复莫斯的观点。阿隆在阅读韦伯的著作时，听到了"阵阵谣言，现代文明的摇摇欲坠，犹太先知的声音，就好像是嘲讽的回声，也像是元首的胡言乱语"[1]。阿隆要感谢马克斯·韦伯，正是受其影响，他才拥有他所谓的"活跃的悲观主义"的面向世界的思想。与韦伯时刻以社会现实为基点的明晰易懂的分析相比，涂尔干的社会学则显得缺乏根基，游离于现实世界之上。

1　阿隆，《回忆录》，第45页。

1936年，莫斯表达了他自我批评的思想。[1]同年，法国哲学家和数学家让·卡瓦耶到德国访问。在读了希特勒的《我的奋斗》之后，卡瓦耶干巴巴地评论说，这是德国政治家的代表性作品：在登上权力顶峰之前，他得先用六百页的长度写些伪哲学的东西。卡瓦耶曾在德国的汉堡—阿尔托纳偶遇对纳粹政权持抵制态度的人，当他回到法国时，他谈及了他在德国看到的"恶魔"。对于法国社会学的专家们来说，马克斯·韦伯的影响越来越深。在法国社会学家的著作中，我们读出了某种预感，这种预感指出纳粹德国会为像让·卡瓦耶这样的哲学家、马克·布洛赫这样的历史学家和哈布瓦赫这样的社会学家未来的命运做好准备。这样的预感在今天仍让人感到瑟瑟寒意。

逐出柏林

1909年，哈布瓦赫到柏林研究德国的市政机构。1910年12月，他被当作"招惹麻烦的外国人"驱逐出普鲁士。柏林当局声称，哈布瓦赫作为巴黎社会主义报纸《人道报》的特邀记者，对普鲁士警察武力驱散罢工工人的集会，即所谓的"婚礼骚乱"进行了不公正报道。同样，德国宰相特奥巴尔德·冯·贝特曼—霍尔维格读到哈布瓦赫在文章中指责警察在与工人的对抗中使用催泪弹的说法表示气愤，感到自己受到了人身攻击。哈布瓦赫其实已经被德国警察机构跟踪了很长一段时间了，对于他被驱逐一事，柏林各大报纸均在头版位置予以批

1 参见马塞尔·莫斯于1936年11月6日写给丹麦社会学家斯文·雷纳夫的信。征得马塞尔·莫斯的同意，雷纳夫将此信收录于他的《法西斯主义的学者先锋》一文，载于《伦理》，第50期（1939），第16—34页。雷纳夫将像礼俗社会这样的准则与思想强加于社会学者与知识分子身上，指责他们给民主社会的维系与生存造成了危险。这一直以来是德国学者的特权，而"法国"的社会学派却极不明智地步其后尘。

评。《人道报》的圣诞专刊中，也刊登了哈布瓦赫被驱逐事件的社论。那篇文章的题目为“警察政治”，文章作者竭力弱化哈布瓦赫被驱逐事件将对法德关系产生的破坏性影响。文章说：“众所周知，我们并不希望加重德国与法国之间的分歧，更不愿加深两国之间的误解。我们从未想过因为这种卑劣行径和无礼行为而对德国人民表示不满，正如我们不会因法国警察的错误行径责备有共和思想的法国民众一样。事实上，欧洲的反动派在哪里都是笨拙而无礼的，如果没有激发起突发事件（包括哈布瓦赫被驱逐事件），人们仍然会认为这些反动派使得所有国家的无产阶级与民主人士比以往团结得更紧密，这种紧密性与日俱增，直至与他们并肩相峙——这样的话，总有一天他们共同的行为会使得全欧洲的政府都不再完全依靠警察的力量，这样的政府也会因此更受欢迎。同时，一种更加理性、更加纯净的文明也会随之产生。”

这篇社论由让·饶勒斯执笔，他是法国社会主义者的领袖。哈布瓦赫本人从1906年起便是一名法国社会党党员，并且很崇拜让·饶勒斯。哈布瓦赫读到这篇文章一定很是得意，而在德国发生的一些事情同样使他感到高兴——在普鲁士国会商讨国家预算期间，有一位代表用最尖锐的词汇批评了哈布瓦赫被驱逐事件。这位代表就是社会民主党领袖兼新闻记者卡尔·李卜克内西。九年后，卡尔·李卜克内西被一名自由军团的右翼分子暗杀，同时被暗杀的还有罗莎·卢森堡。哈布瓦赫把自由军团称为“未来的纳粹”。今天，我们知道柏林的警察局长阿卡兹·冯·雅戈是下令驱逐哈布瓦赫的始作俑者，并且为成功达成其目的很是卖力。之后，由于反对声音的指责和哈布瓦赫的被驱逐事件在巴黎激发的愤慨及耻辱，雅戈迫不得已在两周后向普鲁士内务部长达维兹汇报情况。贝特曼—霍尔维格亲自质询，哈布瓦赫被驱逐的命令是否能够撤销。一项“哈布瓦赫法案”因此诞生：今后，如果关乎政治，那么警察局长将无权下达驱逐令。

从一方面看，饶勒斯的评论文章发表在一场浩大的欧洲大战即将爆发之际。从另一方面看，欧洲诸国在1910年仍未失去相互间达成理解共识以期维护和平的机会。在让·饶勒斯看来，哈布瓦赫被驱逐事件是一场典型的欧洲事件，该事件直指欧洲大陆反动力量的残忍政治立场。与饶勒斯相反，哈布瓦赫却并不认为他的被驱逐可能发生在任何一个欧洲国家。对他而言，该事件从本质上来说只是当时德国的独特表现，是德国的政治观念发生巨大变化后的异常事件。三十年后，哈布瓦赫在回忆其在柏林的岁月时，几乎充满怀念之情。第一次世界大战之后的很长时间内，以及在第二次世界大战期间，他都很难想象，他的被驱逐不仅在法国被看作轻率的、不友好的行为，在德国也被视为对欧洲邻国的粗鲁行为。当然，这个事件只是一个偶然，绝不是常态；哈布瓦赫还补充说，就他所知，在1871年到1914年期间，没有第二个法国公民因政治原因被驱逐出德国。

哈布瓦赫之死

1944年，哈布瓦赫将按照时间顺序整理旧文件，从中自娱自乐——这是他的原话。这些文件中包括他在柏林期间写过的长达六页半的评论文章，文章是手写的，题为“驱逐”。在文章中，他描述了他在1910年12月从柏林被驱逐的情景，其中提及了让·饶勒斯的文章。[1]哈布瓦赫

1　莫里斯·哈布瓦赫，《驱逐》，手稿，巴黎当代学术论文汇编；哈布瓦赫基金会，021/H37，第7页起。

写道,“一切都已经离我远去”——但是一切都不会离真理而去。哈布瓦赫竭力使自己的语调轻松愉快,听上去似乎他想把一场即将到来的灾难驱赶回过去的时光。同时,他的话听起来似乎表明他又期待着横亘在他前方的恐怖之事。

1910年12月19日,哈布瓦赫被传唤到柏林警察总部。去往警察总部的路上必经一个大型广场,即亚历山大广场。哈布瓦赫当时写道:“我永远不会忘记那种感受,突然间我注意到一座红砖砌成的大型建筑,在大楼的中间,即入口处,有两座庞大的圆形建筑,恰似两个巨大的头盔。这就是警察局总部。”要走到传唤他的那间办公室,他必然会穿过一条看上去长达数英里的黑暗走廊,爬上数不清的台阶。最后,他走进一间大厅:里面全是文职人员。他们都站在那里,很难分辨出他们的模样。他们像是未受军衔的军官,都在吞云吐雾,透过烟雾直视着哈布瓦赫。“我感受到他们冰冷可怕的目光,似乎要把我定格在那里,又像苍蝇一样粘在我身上。”最后他被带到一个军官面前,那位军官向他说明了驱逐他出境的原因。哈布瓦赫这位被警察错疑为政治间谍的人,却依然保持着冷静。其实对他来说,离开柏林也不完全是件坏事:“我觉得离开柏林后,我会把感情转移到维也纳。”

普鲁士警官对哈布瓦赫很不信任,他们注意到在哈布瓦赫的个人履历中,没有把自己列入任何宗教教派。“但是,你刚才告诉我们你是中学老师,还是位文职公务员!”哈布瓦赫出生于一个天主教家庭,但他却非常愿意把自己称为不可知论者。于是他解释说,在法国并不需要提供个人的宗教信息——他说这句话时,语气中明显流露出对法兰西第三共和国的骄傲,以及对其政教分离措施的自豪。在法国崛起的共和国可以说是普法战争中法国落败的产物,自从第三共和国建立的那天起，就一直准备向德国复仇——不仅仅是在战场上，而且要在文化领域和学术领域。三十年后，哈布瓦赫能够一字不落地、充满自豪地回忆起他当时针对柏林警方的质问所做的回答："我敢肯定，我掌握的德语没有错。"

这份代表了哈布瓦赫特色的整洁、清晰的手稿，既代表了他的个人文件的特点，又体现了社会遗产的价值。在这几页手稿中，蕴含着某种独特经历，那就是对官僚政治的恐惧。对于警察局长雅戈的签名，哈布瓦赫表现出的直觉反应所传达的信号远比他的不祥预感清晰，因此与其说哈布瓦赫是笔相家，不如说他是书法家。雅戈写道："如果你不遵从这个命令，那么就会对你实行武力措施。"哈布瓦赫说："然后就是雅戈签署该命令的签名：黑色的线条，好像是乌鸦的翅膀。字母J写得粗重笔直，像是垂直上扬的光束，在笔端的最后舞动开来——收笔时的书写显得纤细，但依然上扬，甚至上扬得更高些，好像一支箭。"这种首字母的缩写法不仅暗示一种耀武扬威的强悍，而且似乎暗含着一种掴人耳光的侮辱——释义根据当时的字典，即1893年版萨克斯—维莱特的《法德字典》。而传统上乌鸦都被视为毁灭与死亡的预兆。哈布瓦赫这些手稿一定是他被驱逐到布痕瓦尔德集中营前几个星期写就的。

哈布瓦赫的两个儿子弗朗西斯（1914年出生）和皮埃尔（1916年出生）都参加了法国抵抗组织，而哈布瓦赫也因此面临刑事处罚的威胁。1944年7月23日，盖世太保在哈布瓦赫试图帮助其犹太裔妻子从巴黎的住所逃跑时将其拘捕。1944年8月，哈布瓦赫被押送到布痕瓦尔德集中营。1945年3月6日，他在集中营去世。皮埃尔曾与其父一起被押送到布痕瓦尔德集中营，但他幸存下来——后来却像其他许多集中营被关押者一样，以自杀结束了生命。在1987年出版的《抵抗的真相》一书中，皮埃尔·布尔迪厄撰写了其中题为“谋杀哈布瓦赫”的一章。[1]但是，哈布瓦赫并不是被谋杀的，他的遭遇比谋杀更为恐怖：他在肢体残缺的痛苦中慢慢被折磨致死。最后，他都为自己的死亡方式感到耻辱。作家豪尔赫·森普伦曾在索邦大学听过哈布瓦赫的课，并在布痕瓦尔德集中营中与哈布瓦赫同居一室。他这样描述其从前的老师的死亡：“显然，哈布瓦赫已经没有了任何欲望，甚至是死亡的欲望。很明显，他已经超越了这些想法，他心中只有他那腐烂残缺的身体，想着那瘟疫般恐怖的身体会成为永恒。我把他抱在怀里，用我的脸紧紧贴着他的脸；我被恶臭的、粪便一样的死亡气味所包围，这种气味从他的身上散发出来，越来越浓烈，就像一株食肉的植物开出了剧毒的花，慢慢地、辉煌地腐烂而去。”[2]

森普伦这种精确写实的描写一直以来都受到质疑。[3]然而，不容置疑的是，哈布瓦赫一定是被迫害至死的，就像他1910年从柏林被驱逐时在手稿中所用的题目“驱逐”一样，情境可想而知。在萨克斯—维莱特的《法德字典》中，“驱逐”一词有两种释义。它表示被驱赶出某地，同时也代表一种医学现象：身体由于自身的原因而失去功能、失去生命体征。当哈布瓦赫的生命临近尾声时，他不再主宰自己，也放弃了自己的身体。三十五年前，哈布瓦赫曾面对自己被驱逐的事实说了一句掷地有声的骄傲而讥讽的话——我敢肯定，我掌握的德语没有错。从这个意义上看，他的死亡就是谋杀，是那些谋杀者为他曾经的那句话实施的恶狠狠的报复。

---

1 布尔迪厄，《谋杀哈布瓦赫》。

2 森普伦，《文学还是生命》，第42页。

3 贝克，《莫里斯·哈布瓦赫》。

奇怪的失败

就在哈布瓦赫回顾1910年他从柏林被驱逐的事情时，法国却遭受了德国军队的致命打击，并导致了迅速而惨重的失败。像1918年一样，1940年6月22日，德国与法国在贡比涅市签署停战协议。不过，这一次征服者与被征服者的角色进行了转换。1940年7月14日是个星期天，这一天是法国大革命爆发的纪念日。当天的纳粹喉舌报《人民观察家报》在头版刊登了德国胜利的消息，以及英国在战争中的残忍表现。这篇社论的作者是阿尔弗雷德·罗森贝格，他是纳粹意识形态的主要代表人物。文章的题目是"法国革命的末日"[1]。罗森贝格声称，法国的军事失败之后，便意味着法国革命时代的结束。法国政府曾利用法国革命的遗产在国内提倡推行反德的文化政策，并在国外大肆进行文化宣传。德国代表着已经对民主政治感到厌倦的欧洲的使命，它不仅击溃了法国的军事力量，而且一劳永逸地将法国所主张的文化霸权推向了末日。如今一场由纳粹组织、掀起的所谓必胜无疑的革命将会决定欧洲的未来。在这场革命中，德国的文化会起到毋庸置疑的主导作用。建立在法国战败基础上的"罗森贝格办公室"用武力洗劫了欧洲的博物馆及私人艺术藏品，夺去了其中最宝贵的珍品。罗森贝格企图通过这种方式提升德国文化的统治地位。

1870年，福楼拜曾写信给乔治·桑，信中说普法战争会摧毁法国革命的遗产。如今事实证明，他的预言下得过早了。仅仅在七十年之后，

1　罗森贝格，《法国革命的末日》。

纳粹就把普鲁士人欲做而未成的事情变成了活生生的现实。[1]希特勒坚信,法国的雅各宾党人的失败是因为他们过于相信人性的美德;纳粹政权一定会胜利,因为纳粹认识到了人性之邪恶。然而,法国的法西斯主义者为了表明他们有理由对纳粹表示同情,便硬生生地强调,德国革命体现了他们自己的雅各宾主义传统,似乎承认罗马的帝国思想在第三帝国旺盛的生命力中恢复得还不够。正因为如此,他们发现,1792年在法国各地的村庄中建立的好战组织中,便有了法西斯的先驱者。[2]怀着对"所谓的法国革命"的仇恨,夏尔·莫拉斯石破天惊地把所有"革命事件"称为"德国鬼子事件",并说:"1789年,就是路德、康德、卢梭精神的集中体现。"[3]这句话听起来有些古怪,然而,即使马克·布洛赫也在其1940年完成的著作《奇怪的失败》中,也很不情愿地坦言,承认德国的纳粹主义运动与法国革命之间有着千丝万缕的联系确是明智之举——马克·布洛赫或许是参加法国抵抗运动的知识分子中最勇敢、最直言不讳并具有强烈自我批评精神的人物,后来曾受尽纳粹的折磨,并被残忍地枪杀。布洛赫说:"我憎恨纳粹主义,但是,纳粹主义像法国革命一样——拿它做比较我们都应感到羞愧——的的确确把人的因素看得比其军事力量与政府力量都更重要,因为人的大脑更有朝气与活力,并且不会被学校里的陈规旧俗束缚住,因此人能够理解'意料之外的事情和崭新的事物'。要对抗他们,我们所需要的只是一些思想

---

1 福楼拜于1870年11月27日写给乔治·桑的信,载于福楼拜与桑,《书信集》,第319页。

2 德里欧·拉罗舍尔,《政治史,1934—1942》,第63页。

3 莫拉斯,《关于1789年革命的思考》,第157、158页。只要引用莫拉斯的文章,人们一定会提及他的多个错误之处,尤其是他在对待法国与德国的共同影响的问题上所持的错误观点。比如说,像他这样权威性的思想家,居然认为"民主"(democracy)一词与"德国"(Germany)押韵——而对于反犹主义者而言,法国革命不过是"犹太—德国"原则的一种体现罢了。

率真、大胆的人，一些活力犹存、青春仍在的智者。”[1]法国“奇怪的失败”不仅仅指德国在武力上的胜利，更令人扼腕的是，德国的精神与思想也取得了胜利。

曾经流亡到巴黎的德国作家海涅曾做过一个预言，而这个预言似乎变成了现实。1833年，仅仅距七月革命几年之后，海涅曾对法国和德国的革命斗争做过最为生动细致的描述，并指出了革命最后的走向：“在我看来，一个像我们一样有条不紊的理性民族，肯定会以改良为开端，之后必然会投身于哲学体系的探讨。只有在哲学体系的研究完成之后，这个民族才会进入政治革命的阶段。我认为这个顺序非常明智合理……然而，德国的共和党人不要因此而焦虑，德国革命绝不会是适度而温和的，因为在德国革命之前，有康德‘批判’思想的铺垫，有费希特‘超验的唯心主义’的铺垫，甚至有自然哲学的铺垫。这些学说会促使革命力量的生成和发展，只要时间一到，这种力量便会爆发出来，让整个世界充满恐惧与景仰……革命之前的思想储备恰如惊雷之前的闪电。德国惊雷理所当然会带有德国特色：它虽然不那么敏捷迅速，却缓缓地前进，一路隆隆之声震耳，但它必定会到来。当你听到世界历史上从未听到过的震耳欲聋的爆裂之声，你就会知道德国的惊雷降临人间了。在这场喧哗与骚动中，雄鹰会从碧空坠地而死，远在非洲荒野的雄狮会咬住它们的尾巴，小心翼翼地爬回自己高贵的巢穴。届时，在德国将会上演一出壮观的大戏，相比之下，法国革命不过是一首天真无知的牧歌罢了。”[2]

1　布洛赫，《奇怪的失败》，第161页。

2　海因里希·海涅，《德国的宗教与哲学：断章》（1833—1834），第158—160页。亨利·摩根索在海涅“极为精准的预言”中看到了对德国民族性格的描述，以及德国人“想要再次努力”的明证。见摩根索，《德国是我们的问题》，第106页。

知识分子的抵抗

西奥多·帕克在1841年谈到，在康德的思想中可以找到革命的根源——他说："他的书就是战斗。"[1]这句话听起来让人感觉，帕克似乎知道海涅的那个预言。约翰·杜威在1915年引用了海涅颇具预见性的话，1942年，当他描述他的所见所闻，并认为德国哲学与德国政治之间存在着灾难性的姻亲关系时，再次引用了海涅的话。阿尔弗雷德·罗森贝格在他对法国革命充满讥讽地说再见的时候，很有可能也引述了海涅的话——如果这位纳粹的宣传家自如地运用反讽，并且允许自己与一名19世纪的犹太移民观点相同的话。

1940年，马克·布洛赫企图与"虚假战争"达成妥协，他意识到法国首先输掉的是一场文化战争。法国人变得懒惰懈怠，不愿再学习任何东西，他们缺乏在现代世界寻求生存所必需的智力与技术。他指责法国化学工业的领导，因为他们依然保持着现代社会之前的炼金术士的智力水平。他抱怨说，法国的市立图书馆的藏书还不及第一次世界大战期间德国军队的野战图书馆的藏书丰富。他谴责法国的资产阶级读书量太少，而且对所读的书籍几乎不能理解："我们希望通过读书拥有文化——当我们真的在读的时候。我对此并无异议。然而，我们似乎从来就没有明白，文化能够而且应当对我们的日常生活起到巨大的辅助作用。"[2]与德国人不同的是，法国人在第一次世界大战之后，完全

1 帕克，《德国文学》，第325页。

2 布洛赫，《奇怪的失败》，第151页。尽管要他们成为伙伴令人不可思议，但是布洛赫与夏尔·莫拉斯之间确实有些共通之处，因为莫拉斯曾认为1870年的失败显而易见是法国人精神迷失的外在表现。见莫拉斯，《法国人何时心生厌恶》，第31页。

忘记了如何使文化成为智力得以生存的手段，也忘记了如何使文化成为政治斗争的前提准备。这种记忆缺失很大程度上是社会学家的失误造成的。当他指出无知之墙是法国精英们设置在自己周围的障碍时，他的愤怒与马塞尔·莫斯如出一辙。如果不是法国社会学派的失误，那么谁还能为法国精英们面对自己国家的社会现实却无从分析、无从理解的状况负责呢？法国的社会学界也许根本不可能预见到纳粹的夺权。然而，在《凡尔赛条约》之后，极具侵略性与进攻性的德国复兴，在一些严谨认真的观察家看来却是无法避免的事实。这些观察家中首屈一指的是英国经济学家约翰·梅纳德·凯恩斯。

对于哈布瓦赫来说，1945年之后的法国集体记忆会是非常值得研究的庞大领域。他很可能会对笼罩在英雄神话中的反抗精神持反对态度，同时，对于贬低法德之间的合作，并认为这是毫无意义的行为的观点，他会同样表示抵制。在第一次世界大战期间，保罗·瓦莱里强调了他所谓的"思想政治"的重要性。人们可以用同样的心境谈论思想抵制。在法国式的"知识分子的抵抗"中，有两个要素有特殊的重要意义。第一个要素是这些知识分子倾向于有组织地行动，他们有"集体行动"的才能。第二个要素是他们坚信，个人的政治行动一定是信仰普世价值的结果。

《集体行动》是经济学家阿尔伯特·赫希曼一本专著的名字。赫希曼是来自柏林的德国移民，后来加入美国国籍。[1]尽管该书写的完全是其他背景内容，但在这里我借用这本书的书名，目的是想形容出许多参加抵抗运动的法国知识分子的行为规则。人们必然会意识到法国

1 我这里提及的是阿尔伯特·赫希曼的著作《集体行动：拉丁美洲的基层经验》（纽约：佩加蒙出版公司，1984年）。赫希曼与瓦里安·弗里的合作，见弗里，《在需要时投降》（1945），以及赫希曼，《自我颠覆的倾向》。

的“知识分子的抵抗”与瓦里安·弗里的“美国救援中心”中阿尔伯特·赫希曼所代表的秘密的、以集体为导向的约定之间存在的相似之处——瓦里安·弗里勇气极为可嘉，曾在1940—1941年间帮助许多欧洲难民逃脱了纳粹德国的迫害。

确切地说，法国的知识分子都是孤独的人。然而令人惊异的是，他们却组成团队，采取集体行动。对于这一点，他们国外的同行们既表示鄙夷又充满妒忌。1920年，在法国不仅建立了脑力劳动者联盟，而且还建立了其附属组织——智力协会。这使德国的知识分子感到不可思议，因为这些知识分子总是公开宣称不愿意组织任何联盟，他们都是自由的灵魂，不受所谓的团体与组织的羁绊。[1]看到法国抵抗组织的团体组织与关系网络，人们便会想起埃米尔·涂尔干的愿望，那就是早期的社会学者应当组成一些小的团体，即社会科学圈。这些团体如果能够如愿以偿地得到当地的政治家们的支持，便能够传播社会学的信息。莫斯后来在揭示他接受涂尔干思想的集体主义教育到了何种程度时，描述了这种策略。他写道：“我无法使自己与派系之间的工作脱离开来。如果确实存在着个体的独特性，那这种个性也被大家心甘情愿隐姓埋名的现实所淹没。如果谈到我的科学研究生涯的特点，也许应该是与一个团队一起工作的感受，以及坚信与他人合作是驱走孤独的力量，也是驱逐那种在研究中寻求独创性的狂妄思想的力量。这种感受在今天看来比以前更加强烈。”“被心甘情愿隐姓埋名的现实淹没”——如果要描述将抵抗组织团结在一起的思想核心，再也找不到比这句话更确切的表达了。那些组织包括人类博物馆秘密联系网、南方解放组织，或者也包括由让·卡瓦耶建立的同盟会。哈布瓦赫同布洛

1 库尔提乌斯，《法国脑力劳动者联盟》，第29—33页。

赫和费弗尔一样，都属于“反法西斯知识分子警戒委员会”。这个组织成立于1936年，以反法西斯为目的。后来，哈布瓦赫又加入了一个抵抗组织，那个抵抗组织以温泉关战役为名。

马克·布洛赫的著作《奇怪的失败》的核心章节名为“一个法国人对良心的考问”。在这一章中，布洛赫写道：“我们的头上有大脑，有口舌，我们的手中有笔。而且，我们大家不是社会科学的专家，就是科学实验室的工作人员，也许是雇佣关系中的条条律令使他们无法采取任何个人行为，似乎这是一种宿命。”[1]布洛赫像莫斯一样，是一个过于苛责的人。他的生涯与他的死亡都成为对他自己那些自我批评言论的驳斥。

知识分子的抵抗中第二个重要的因素是学术信念与政治义务之间的紧密关系，在这种关系中，世界主义的主张起到了相当关键的作用。例如，法国杰出的学者乔治·康吉扬就是抵抗运动的英雄。他的思想与第二代涂尔干派的学者非常接近，在20世纪他将会成为伟大的科学历史学家，也有可能成为法国知识分子们最重要的导师，即他们的学术大师，这恰恰是因为在第二次世界大战后，他依然宁愿保留学术争论与学术风尚。康吉扬曾经是哲学家阿兰的学生，也因此——与哈布瓦赫的妹妹让娜一起——成为阿兰与他的学生所推崇的“好斗的和平主义”的信徒。当被问及他为什么会从一个好斗的和平主义者转变成积极的抵抗运动的斗士时，他只是说：“当德国攻打法国时，我就知道和平主义时代结束了。”然而，他从未谈到他自己以及他在抵抗运动中令人敬佩的地位，他只是谈到了他的同事与朋友们的勇敢精神。同时，康吉扬也明确表示与那些把他们仅仅看成个人英雄主义者的法国知识分子们划

1　布洛赫，《奇怪的失败》，第172页。

清界线。正如他反讽地评论说，他们都是些存在主义者，对自己的事情谈论过多，只有他们才处于对抵抗运动夸夸其谈的位置，而抵抗运动原应是朴素谨慎的。

对于康吉扬来说，他的同志们对抵抗运动的奉献精神以及他们所表现出来的沉静而坚定的勇气，只有考虑到他们对世界普世价值的根本信仰才可以理解。纳粹主义是种族的思想意识形态，与世界主义的主张是相违背的。因为纳粹的意识形态不为知识分子所接受，那么针对纳粹的政治抵抗就在所难免了。智力思考的结果使学者们成为政治上的抵抗者，他们愿意为自己的国家而战，为精神生命而战。数学与逻辑学教授让·卡瓦耶便是如此，他的手提包里通常放着手榴弹，并且很清楚如何将其引爆。他这样做其实并无任何政治野心——正如康吉扬所说——而是因为有着强烈而高涨的政治意识。[1]没有政治野心的政治意识这个概念，极适合描述那些思想里有抵抗情绪的人们。他们来自知识氛围浓厚的环境，在这个环境中，实验理性与知性勇气并肩共存。[2]他们坚信，知识分子的政治行为不必成为梦境一般缥缈的乌托邦。“在它成为梦境的姐妹之前，这些行为必须先成为严格与精确的姐妹。”[3]康吉扬还说，通常，撰写伦理教程的哲学家是准备死在家中床上的；但是几年后，当卡瓦耶面临被纳粹拘捕、折磨、杀害的危险时，他却写了一部逻辑学课本。

在纳粹掌权后不久，对于涂尔干学派面对现代文明的内在矛盾与极权主义带来的危机表现出来的无能为力，马塞尔·莫斯进行了指责。哈布瓦赫对此也作了批评。同时，他对德国社会学家的认识愈发清醒。

---

1 康吉扬，《让·卡瓦耶的生与死》，第23页。
2 纳梅尔，《哈布瓦赫》，第11页。
3 康吉扬，《让·卡瓦耶的生与死》，第32页。

在他看来，这些社会学家们似乎背离了马克斯·韦伯的思想，也背离了在自己的祖国向现代化国家演变的过程中所应承担的解析任务——他们应该分析国家所遇到的显而易见的困难。他们在关于“精神”或“文化”等崇高观念的毫无结果的争论中迷失了自己。他们并没有真正从形而上的思索中解放出来，而且，他们越来越公然地对理性主义者和法国社会学界普世性的研究方法表示轻蔑。另一些人则滋养了一种幻觉，认为他们属于“与社会毫无干系的知识分子”，并且摆出一副未受政治利益及政治目的玷污的纯学术姿态。所有这些促进了德国某种集体意识的产生，这种意识促进了极端恐怖的民族主义及种族主义的形成与发展。然而，正如后来皮埃尔·布尔迪厄所言，哈布瓦赫是位普世主义的激进派，因此，他拒绝“将他的生存切割为两个部分，一部分奉献给科学的严格要求，另一部分则被政治热情完全侵占”[1]。

这种分割虽然很痛苦，但无法避免。这一直是马克斯·韦伯的观点，德国社会学家哈布瓦赫将这种观点引介到法国。当他公然指责其德国同僚们面对祖国在迈向现代的路途上经历的困难所表现出的无能为力时，这种观点是唯一未被他批判的观点。在关于政治与科学作为职业的两次演讲中，马克斯·韦伯坚持认为，学者无法提供那些只有预言家和先知才能提供的答案，而且人类必须面对令人沮丧的认识，即有些事情也许是神圣的，但并不美丽，或者有些事情是美丽的，但并不良善。韦伯是分别于1917年和1919年发表这两次演说的。而托马斯·曼于1918年出版了《一个非政治人物的反思》一书。当托马斯·曼提醒他的德国读者一个简单的真理时，听起来颇有马克斯·韦

1 布尔迪厄，《谋杀哈布瓦赫》，第163页。

伯的味道——如他所言，智力与行动“截然不同，是很难相容的事物”[1]。不过，当韦伯对永恒难题的不可解决性听之任之，并接受悲剧性结局时，托马斯·曼却在为这个原本是法国人创造的难题寻求德国式的独特解决方案。按照他的观点，造成智力可以与行动和谐相容这种错觉的罪魁祸首是法国革命——这场革命的灾难性后果是导致欧洲陷入一系列致命的冲突，这些冲突最终导致了第一次世界大战的发生。

对托马斯·曼而言，“知识分子必须行动！”的战斗口号是一个文学色彩极浓的呐喊，一个时尚的声明，除了为报纸提供了耸人听闻的材料之外一无是处。“坚信自己必须行动的知识分子立刻便接近了政治**谋杀**的层面——或者说，如果不是政治谋杀，那么其行为背后的道德指向则是，政治谋杀会成为其行为方式的必然结果。‘知识分子必须行动！’的口号，就它所指的纯知识分子的意义而言，是一个存在着很大问题的口号，因为一切经验都毫无疑问地告诉我们，凭借一腔热情投身现实的知识分子进入了他完全不适应的环境之中。在那个环境中，他表现得非常糟糕，显得浅薄无知，处处碰壁。他遭受了人性的毁损，并且为了重新站起来面对自己、面对世界，他沉浸在自我牺牲的道德抚慰中，在受苦殉身的忧郁气质中迅速为自己疗伤。”[2]

像哈布瓦赫这样的知识分子完全因信念而行动——与其说是为世界制定标准与规范，不如说是为了使世界更有生活的价值。正如T.S.艾略特所坚持认为的，就算没有信念便无法写出好的文章的论断是正确的——也许这个论断并不正确——其深层的认识也令人沮丧，因为好的文章所信奉的信念不一定总是好的。[3]哈布瓦赫相信一种不

1 托马斯·曼，《一个非政治人物的反思》，第365页。
2 出处同上，第427页。
3 艾略特，《基督教与文化》，第15页。

可割裂的原因，这个原因不仅左右我们的知识，而且指引我们的行动。他为法国的普世主义而战，抵制纳粹意识形态中残忍的绝对忠诚的信念。

德国革命的局限性

在20世纪20年代，法国和德国的政治家、学者及知识分子竭尽全力想在两国间达成长期的谅解协议。然而，莱茵河两岸的态度，以及知识分子所做的选择依然体现出两国明显缺乏了解，这一点是无法否认的，这不仅体现在建立知识分子与知识界的社会学的企图上——这种企图在法国与德国都非常强烈。在这个时期，两部关于知识分子的社会学重要著作问世，一部是朱利安·本达的《知识分子的背叛》(1927)，另一部是卡尔·曼海姆的《意识形态与乌托邦》(1929)。本达和曼海姆曾在以前的出版物中提出了书中的主要论点，这些资料很容易找到。而他们都未能注意到对方的观点——本达在其1946年再版的书中对曼海姆只字未提——这个事实更令人吃惊，因为他们书中的思维有着奇怪的交叉。匈牙利人卡尔·曼海姆的主要目的是使德国社会学专业化，并为其提供稳固的机制建构。然而，没有哪位德国社会学家像曼海姆一样受到法国启蒙主义如此深刻的影响，这种影响表现在他关于社会学知识的文章中——他有时把社会学知识称为社会学精神。当曼海姆把知识分子称为“护卫世界、阻止茫茫黑夜的哨兵”时，听起来似乎他从法国百科全书中引用了“哲学”这一词条的注解。另一方面，本达将知识分子称为“在现代国家中担负着最重大责任的人群之一……它是一个特殊的社会阶层，不能摆脱其担当的公民责任（它能够做到这一点吗？），这个阶层的人的唯一功能是保持社会中与实际利益无关的价值的存在”。本达发此言论时，似乎是引用了曼海姆的表述——“与社会脱离的知识分子”[1]。

然而，事实上，本达的书应该作为反社会学知识、反“德国联系”的文本来阅读——自浪漫主义以来，“德国联系”在很大程度上对法国思想产生了重大影响。[2]对本达来说，社会环境对思想王国不会产生任何影响。而曼海姆笔下的知识分子，则必须运用其对社会超然并且不失偏颇的态度去影响城市的发展进程，并将政治学传授给城中居民。本达笔下的知识分子是宇宙中的英雄，不可能与现代社会学家划清界线。而对本达来说，知识分子是孤独的身影，甚至是远离闹市的隐士，但依然保持着理性主义者的清醒。他是笛卡尔的信徒，拒绝加入启蒙运动。本达书中的核心思想是反对德国和德国思想。在普鲁士与拿破仑统治下的法国进行争取解放的战争中，诗人与思想家们逐步强化了知识分子的爱国热情和“民族道德哲学”，这些最终导致了知识分子的背叛以及他们对普世主义的放弃。因此，更加令人遗憾的是，伴随着柏格森直觉主义哲学的发展——本达一生都在抵抗这种思想——德国的非理性主义思想侵入了法国的教育系统。德国在第一次世界大战中失利，但几乎征服了法国的思想界。本达曾说：“在精神世界中，德国的胜利如今已经达到顶峰。”[3]通过这句话，本达宣告了这样的思想，即知识分子在公然指责对普世思想的坚持，并赞颂对独特见解的崇尚。这表明，本达预见

---

1 本达，《知识分子的背叛》，第159—160页。“与社会脱离的知识分子”这一概念要追溯到阿尔弗雷德·韦伯。但是卡尔·曼海姆却使这一概念饱受非议。值得注意的是，在曼海姆的著作中，无论是莫拉斯的《知识分子的未来》还是莫里斯·巴雷斯的《背井离乡的人》都没有被提到。

2 在德国内部，曼海姆和文学评论家恩斯特·罗伯特·库尔提乌斯之间进行的关于社会学知识的权力范围及其局限性的斗争，一直都伴随着比较法国与德国的社会学思想之间差异的努力在进行着。

3 本达，《知识分子的背叛》，第58页。

到了第二次世界大战后列奥·施特劳斯和艾伦·布卢姆的抱怨之辞。

对曼海姆来说，给予非理性生存的土壤就意味着社会学思考的终结，这是一种无条件的投降。对于让理性在人类的言行中尽可能长久地占据优势的设想，人们也许会提出质疑。本达这位“永远的理性主义者，19世纪聪慧而天真思想的继承者”[1]，用两种完全不同的方式看待理性主义。具体哪种方式取决于他谈及的是国内还是国外的知识分子政策。在法国文化的语境下，他认为理性主义是前启蒙时期，即笛卡尔时期的事情。这时的理性主义是那些个性明确、超脱淡然的思想者的态度，这些思想者不愿被凡俗的问题所困扰，一心关注普世与永恒。在这种语境下，本达背离了既定的法国传统，坚持认为学者的超然态度，那种追求普世意义的精神远远超过了文人们对世俗利益的热情。然而，谈及外国的文化政策时，他却认为理性主义转变成了令拉丁国家引以为豪的民族特性。对于本达来说，任何要使德国浪漫主义与拉丁国家的理性主义怀疑思想达成和解的企图都注定要失败。[2]像他之后的列奥·施特劳斯和布卢姆一样，本达用在希腊和罗马文明中孕育成长的理性武器攻击德国的非理性主义。欧洲——也就是指法国、意大利和希腊。本达对拉丁文化的热爱导致他，这个似乎仇恨一切形式的民族

1　卡尔·雅斯贝尔斯在1946年的日内瓦国际会议上这样看待本达。见卡尔·雅斯贝尔斯于1946年9月18日致汉娜·阿伦特的信。收录于雅斯贝尔斯和阿伦特，《书信集，1926—1969》，第57页。

2　1936年10月，希特勒和齐亚诺伯爵，即当时的意大利外长、墨索里尼的女婿，在贝希特斯加登的上萨尔茨堡会面时，就将“文化融合”的努力纳入了议事日程。见安富索，《罗马—柏林外交大事记》，第37—38页。墨索里尼或许已经告诉了他的女婿，一位于1922年出访德国的意大利外交官曾写信给他说，德国法西斯的“元首”阿道夫·希特勒是位“年轻人，他的脾气秉性、声音姿态都更像是拉丁人，而非德意志人”。见罗森，《墨索里尼和德国，1922—1923》，第23页。马克·布洛赫后来这样描述希特勒：“一个中等个头、棕色头发的阿尔卑斯人，而他的主要发言人则是个红头发的小个子跛子。”布洛赫，《奇怪的失败》，第151页。

主义的人，强烈要求，法语在未来要再一次成为欧洲统一的语言。他在他所作的“对欧洲国家的演说”中坦陈了这一要求。这次演说发表于1933年，恰逢纳粹在德国登上权力顶峰之时。在这个时刻，本达觉得自己必须提醒他的欧洲读者，自从19世纪早期以来，德国作家们便努力使非理性战胜理性，并且竭力强调人的灵魂中那些黑暗神奇的因素。选择法语及法国这个“理性民族”成就新的霸权，是为了保护理性精神的存在。

1933年后，那些试图在法国提倡德国知识分子传统的人都面临着被其国人指责为丧失了爱国主义精神的危险。要对法国的理性主流表示相左的意见，同时又要避免成为精神通敌者的危险，需要强大的勇气，也需要知识分子的坚守与顽强精神。雷蒙·阿隆便达到了这种微妙的平衡。1938年，他在索邦大学为其关于哲学历史中的德国传统的论文进行博士答辩——当时恰逢希特勒的军队迫使奥地利加入了第三帝国。阿隆对德国太了解了。他在科隆时曾经是奥地利裔文学理论家列奥·施皮泽的助手，在那里他第一次阅读了马克思的《资本论》。在柏林，他曾给著名的剧院编导马克斯·赖因哈特讲过法语课，他曾目睹希特勒登上权力顶峰，而且在1933年5月10日，在柏林剧院前的广场上，与托马斯·曼的儿子戈洛一起看到了令人难以置信的纳粹焚书。这是对1817年的事件别有用心的回应，那时德国学生社团在瓦特堡城堡烧毁了那些威胁到德国人的文化结构的书籍。早在1935年，阿隆就曾出版过关于德国社会学历史的专著。

1938年答辩时，阿隆用超人的机敏与公然的同情捍卫德国的传统思想，这使他的博士委员会成员印象颇深。他们同时也被他的推理风格所迷惑，因为他根本没有沿袭既定的法国理性传统。他们对阿隆混乱的写作风格表示反感，这种风格也许在德国读者看来颇能理解，但对法语以及法语与生俱来的清晰特性却是一种挑衅。阿隆似乎更喜欢像“理解”这样的德语概念，而非法语中的“说明”。有一种环境非常适合他的悲观思想，在那个环境中，魔鬼墨菲斯托菲里斯是民族戏剧的绝对主角——这里的民族指的不是伏尔泰和孔多塞的民族。不过，阿隆聪颖过人，不会在答辩中失利——事实上他以优异成绩通过了答辩。答辩委员会成员在与阿隆道别时，表达了他们的期望——他们希望年轻的法国知识分子不要以他为榜样。一些委员会成员属于老的涂尔干学派，其中包括哈布瓦赫。

1970年，当阿隆在法兰西学院发表就职演说时，一定想起了他的博士论文答辩。在他整个的研究生涯中，他把解释他为什么喜欢马克斯·韦伯而非涂尔干作为自己的主要任务。他自己在纳粹德国的政治经历成为决定他研究喜好的主要因素。阿隆坚持认为，任何人只要想理解极权主义国家的机制，就必须追随马克斯·韦伯的观点，而非向涂尔干学习。马克斯·韦伯被称为“海德堡的马基雅维里”。马克斯·韦伯成为德国社会学界的泰斗，很大程度上要归功于两位外籍社会学家，美国的塔尔科特·帕森斯和法国的雷蒙·阿隆。

阿隆在1983年发表他的《回忆录》时，描述了年轻时他对德国文化是怎样的着迷。他用了整整一年时间，什么也不做，专门攻读康德的作品，对德国哲学思想的丰富性了解得非常深入。在法国，只有文学才会让他产生同样的兴趣。最后，在德国哲学和法国文学之间，在康德和普鲁斯特之间，再也没有涂尔干的社会学生存的土壤。与康德著作中可被理解的特性和普鲁斯特作品中的阿尔贝蒂娜相比，涂尔干的《社会分工论》和《自杀》都无法触动阿隆的神经。因为深受德国文化的影响，所以他对现代社会非常了解。假若他是涂尔干的信徒，倒不一定能够了解得如此深刻。在许多德国人把文化看作逃避政治的避难所时，文化却给阿隆打开了博大而深奥的政治视野，使阿隆在日后得以成为法国第一位、也是最重要的一位社会学家。

1989年11月4日，在东柏林，艺术家和作家们组织了一场大型的示威游行。这场游行预见了东德政权的垮掉。德国知识分子突然感觉到他们成了终生为了革命而奋斗的哲学家。法国启蒙主义思想家的“精神政治”之梦，似乎要在崭新的社会主义德国变成现实。那年秋天，当东柏林人走上大街小巷，最终推倒了柏林墙时，他们唤起了巴士底狱印象，那里曾疾风暴雨般爆发了著名的法国大革命。法国观察家们徒劳地提醒欢呼雀跃的德国人，法国革命并没有地域限制。罗伯斯庇尔坚信，法国大革命不亚于一场人类学突变，法国人会成为一个新的人种，在人类前进的道路上快步向前。法国大革命绝不是一次法国事件，也不是欧洲事件，它是一场全球性的大事。

1989年不仅仅是柏林墙终于倒塌的一年。来自中欧及东欧的知识分子开始激烈地争论，1989年的事件是否意味着开始于1789年的法国大革命，并以1917年的俄国革命为高潮的一个重要时代的结束。密特朗总统曾在1989年组织大型的庆祝活动，希望重新唤起人们对法国大革命的回忆，而那一年发生的事件却表明，他组织的只不过是个葬礼。德国的例外情况开启了一个新的转向，德国革命的非暴力特性被当作文化与政治的资产。德国的政治家与知识分子掩盖不住胜利的喜悦，因为德国迟来的革命最后不仅赶上了遥遥领先的法国革命，并且超越了它。法国革命两百年后，德国革命与海涅所预言的迥然不同，与希特勒所期望的迥然不同，它成就了一场没有暴力和血腥的革命。因此，在德国成功进行的这场革命，在道德意义上远远高于法国革命。

然而，胜利却未能持续很久。汉娜·阿伦特意识到去纳粹计划的失败后，于1950年写道：“要成功地实现去纳粹计划，唯一可以想到的选择就是革命，即德国人民愤怒情绪的自然爆发，将他们知道的那些纳粹政权的头头脑脑全部推翻。这种爆发应该是难以控制的、血腥的，这种革命之后肯定会伴随更好的公平标准，远比那些文件中的规范合理得多。”[1]1989年后，如何对东德的专制政权所犯下的罪行进行宣判，是德国法院面临的巨大司法难题。人们想起了韦伯曾说过的话，即德国历史的悲剧就在于，与斯图亚特家族和波旁家族不同的是，霍亨索伦家族从未被送上断头台。然而，对于德国公民来说，赞同这种愤世嫉俗的观点不是一件容易的事——他们不能接受1989年的德国革命中带些暴力和恐怖色彩并不是件坏事的看法。

外国人对德国再统一这件事不会有很深切的感触。当两个德国统一时，与德国文化和德国政治有着紧密联系的剧作家阿瑟·米勒问道：“德意志联邦共和国真的在德国公民的心中唤起了崇高的民主感觉吗？或者它只不过是一个外国人发明的体系，只是历史的机缘巧合把它带到德国罢了？”提这个问题本身就是对它的否定：阿瑟·米勒在结论中说，联邦德国并没有使德国人心中充满“崇高之感”。对他们来说，民主思想中包含着一些难以言明的幻想成分与虚假成分。正如一位德国朋友对米勒所说的，当德国公民面临着建立自由社会的任务时，人们无法相信他们的冲动行为。在两个德国重新统一的时刻，米勒对德国民主的稳定性表示怀疑，因为德意志联邦共和国“未洒一滴鲜血便取得了胜利……德国人缺少鲜血为他们的民主国家献祭”[2]。在一位美国观察家的眼中，德国依然缺乏一场像1789年法国大革命那样的“真正”意义上的革命。

1　阿伦特，《纳粹统治的后果》，第349页。

2　阿瑟·米勒，《德国人引起的不安：柏林墙之后》，载于《走廊深处的回声》，第222—229页。

六

德国本土文化：道德的崩溃与智性的崛起

德国的浩劫

1949年，列奥·施特劳斯抱怨说，德国思想总体上看几乎与西方思想毫无二致。回顾历史，人们一定会把德国移民的这种抱怨看作对20世纪最伟大的政治成功故事之一的预言。在第三帝国没落后，成为西方一分子的首先是德意志联邦共和国，之后则是重新统一的德国。德国独特的道路最终汇入了以议会民主、共同市场以及法制规范为代表的西方主流。将文化与文明对立的做法再也没有任何意义。同时，将文化视为政治的替代物同样没有意义可言。然而，战争结束后，事情立刻显得与以前大不相同了。

1946年8月17日，汉娜·阿伦特向她的导师——哲学家卡尔·雅斯贝尔斯表示歉意，因为她过了一个多月都未能回复老师的信件。她无法及时回信，因为她一直全神贯注地阅读导师于1946年刚刚出版的著作《罪责问题》，这本书使汉娜感到很苦恼，因为卡尔·雅斯贝尔斯在谈到纳粹罪行时，令人感觉这些罪行是能够在法庭上得到解决的。“您对纳粹政策是一种罪行（即犯罪）的定义，令我震惊，也令我难以接受。在我看来，纳粹罪行似乎突破了法律的界线，恰恰是这种突破促成了纳粹的残暴。对于这些罄竹难书的罪行，没有任何惩罚是适合的。将戈林送上绞刑架当然是必要的，但这远远不够。也就是说，与所有文明社会的罪行相比，这种罪行超越并且粉碎了任何的、所有的法律体系。这也是为什么那些在纽伦堡的纳粹分子如此自得的原因。”[1]当汉娜·阿伦特写这封信时，纽伦堡的审判还没有达成定论，而赫尔曼·戈林在1946年10月15日绞刑执行的两个小时前服毒自尽。

汉娜·阿伦特对卡尔·雅斯贝尔斯书中观点的反对是友善的，但也是坚定的。她的丈夫海因里希·布吕歇尔却对此感到意想不到的震惊。他在给妻子的信中说，德国人不应该只是深刻反思他们犯下的令人难解的罪行，而更应该对他们的所作所为感到羞耻，并且努力将这种羞耻化为行动。再次诱使全世界对德国民族性格的特殊性进行反思是非常荒谬的。这时候的主要任务不是找出在纳粹罪行中体现出来的典型的“日耳曼特性”，而是指出德国人的行为哪些是正确的，哪些是错误的。布吕歇尔怒气冲冲地说，卡尔·雅斯贝尔斯是位学者，在政治观察方面没有丝毫的天赋，哲学家脱离现实、高高在上的伦理学思考没有任何实际价值，更不会有任何政治性结果。[2]这是个相当务实的观点，同时也对阿伦特与卡尔·雅斯贝尔斯截然不同的、关于纳粹罪行充满诗意的观点做出了明智的反驳。

1　汉娜·阿伦特于1946年8月17日写给卡尔·雅斯贝尔斯的信，收录于雅斯贝尔斯和阿伦特，《书信集，1926—1969》，第54页。

2　海因里希·布吕歇尔于1946年7月15日和16日写给汉娜·阿伦特的信。收录于阿伦特和布吕歇尔，《在铜墙铁壁之中》，第84—87页。

卡尔·雅斯贝尔斯在8月份收到其学生寄来的这封信后，同样没有立刻回复。直到两个月后，即10月19日，他才写了回信。他首先感谢汉娜·阿伦特总是定期地送给他食物，使他和妻子享受着几近奢华的生活，让人感觉似乎战争从未发生过。之后，作为回应，他针对她所提出的观点，谈及了应该如何对待纳粹的问题。“你认为纳粹的所作所为不能被理解为‘罪行’，对你的观点我不能苟同，因为超越所有罪行的犯罪必然会显示出‘出众’的色彩——当然，是魔鬼般的出众——然而，在我看来，无论是针对纳粹整体，还是希特勒所表现出来的‘恶魔本性’，以及其他类似的种种，都不适合用‘出众’来指称。我觉得，似乎我们应该看到这些事物中完全平凡的特性，看到他们那种无足轻重的特点，因为从本质上说，他们本无出众之处。”几年后，汉娜·阿伦特使用“平庸的恶”作为其专著《艾希曼在耶路撒冷》一书的副标题。卡尔·雅斯贝尔斯很喜欢这个副标题，称之为杰出的选择。有人告诉他，汉娜的丈夫非常自责，因为是他建议他妻子采用这个做副标题，以至于给他妻子带来了许多麻烦。我相信，卡尔·雅斯贝尔斯早在1946年写的信就使得阿伦特的思想逐渐发展并接受了平庸的恶的观点。[1]

在信中，卡尔·雅斯贝尔斯继续为他的观点辩护，努力说明为什么纳粹头子们应该受到审判。他责备阿伦特企图用戏剧代替司法公正。“对于任何神话与传奇色彩，我都感到恐惧，而任何不确定、不具体的事物都有这种色彩。我更严肃的观点很难在德国被广泛接受。许多人认为赫尔曼·戈林要想逃避绞刑是件非常困难的事，而实际上，只要狱卒

1 雅斯贝尔斯在1963年12月13日写给汉娜·阿伦特的信中提及了布吕歇尔的自责。收录于雅斯贝尔斯和阿伦特，《书信集，1926—1969》，第542页。

们毫不尽心、玩忽职守就可以做到。你的观点很吸引人……但是从你的表述方式上，可以看出你差不多走上了诗歌的道路。一个像莎士比亚一样的诗人永远无法赋予这样的素材以适当的形式——他与生俱来的审美直觉会导致对这种材料的歪曲与改造——这就是他无能为力的原因。”[1]针对纳粹的罪行，可以用心理学、精神病理学、社会学，最重要的是法学来进行分析处理。在卡尔·雅斯贝尔斯看来，走诗歌路线无法解释为什么德国人民曾经追随希特勒的事实。在对待纳粹的问题上，人们要从根本上避免用美学的观点。纳粹分子廉价而卑琐行为的深处，挖掘不出任何宏大、壮美的内涵。

阿伦特非常认真地对待了导师的劝告。不管怎样，她对她的朋友玛丽·麦卡锡在1962年6月发表的一篇戏剧评论文章一定感到开心。玛丽·麦卡锡在那篇文章中谈及了“纳粹噩梦中非理性的回归”，这种回归使得人们在双手沾满鲜血的麦克白身上看到了所有莎士比亚笔下人物中突出的现代性。玛丽·麦卡锡把麦克白称为凶残的“巴比特”，一个“举止言谈都非常平凡的平凡人，可以猜测他是一个在苏格兰高尔夫球场中打高尔夫球的人”。玛丽·麦卡锡似乎表明，将政治家与莎士比亚笔下的人物相比，并不一定会赋予其英雄色彩。事实也许与此相反：他的行为中透露出的莎士比亚的伟大，恰恰表明人类罪恶中的平凡与渺小。[2]《艾希曼在耶路撒冷》引发了一场激烈的争论，在纽约的知识分子中间争论尤其激烈。这一定使汉娜·阿伦特想起了卡尔·雅斯贝尔斯以前的告诫。诺曼·波德霍雷茨写道，阿伦特“大胆得令人不可思议，她的故事彻底摆脱了情节剧的俗套。她竭尽全力，使她作品中的字里行间

1　卡尔·雅斯贝尔斯于1946年10月19日写给汉娜·阿伦特的信，收录于雅斯贝尔斯和阿伦特，《书信集，1926—1969》，第62页。

2　玛丽·麦卡锡，《麦克白将军》，载于《写在墙上的文字及其他文学论文》，第14页。

都是对暧昧道德观的强调"[1]。而莱昂内尔·阿贝尔在《党人评论》上却发表了题为"罪恶美学：汉娜·阿伦特对艾希曼与犹太人的观点"的文章。文章指责道，阿伦特在《艾希曼在耶路撒冷》一书中的描述，使得艾希曼在美学上令人赏心悦目，而犹太人则在美学上令人厌恶。他也邀请莎士比亚做证人，证明人可以同时既是小丑又是怪物，而阿伦特却似乎认为，不能把艾希曼看作怪物，因为他不过是个小丑，是个平凡的人而已。[2]

1946年，即卡尔·雅斯贝尔斯的《罪责问题》问世之年，八十四岁高龄、几近失明的德国历史学泰斗弗里德里希·梅尼克出版了以反思和回忆为内容的著作——《德国的浩劫》。就算有些勉强，但梅尼克也算曾经是魏玛共和国的捍卫者。在第三帝国时期，他基本上是个旁观者。他不是种族主义者，也不再持反犹太的观点。[3]他的职业生涯与学术活动一直未受纳粹意识形态的玷污，而且他曾勇敢地帮助犹太同僚。不过，在德国军队占领波兰和法国时，他也曾毫不掩饰地流露出自豪与喜悦之情。假若纳粹德国取得了第二次世界大战的胜利，那么梅尼克是否还会写这部名为《德国的浩劫》的书，是很令人怀疑的。德国在第二次世界大战中失利后，梅尼克声称，纳粹主义是外界对德国施加影响造成的结果。《德国的浩劫》是部饱含悲剧因素的书，

---

1 波德霍雷茨，《汉娜·阿伦特与艾希曼的争论》，第201页。对于这场争论的概略情况，参见拉宾巴赫，《艾希曼在纽约》。

2 阿贝尔，《罪恶美学》。玛丽·麦卡锡在其文章《色彩与呼喊》中，回应了阿贝尔对其朋友汉娜·阿伦特的攻击，载于《写在墙上的文字》，第54—71页。对她来说，不论是麦克白还是艾希曼都不是"恶魔"。见《朋友之间：汉娜·阿伦特与玛丽·麦卡锡书信选，1949—1975》，第145页。艾希曼审判的"戏剧风格"一直都是争论的要点。在一本评论汉娜·亚布隆卡的《以色列与阿道夫·艾希曼》的著作中，书的作者由于表明首席法官摩西·兰道"从未允许戏剧特色掩盖住审判的司法特点"而受到称赞。见道格拉斯，《民族的审判》。

3 梅尼克在其回忆录中坦承，自己从学生时代直至1890年左右一直都持激进的反犹观点。甚至当他在1901年被任命为斯特拉斯堡大学的教授时，他依然对其犹太同事心存厌恶。见梅尼克，《斯特拉斯堡、弗赖堡、柏林，1901—1919》，第26—30页。

它本身就是一场浩劫。

马克斯·韦伯在第一次世界大战后试图传授给德国知识分子的教训被彻底遗忘了。与公认的常规判断不同，马克斯·韦伯指出，当前的政治问题不能依靠过去的智力成就来解决。那种可以从中提炼出促使政治行为马到成功的神奇处方的永恒德国精神是不存在的。在《凡尔赛条约》签订后，重读魏玛经典是很有用处的，它们提醒德国人，当一个国家在政治失利与外敌占领之时，它便会成为文化上的领袖。然而，除此之外，魏玛经典仅可以为乐趣而读，或者是为了正式地进行思想训练——总之不以获得政治忠告为目的。德国经典中的政治与经济思想的形成根源于对政治非常淡漠、毫无兴趣的时期。"国会政府与议会民主的现代问题，以及一般意义上的现代国家的内在本质，都与德国经典毫无关系。"马克斯·韦伯充满景仰地引用了亚历山大·赫尔岑的话。赫尔岑宣称，他的故土俄国不应成为父辈们的俄国，而应成为孩子们的俄国。马克斯·韦伯希望他的祖国德意志也会如此。[1]

马克斯·韦伯警告说不要为了寻求政治建议而回归经典，没有比这个观点离梅尼克著作的核心内涵距离更远的了。《德国的浩劫》的传播范围一定很广；出版后三年间，它重印了四次。纳粹给德国造成灾难之后，德国精神还能幸存吗？梅尼克惊喜地发现了生命的迹象："在城市中出现了文化联盟和文化社团。人们可以到剧场看新的剧目，这些剧目使德国戏剧的珍贵遗产重见天日。男女老幼纷纷去听音乐会，那里演奏着经典而古老的德国音乐。"[2]梅尼克写道，现在需要的是德国内在精神的迅速发展。要使这种精神得到发展，就要比从前更加信赖

1　韦伯，《民族特性与容克》，载于《马克斯·韦伯：社会学论文选》，第393—394页。

2　梅尼克，《德国的浩劫》，第117页。

宗教和文化，并且要学习怎样重获世界的信任。梅尼克设想会有一个特殊的组织来确保这个民族的精神重生。他希望在未来不仅看到小型的宗教团体，也希望看到志趣相投、有着良好文化修养的人们组成的社团——他将其称为“歌德社团”。这些社团可以担负起“通过将最有生机、最具活力的伟大德国精神的声音输送到听众心中的任务，并且永远为听众奉献最高贵的音乐与诗歌”。定期的“音乐诗歌节会”与宗教仪式颇具共性。梅尼克希望在每周日的下午举办这样的节会，如果有可能，在教堂举办最好。在这样的集会上，德国人会“发现在祖国所遭受的一切不幸与破坏中，有一种永远不会被毁灭的东西——一种永不熄灭的日耳曼性格”[1]。

人们由此想起了1914年创建的费希特学会。在那个学会创建两年后，即在第一次世界大战期间，学会成员感到最重要的事情便是重建德国戏剧。梅尼克1946年为德国人开出的药方与他自己在1918年遵循的药方如出一辙。第一次世界大战爆发之时他便宣称，架起文化与政治之间桥梁的时刻到了，并认为文化必须成为国家手中的武器。当德国战败后，梅尼克认真思考了权力与文化无法调和的特性，并最终在歌德的诗歌中找到了慰藉。

梅尼克关于建立歌德社团的建议在德国被广泛引用，然而梅尼克提出这种思想的特定的历史语境却很少被提及。这种语境是非常重要的，因为梅尼克在1933年之前就曾经坚持认为，纳粹宣扬的一些思想并不是知识分子特有的财产，而是属于德国历史的优秀遗产。1948年，

1 梅尼克，《德国的浩劫》，第120—121页。罗伯特·A. 波伊什在其著作《梅尼克与20世纪的德国政治》一书中，使用了“歌德学习小组”和“歌德圈子”等用法。然而，将“Goethe-Gemeinden”翻译为“歌德社团”（communities）是非常重要的，因为这个术语传达了由来已久的德国礼俗社会对西方法理社会的抵制情绪。

梅尼克谈及了能够使德国人从中受益的经历，即德国能够在遭受了军事惨败后，在试图重建其文化的过程中受益。“有些甚至来自第三帝国。比如说，狡诈虚伪的戈培尔很清楚地知道，如何将几篇内容相宜的绝妙好文刊登在纳粹党报的显著之处，从而诱捕无辜的灵魂成为纳粹的拥护者。每个星期天的早晨礼拜的时候，他通过在电台中播放一个名为‘宝库’的节目——对听众播放最为经典、优秀的德国音乐和精挑细选的诗歌作品——来达到阻止人们去教堂的目的。”[1]纳粹宣传的一个重要策略就是，有意地打造并上演一些“与政治无涉”的艺术作品，其中电影起到了非常关键的作用。莱妮·里芬施塔尔便是很好的例子，她认为她与纳粹政权毫无干系，因为她在战争期间创作的电影《低地》是一部浪漫主义影片，是“与政治和战争相对立”[2]的影片。

梅尼克的回忆使我们非常清楚地看到，为什么他不希望德意志文化生命重新修复的过程成为盟国去纳粹化进程中的一部分。文化修复是德国人自己的事情，外国人不能参与进来，并且也不能在政治领域进行尝试。他宣称：“精神生活与为了精神价值进行的奋斗是他们自己释罪的理由，只要他们的运动尽可能地不带有任何政治趋向，就会取得最深刻的效果。”这表明，历史学家无辜的灵魂已经成为“狡诈虚伪的戈培尔”的囊中猎物。梅尼克希望纳粹的狂妄自大以及纳粹那种没有文化底蕴的精神都会在1945年后消失。不过，当他警告说这种精神不能被“苍白、空虚、抽象的世界大同主义思想”代替时，听上去似乎与戈培

1　梅尼克，《德国的浩劫》，第119页。

2　里芬施塔尔，《希尔马·霍夫曼访谈录》。战后，在德意志民主共和国，这个问题成为争论的焦点。德国电影股份公司，即东德的官方电影制片商，获得了第三帝国时期的德意志电影公司摄制的大量影片。东德电视台播出了大量此类影片，因为他们相信这些“无关政治”。继而，社会主义国家是否应该播放纳粹时期拍摄的电影又成为争论的话题。尽管如此，这些电影一直在播放，不仅因为这些电影极受东德观众的欢迎，至少还因为这些电影创造了许多西德人将电视调到东德电视台的绝少机会之一。

尔的军事乌托邦思想暗合，即建立能够抵制任何西方影响的德意志文化之邦。[1]然而，斯图亚特·休斯的观点却令人费解，他认为，《德国的浩劫》一书表明梅尼克“回到了18世纪末，那个时候德国还未从西欧的常规思想中脱离……他回归了启蒙主义最后的也是最伟大的产物”[2]。

1935年，纳粹强迫梅尼克辞去德国最重要的历史学刊物《历史期刊》的主编一职。1945年后，梅尼克与格哈德·里特尔教授和汉斯·罗特费尔斯教授一起，成为德国知名历史学家组织的一员，他们殚精竭虑地为战败的祖国寻求精神治疗的方法。战争结束后，他们面对失败讲述着胜利的故事，在他们的故事中，优秀的德意志精神没有失败，歌德战胜了俾斯麦。[3]对梅尼克来说，最重要的事情是让人们对另一个德国，即精神优秀的德国的记忆保持住生命力。在《德国的浩劫》中，他费尽心机将中心指向了德国文化中的神圣因素，他也因此为纳粹政权的美学遗产的幸存贡献了力量。这种遗产对德国大众与文化精英极具吸引力，这种吸引不仅来源于它的神圣仪式。最终，梅尼克的著作成为它声称要分析梳理的德国浩劫的一个象征。

文化的复苏

1945年后，回到德国的移民们目睹了一个奇迹。很明显，悠久的文化得以在战争中幸存，纳粹政权的残暴行径也未使其受到伤害。特

1 梅尼克，《德国的浩劫》，第117、119页。

2 休斯，《意识与社会》，第246页。然而，我却同意休斯的另一个观点，他认为如果让梅尼克在魏玛与波茨坦之间做出抉择的话，他会选择柯尼斯堡，即康德的故乡。关于梅尼克可能回归世界主义的肯定看法，参见霍弗，《历史学与世界观》，以及斯特林，《世界权力中的道德规范》。

3 参见贝格，《大屠杀与西德历史学家》。也参见休斯，《意识与社会》，第245页。

奥多尔・阿多诺看到的是一个沮丧、冷漠、充斥着愤世嫉俗的不信任感的国家。然而，相比在纳粹取得政权之前，如今的德国青年人对所有与精神相关的事情都充满了更加强烈的兴趣。阿多诺感到，自己似乎被一架时间机器带回了浪漫主义早期的时光，在那个时候，像费希特的《知识理论》这样的书比任何政治行为对舆论产生的影响都要大。他在《文化的复苏》(1949) 一文中写道，只有在那个时候，德国人才像现在这样全身心地投入对精神问题的探索。那时的德国与解放战争爆发前夕与拿破仑掌权的法国相对抗时的普鲁士有些相似，那时的德国人认为自己已经找到了自身的民族特性。对文化卷土重来的热情彻底将阿多诺征服，重要的原因是在美国时，他曾“从某种对文化的单纯信仰中解放出来，并且拥有了以局外人的身份看待文化的能力”[1]。

1949年12月28日，阿多诺给托马斯・曼写了一封长信，信中他热情洋溢地告诉了托马斯・曼他在法兰克福举办的一次研讨课。他被学生们的热情态度与严肃精神深深感染。尽管很难令人相信，这位哲学家确实费了很大力气才让班上的学生听清他的讲话。令读者印象深刻的是那些“孩子”——阿多诺这样称呼他的学生——因为他们对康德的先验辩证法中的一个问题没有搞清楚而放弃了休息时间，或者他们坚持要求将研讨课一直延续到假期中。没有读完黑格尔的《精神现象学》，他们怎么能休息呢？[2]三年前，卡尔・雅斯贝尔斯曾对汉娜・阿伦特讲述了他的哲学课上的一次类似经历：“最近我们听到了一场关于柏拉图与黑格尔的‘理念’的绝妙报告，完全是抽象的，之后便是热火朝

---

1 特奥多尔・阿多诺，《一个欧洲学者在美国的科学经历》，载于弗莱明和贝利主编，《知识分子的移民》，第367页。

2 阿多诺和托马斯・曼，《书信集，1943—1955》，第44—45页。

天、生机勃勃的讨论，似乎我们讨论的是时下最流行的问题。”[1]初看起来，阿多诺与雅斯贝尔斯的文章中都流露出对梅尼克在《德国的浩劫》一书中所梦想的文化乌托邦的赞同之意。然而，阿多诺和雅斯贝尔斯根据他们自己对复苏后的德国文化的亲身经历所做出的结论，却与梅尼克的结论大相径庭。

卡尔·雅斯贝尔斯没有放弃严谨精密的理性，他把自己看成背负着道德职责的政治哲学家，投身于当时的政治问题。1946—1947年冬，他作了题为“德国的现在与哲学”的报告，这个题目透露了他后来的既是职业哲学家又是忧国忧民的公民的双重角色。正因为如此，雅斯贝尔斯对其学生表现出来的对政治的漠然态度感到非常失望。在1946年9月写给阿伦特的一封信中，他继续坚持他的观点：“这些为数不多的优秀的青年学生都对政治毫无兴趣，有的只有讥讽与怀疑。”阿伦特于是想起了她自己年轻时候的态度——秉承了传统上对政治的淡然姿态，而这种姿态正是极大部分德国文化精英的共同特点。在给雅斯贝尔斯的回信中，阿伦特告诉他，她对他的研讨课有多么大的忧虑：“令我感到不安的是，你研讨课上的那些得意门生，像我们当年一样——那是多么不幸的记忆——都对政治不感兴趣。”[2]三年后，阿伦特写道：“什么都没有改变。有时候我想知道，是向德国人逐渐灌输政治意识更加困难，还是向美国人传达哪怕是最肤浅的哲学知识更为困难。”[3]这些论述

---

1 卡尔·雅斯贝尔斯于1946年9月18日写给汉娜·阿伦特的信，载于《书信集，1926—1969》，第59页。

2 汉娜·阿伦特于1946年11月11日写给卡尔·雅斯贝尔斯的信，载于《书信集，1926—1969》，第64页。“不幸的记忆”使得汉娜·阿伦特充满怀念地想起了马丁·海德格尔，对于她来说，他就像本雅明和布洛赫一样是位“充满诗意的思想家”，是20年代，即她在马尔堡的岁月的“反政治革命”的领导者。见沃林，《海德格尔的孩子们》。

3 汉娜·阿伦特于1949年1月28日写给卡尔·雅斯贝尔斯的信，载于《书信集，1926—1969》，第129页。

出自这样一位作者之手——被其他移民称为极具天赋但毫无政治天分的哲学家。[1]

在阿伦特1950年发表的《来自德国的报告》一文中，她大胆地涉及了政治预言的领域。她在德国看到的是对现实的逃避，同时也是对责任的逃避。德国人把活生生的事实当作看不见摸不着的观念对待，并认为"对待事实采取这种虚无主义的相对论观点，才是民主的本质所在"。人们对年轻的德国人狂热地钻研学业的态度不得不表示赞叹，然而他们的未来却是无法确定的。阿伦特坚信，德国的大学会生产出"内心沮丧、精神饥渴的整整一个阶层"。他们的国家不需要他们，因为它没有政治前途。"无论是重生后的德国，还是未能重生的德国"，都不会在统一的欧洲中发挥作用。"在目前的斗争中，德国方面未能表现出任何政治上的进取精神，而是呈现出完全无能为力的状态。这种认识对于德国人的潜在影响不可低估，成为德国人不愿面对遭受重创的国家这个事实的原因之一。"[2]

第二次世界大战后，所有到德国的参观者都观察到了这种文化狂热，而伴随这种文化狂热的却是人们内心深处对政治的禁绝。在体验过极权政体下的生命遭遇，经历了在被占领后不知如何是好的彷徨，并且饱尝了必须迈入一个他们至今仍不理解的民主国家的窘境之后，这种逃避是完全可以理解的。阿多诺认为，这种文化狂热和政治禁绝都是集体自我欺骗的结果。德国人仍然没有意识到，"文化"一词的传统意义已经消失。迅速在政治上得到恢复的幻觉是更加深层的原因。有些人把回避政治看作短期的行为。首先要考虑的最紧迫问题是回归正

1　帕赫特，《流亡生涯》，第18页。
2　阿伦特，《纳粹统治的后果》，第353页。

常的、可以拥有隐私的生活。带有地方褊狭色彩的风气在德国人中流行开来，这种氛围让人感觉非常轻松。“等等看”成为生活箴言。不过，德国人已经再也无法决定是否采取、如何采取政治行动了。

在给托马斯·曼的信中，阿多诺继续对他所看到的战后德国漠视政治的氛围同普鲁士在解放战争前夕的情况进行比较。战后，在大学中，德国青年们再次谈论起逻辑问题和玄学问题，就好像他们在谈论政治。阿多诺以一种近乎洋洋得意的口吻写道，年轻的德国人没有其他选择，因为传统意义上的政治在他们的祖国已经不存在了。德国不再是个政治主体，将来，这个国家无论如何不会对世界政治施加任何影响。那么结果就是，德国人便会以如何在强权的阴影下生存为主要目标。于是，他们再一次变得思想丰富而行动匮乏，正和他们的祖先在1800年左右的情况相似。然而，当前并没有迫在眉睫的解放战争，因为解放战争已经结束了——德国人是被攻击方，而非攻击方。当卡尔·雅斯贝尔斯谈及夹在美国与苏联之间的德国未来时，言辞甚至更为激烈：“这是他们双方共同的战场，一个垃圾堆，在这里所有人都漫不经心，对其他任何地方都不向往。”[1]

同样的情况，在梅尼克眼中是希望，在雅斯贝尔斯眼中是痛苦，而在阿多诺看来则是幻觉。在战后德国文化与政治的发展趋势的问题上，三位观察家的判断大相径庭。阿多诺在加利福尼亚流亡期间，托马斯·曼曾在写作小说《浮士德博士》中与音乐相关的章节时请其相助。阿多诺将这个邀请视为自己的骄傲。阿多诺回到德国后，力图通过与雅斯贝尔斯保持距离来取悦备受景仰的托马斯·曼。在阿多诺看来，

1　卡尔·雅斯贝尔斯于1947年4月19日写给汉娜·阿伦特的信，载于《书信集，1926—1969》，第81页。

时下还是美国公民的托马斯·曼是公众的道德家——唯一可以用适当的方式面对德国人的罪行与耻辱的人。阿多诺断言，当德国新教牧师马丁·尼默勒——他曾被纳粹关押在集中营里——和卡尔·雅斯贝尔斯谈及德国罪行的问题时，他们的文章流露出来的只不过是无助与虚荣的混合感受罢了。[1]

这种诊断实在有失公允，社会学家阿多诺不应为此感到骄傲。他所坚持的观点没有把托马斯·曼、尼默勒和雅斯贝尔斯论及德国罪行和德国罪恶时所涉及的不同的社会历史背景考虑进去。阿多诺的言论不仅有失公正，而且有些多余、令人反感。这些言论所起的作用与作者的期望相反，它被德国的保守派所利用，对阿登纳共和政府的复辟倾向起到了推波助澜的作用。它所宣扬的精神阻止了"道德联盟"的早期进程，而"道德联盟"本来能够更加有力地对抗复辟倾向。[2]阿多诺不愿达成妥协，于是他在德国最需要表达对民主政治的强烈意愿之时，却表现出了对政治的漠然。

同时，阿多诺对尼默勒和雅斯贝尔斯的批评暴露出德国知识分子的分歧，他们在很长一段时间内，将在德国就文化与政治问题争论不休。阿多诺以流亡者的权威的姿态进行讲话，然而促使他对德国文化做出断言的流亡者权威却很快受到挑战。1950年，雅各·布克哈特的密友、批评家马克斯·里希纳对阿多诺关于德国文化复苏的文章提出异议，并为此在瑞士杂志《行动》上发表了一篇文章。在文章中，他对

1　特奥多尔·阿多诺于1949年12月28日写给托马斯·曼的信，载于《书信集，1943—1955》，第48页。很难理解为什么阿多诺会认为他的言论会取悦托马斯·曼。托马斯·曼曾在1941年写道，他读过尼默勒最后的布道，"有种感觉使他认为同情是一个很苍白的词"。托马斯·曼，《尼默勒》，载于《时代要求》，第276页。

2　雅斯贝尔斯在1947年3月19日写给汉娜·阿伦特的信中，谈及了他们之间的"道德联盟"，即由命运创造的团体。在英文的译文中，该词的情感重量被忽略了，仅仅被译成了相当平庸的"相似观念"。《书信集，1926—1969》，第75页。

瑞士读者介绍了阿多诺，说他主要是因为对托马斯·曼的小说《浮士德博士》中的音乐章节提供了帮助，才在某种程度上获得了昭著的名声。当然，这种说法并非不含恶意。

内心的流亡

当纳粹掌权后，流亡者发明了一句话——“德国的精神已经移居国外”，这句话成为他们寻求自我安慰的标志。里希纳说，这句话听上去的确有背井离乡的色彩，而且很容易记住——但这句话并不准确。阿多诺却相信这句话，他也因此成为移民宣传的猎物。当他再次回到德国时，发现一切都与他的期待大相径庭。文化依然活跃完好，而他的惊讶只不过暴露出他对纳粹德国所发生的一切知之甚少。尽管如此，里希纳依然认为，阿多诺的诚实是值得称赞的，因为他不但承认他的期待是错误的，而且后来修正了自己的观点。当德国在1933年脱离国际联盟时，马克斯·里希纳写了一篇相当感人的文章，他在文章中对德国的孤独表示了极大的哀伤。1945年后，他依然坚持说，尽管德国在纳粹的统治下处于孤立的状态，但它依然是艺术作品滋生发展的中心，而且这些艺术作品不能被纳粹用作文化宣传。只有那些不了解在纳粹政权统治的十二年间这个国家内部到底发生了什么的观察家，才会到现在还依然谈论德国的孤独与贫瘠。德国最近的文化发展状况急需那些来自德国内部的观点予以正名，只有这样才能对德国的政治前景做出更切合实际的预言。[1]

里希纳1950年对阿多诺的批评使人想起了第二次世界大战结束

1 里希纳，《德国文化的重生》。

后立刻爆发的“激烈辩论”[1]。瓦尔特·冯·莫洛是普鲁士艺术学会文学分会的负责人（1928—1939），他曾给托马斯·曼写过一封充满感情的信，信中他乞求曼回到德国，协助重建已经千疮百孔的祖国。托马斯·曼并没有立刻回信。在德国人都等待着托马斯·曼的回答时，作家弗兰克·蒂斯却发动了针对托马斯·曼回国意图的攻击。蒂斯不过是位平庸的作家，他一定是对托马斯·曼出版的关于德国历史的小说《浮士德博士》感到非常恼火。1946年，蒂斯发表了一篇名为《回归歌德》的文章，他在文章中指出，只有歌德的精神才是阻挡日耳曼民族自我毁灭的唯一力量。不仅是移居国外的人，而且那些“内心的流亡者”都受惠于此。“内心的流亡者”甚至比那些离开故土的移居者拥有更强烈的道德优越感：没有哪个时期、没有哪个地方会比德国在纳粹铁蹄下的十二年中，人们研读歌德作品的热情更深厚浓烈的了。

蒂斯于1945年在《慕尼黑日报》上发表了一篇名为《内心的流亡》的文章，文章颇有自我庆祝、自我恭喜之意。蒂斯在文章中声称，对于1933年移居国外者发明的那句话，事实证明是站不住脚的。他抨击托马斯·曼，因为托马斯·曼曾指责说，只有那些移居国外者才在远离纳粹的地方生活写作，才会畅所欲言，并因此承受痛苦。而那些依然留在德国国内的人，慑于纳粹绝对的势力，便写一些为纳粹政权正名的文章。第三帝国统治期间出版的书籍，都沾染着血污与耻辱。蒂斯不仅反驳说，德国艺术家和作家在纳粹的统治下过着苦难生活，他还伪称，在第三帝国统治期间，“内心流亡”的知识分子躲藏在知识的洞穴中，对德国精神的幸存做出的贡献远远超过那些流亡在国外的人。他们阻止了最恐怖的浩劫的发生——德国文化的终结。他们有意地禁绝任何政

1　格罗塞尔主编，《激烈辩论：一封来自德国的信件》。

治责任的姿态，实际上是充满勇气与抵抗精神的行为。与此同时，像托马斯·曼那样的移居国外的人，却过着舒适的生活，提一些根本无人需要的廉价建议。托马斯·曼与其同仁们根本不知道德国在这十二年中到底发生了什么。不只是托马斯·曼，而是所有的移居国外者都应回到德国，并且修正他们的观点，为重建祖国而努力。

当这些德国作家怨声载道地诉说他们的内心流亡有多么痛苦，并且指责托马斯·曼与德国的陌生和距离时，托马斯·曼正在考虑的却不是重新恢复德国公民的身份，而是重新成为"德国"作家。这是一个奇怪的巧合。托马斯·曼已经为他对共和理想、民主价值以及世界主义者的世界观的忠贞与坚持付出了失去国籍的代价。这位美国公民觉得自己应该为德意志的内省精神辩护，应该与西方世界的价值观保持距离，而且，如果有必要的话，他会批判西方国家的政策。

歌德曾经提议，应该让德国人在三十年之内禁用"灵魂"（Gemüt）一词[1]。1941年，托马斯·曼在禁用词索引中又添加了"深度"（Tiefe）一词。他写道，德国人需要的不是深度，而是"正派"（Anständigkeit）。只有正派的德国诗人和作家才重新拥有权力，为德意志的内省精神及"深度"辩护，抵制西方的理性主义思想。"这正是我从前做过的事情，必须承认，今天再次做同样的事情，我感到急不可待。"[2]1945年5月29日，他在美国国会图书馆作了题为"德国与德国人"的演讲，从中明显可以看出托马斯·曼非常急切地想在德国语言中重新引进"深度"一词。谈到浮士德，他说浮士德傲慢无比，因为他在"深度"上无人能敌。

---

1 "德国人在三十年内不应该使用'灵魂'一词，而三十年后'灵魂'会渐渐再次浮现；如今它只是表明了我们对自己以及其他人的弱点的宽恕。"歌德，《箴言与反思》，第40页。

2 托马斯·曼于1941年9月21日写给阿格尼丝·迈尔的信，载于《书信集，1937—1955》，第315页。

当有人问及是什么造就了他这种令非德国人感到如此陌生的观点时，他的回答充满了感情：深度"不过是德国灵魂中非常悦耳的词汇，我们将其称为内省性、主观性，它是深刻思索与人类能量中社会政治学因素的分离，也标志着前者对后者的完全而绝对的优势"[1]。在这些话中，是否能够听到与《一个非政治人物的反思》相呼应的思想呢？《浮士德博士》是一部由德国作家创作的关于德国作曲家的小说，作家在创作中又一次想起了他的德国特性。

因此，托马斯·曼对于"内心流亡"人士的攻击显得怒不可遏。蒂斯以及其他人的话听起来似乎让人觉得第三帝国是使文艺迅速发展的又一个奥古斯丁时代。在一封题为"我为什么不回国"的公开信中，托马斯·曼重申他之前说过的话，尤其重申了《听着，德国》中的言论。他"给德国人民的信息"被英国广播公司的德语分部用电波传送至每个角落。他的回应与其说是以移民者的身份，不如说是以美国公民的身份。他给瓦尔特·冯·莫洛写的信中，并没有透露他有回到德国的可能性——他几乎是强迫自己说，他仅仅是作为访问者去德国，而非作为德裔的作家回归故里。

有人还指责托马斯·曼缺乏谅解他人的胸怀。1944年他拒绝担任德国民主委员会的主席，这个委员会与在莫斯科创建的旨在为自由德国服务的共产主义国家委员会在同一年成立。哲学家保罗·蒂利希、历史学家赖因霍尔德·尼布尔、小说家亨利希·曼、剧作家及导演贝托尔特·布莱希特、哲学家恩斯特·布洛赫和导演马克斯·赖因哈特及其他知识分子起草了一份宣言，在宣言中他们力图说服罗斯福总统，德国必须被打败，但它也必须接受公正的和平，而不是被毁灭或者

1　托马斯·曼，《德国与德国人》，载于《托马斯·曼演讲录》，第5—6页。

被瓜分，德国理应尽快在欧洲国家体系中找到自己合适的位置。托马斯·曼没有在这个宣言上签字——特奥多尔·阿多诺和马克斯·霍克海默也没有签字。托马斯·曼憎恶他所谓的那些流亡国外的德国左翼知识分子的爱国情感。

流亡国外者与内心流亡者的相互攻击接踵而来。在德国，产生这种敌对状态的原因之一是对手们的态度极其相似——尽管他们的政治立场的确存在一些实质性差异。托马斯·曼和他的对手都不希望对纳粹为什么会在第一时间掌握政权、如何掌握政权做出政治解释。令双方迷惑不解的是文化问题。“内心流亡派”重申他们对文化领域健康状态的信念，正是这种健康状态使他们没有受到纳粹政权累累罪行的污染。托马斯·曼也对德国政治在文化领域内的失常表现做出了自己的解释：与新教传统一起出现并随着新教传统逐渐强化的内省性，以及艺术中理应存在甚至是不可或缺的非理性，决定了德国政治发展的路线。

在普林斯顿，托马斯·曼曾为了写作《绿蒂在魏玛》而中断其约瑟系列小说的写作——如果有哪部作品可以称为对德国文化的礼赞的话，那理所当然非此莫属。关于魏玛的小说被有意地写成了文化韵味浓厚、政治色彩淡漠的作品，有力地驳斥了近来在德国形成的批评风暴。《浮士德博士》的初衷是以小说的形式进行政治辩驳。在1944年写给蒂利希的一封信中，托马斯·曼说，他新创作的小说是他创作以来“在意识上、感情上有意为之的最具德国色彩”的作品，是“神学、音乐与天才的结合，显示出病态与反常的特点，它不断地提醒人们，‘德意志’一词与‘悲剧’和‘恶魔’的内在联系。”阿德里安·莱韦屈恩是小说的主人公，他出生在德国东部的图林根州，即路德的故乡。托马斯·曼笔下的莱韦屈恩的一生是20世纪上半叶德国历史的象征。在这个时期，德国“跌进了法西斯主义的深渊，热衷于自身的内省特性”。

然而，仅仅指出德国文化中的悲剧与恶魔特性不足以理解德国政治。与魔鬼的约定引发了德国浩劫，但这个约定不能解释德国浩劫的渊源，而只会导致对纳粹时期的迷惑。关于德意志民族的内省性，以及这种内省性悲剧性地演变为犯罪的故事，却奇怪地变成了一部无关政治的艺术杰作。

事实证明，《浮士德博士》不是使德国人认清自己以及德国近期历史的一面镜子。“德国的导师”一定感觉受到了深深的伤害，因为年轻的德国批评家宣称，他们认为《浮士德博士》中描绘的中世纪与纳粹时期的绘画一样令人不可思议、无法信服。托马斯·曼曾说小说的叙述者蔡特布洛姆是对自己的滑稽模仿，这番话被引用得极为广泛。托马斯·曼作为《布登勃洛克一家》和《魔山》的作者，在德国的年轻人眼中却成为与德国现实极为疏远的人，以至于年轻人不再把他看作师长。“托马斯·曼对我们来说永远不陌生，他与大多数人一样，代表着更加优秀的德国，而非现实的德国。我们之间曾开始形成一种共通的情感，而现在我们的失望情绪则更加强烈。的确有一个令托马斯·曼深爱的德国，也有一个曾令我们深爱且依然深爱的托马斯·曼。但我们深爱的那个托马斯·曼并不是《浮士德博士》的作者。”[1]托马斯·曼只在一个方面扩展了真正意义上的德国政治设想，这一设想比他的对手所提出的任何设想的影响都要深远：由于流亡经历的影响，一个超越国界的世界远景已经形成。一个统一的欧洲已经构思出炉，在统一的新欧洲中，德国将成为受欢迎的一员，并且找到自己的合法地位。

最终，流亡国外者与“内心流亡者”之间的激烈论争导致了道德

1　这是瓦尔特·伯利希强烈反对《浮士德博士》的文章中的最后几句话。见瓦尔特·伯利希的文章《托马斯·曼的浮士德博士》。

责任的模糊。双方都理所当然地认为，自己看待文化与政治相互影响的方式是正确的、富有远见的。事实上，双方都过于强调文化追求与文化成就的重要性，并且以损害政治分析为代价。真正有价值的分界线应该从其他方面寻找，曾流亡国外的亨利·帕赫特曾就此发表了令人信服的观点："第三帝国的经历使我变得更加宽容——或者说，不只是宽容。'30年代'的伟大发现就是分界线不是在左翼和右翼之间，而是在正派的人民与政治强盗之间、在宽容忍耐的人民与极权主义者之间。不是在那些留在国内的人（也许他们不得不介入第三帝国的日常生活）和不管因为何种原因移居国外的人之间，而是在那些喜欢第三帝国的统治气氛并从中渔利的人和那些不管是否居住在德国但内心却与纳粹势如水火的人之间。"[1]然而，德国人并没有吸取这个教训，至少铭记的时间并不长久。

戈特弗里德·贝恩是1933年后留在德国的极少数声名显赫的作家之一，他的诗歌及散文作品将德语的美丽及深刻发展到极致。1948年夏天，他在柏林给《水星》杂志的主编写了一封信——《水星》在战后德国成为首屈一指的知识分子园地。贝恩曾被怀疑是纳粹政权的忠实拥护者，因此曾上过盟军的黑名单。在信中，他对其所生活的时代所经历过的和将要经历的劫难做出了全面而彻底的阐释。"在我看来，西方注定要走向灭亡，不是因为极权主义制度，不是因为纳粹党卫军的罪行，甚至不是因为物质的贫困，不是因为哥特瓦尔德们和莫洛托夫们，而是因为知识界向政治观念卑鄙无耻的投降。曾导致希腊遭殃、造成巴尔干幻觉的'政治动物'，才是正在逼近的毁灭的根源所在。"[2]使自己

1 帕赫特，《流亡生涯》，第14页。

2 戈特弗里德·贝恩，《来自柏林的信件，1948年7月》，恩斯特·凯泽和安妮·威尔金斯译，载于贝恩，《散文、随笔及诗歌》，第80页。哥特瓦尔德于1946年成为捷克斯洛伐克总理。

远离窗外的真实世界一直是贝恩诗歌创作的先决条件："不管是战争还是和平，不管是在前线还是在后方，不论作为军官还是医生，不论与将军为朋还是与奸商为伍，不管是面临激烈的决胜局比赛还是身处囹圄的困顿，不管是在温暖的床头还是在阴森的棺木上，不管是胜利的喜悦还是衰枯的凄惨，都不会影响我的内心，我永远身处恍惚缥缈的朦胧之中，似乎现实的一切并不存在。"[1]对于这位诗人来说，社会生活与政治生活不过是虚拟现实中的一部分而已。

贝恩这位创作出精妙作品的大师，完全颠覆了德国知识界的传统问题。他对德国艺术家与知识分子远离公众事物的现实没有指责与哀叹，然而正是这种距离导致知识分子们轻易成为纳粹的猎物。他只是佯称，知识分子未能保持住漠视政治的姿态，因此促成了一场政治浩劫。贝恩对柏拉图的《理想国》推崇备至，称之为人类所构想出的最令人动容的景象。在《理想国》中，苏格拉底解释了为什么必须要把诗歌赶出理想国[2]。贝恩也同样希望诗歌与政治分离。不过，柏拉图驱逐诗歌的原因是诗歌既不关乎真理，也不关乎德性，贝恩却把事情颠倒过来，把柏拉图的禁令当成文化逃避主义的批准令。当贝恩听说海德格尔被准许重返讲台之后，第一堂课就以朗诵他的，即贝恩的五首诗歌作为开场白时，他感觉他在诗坛的威望和地位得以恢复。尽管很大程度上归功于愤世嫉俗和反讽，但他表现得却像个先知，声称他的观点比别人的更加高明——这使他的观点听起来像是立场模糊的知识分子们在魏玛共和国时期悄然孕育的雄心壮志的回声。

1　引自赖因哈特·保罗·贝克的"前言"，同上，第xix页。

2　这至少是贝恩的观点。艾伦·布卢姆坚持认为，按照他对《理想国》的阐释，苏格拉底并不希望将诗歌彻底赶出理想国，而是希望能对诗歌进行改造。见《柏拉图的理想国》，由艾伦·布卢姆翻译并加注，同时还附有一篇阐释性文章，第426—434页。也可参见施特劳斯，《城市与人》。

贝恩以尖刻的反讽为这封信收尾，当时恰逢西方各强国为了应对苏联的水陆封锁，开始为西柏林空运生活必需品以维持生命。信中这样写道："就这样告别吧，请接受我来自这个处在封锁中、无水无电的城市的某一角落的问候。这座城市挣扎在饥荒的边缘，它不但承受了德国在希腊铸成的大错的后果，也承受了随之发生的历史现实的后果。我坐在一个阴影婆娑的房间里。在这个房间，二十四小时内只能享受两个小时的光亮；因为一个意想不到的阴暗多雨的夏日剥夺了这座城市享受短暂快乐的最后机会，春天直接把萧瑟的秋天放置到这片废墟上。但是，我曾热爱这座城市的灿烂光明，现在我也能忍受它的痛苦忧伤，因为我属于这座城市，就是在这座城市，我目睹了第二、第三帝国，现在又出现了第四帝国。不管这座城市会发生什么，我都不会离它而去。事实上，人们现在就可以预见到它的未来：在平淡的环境、变换的步伐中，紧张情绪在逐渐加重；在清明的氛围中，冲突也在加深，某种暧昧气息突然出现，矛盾情绪由此产生，这种矛盾感受既像希腊神话中半人半马的怪物，又像是水陆两栖的动物。最后，让我们感谢克雷将军，我希望他的'空中霸王'能够把这封信送到你的手中。"

贝恩的这封信传承了他情感充盈、新颖独特的风格，展示了第二次世界大战刚刚结束后德国人的思想状态：缺乏责任感，同时又不愿表达悔意，只是无休无尽地自怨自怜，并且不愿意从过去的经历中吸取教训。如果要解释为什么在第二次世界大战刚刚结束后的几年中，德国的再教育注定会失败的话，那么这封信无疑提供了答案。然而，无论是对民主思想的公然蔑视，还是默然接受纳粹政权作为德国历史上的合法时期，都不是这封五味杂陈的信件所要传达的最重要的信息。当他在信中说"第二、第三帝国，现在又出现了第四帝国。不管这座城市会发生什么，我都不会离它而去"时，就清楚地表明，诗人不会移居国外——因为他感觉自己已经在流亡状态了。柏林这座被封锁的城市就暗示着流亡的状态；而贝恩——他于1937年被国家作家协会除名，他从未从事过反犹太人的活动，也从未想过参加纳粹党——相信自己的大部分生涯是在流亡中度过的，既是艺术流亡，也是政治流亡。

德国人与犹太人的流散

当战争结束时，德国的移民与流亡已经混淆在一起，成为难以区分的生存方式。[1]对于大多数德国知识分子——科学家、艺术家，还有作家——来说，将过去的道德选项混淆起来，成为掌握现在、规划未来的必要前提。这种混淆伴随着力图擦掉公众与私人生活圈子之间的界线的努力。不可否认的个人苦难，也被列入了摆脱集体责任的因素之中。贝恩在战后写道："说到我的家庭，我有三个兄弟在战斗中丧生，还有一个受过两次伤；剩下的一个的房子完全被炸毁，失去了一切。我最大的堂兄死在索姆河战役中，他唯一的儿子也死于最近的战争。我们家庭中的这一支无人幸存。我自己则以医生的身份参加了战争，时间分别是1914—1918年和1939—1944年。我的妻子在1945年的一次军事行动中不幸丧生。这个简洁的概述就是20世纪上半叶绝大多数德国家庭的普遍命运。"[2]在这个悲伤而真实的故事中，提及的只是个人的苦难，既没有对苦难原因的追问，也没有对责任的探寻。它与梅尼克的《德国的浩劫》中的思想显而易见地相似。的确，正如莱昂内尔·戈斯曼所写的，"很难避免这种感觉……那就是如果德国赢得了战争，就根本不会

1 这里自然影射的是克利福德·格尔茨的文章《模糊的类型：社会思想重新定形》，载于《美国学者》49（1980），第165—179页。

2 引自E.B.阿什顿所写的"前言"，载于贝恩，《散文、随笔及诗歌》，第xiii页。

有什么'浩劫'"。贝恩像梅尼克及其他许多人一样,"对迫害犹太人的事件和大屠杀的事实令人失望地保持沉默"[1]。

战后德国的历史转折点不是在1945年第二次世界大战结束的时候,而是在1948年进行货币改革的时候。促使社会发生改变并最终旧貌换新颜的不是罪孽深重的良心,而是新的货币政策。而不论是1945年还是1933年,都不是激变的标志——至少对于大部分知识分子和文化精英来说是这样。当整个知识界对纳粹夺取政权表示出同情之感时,人们一定不会把这种态度视为知识分子性情的转变,而是视为一种延伸——知识分子在对待反民主观念的义愤态度方面表现出相似的性格,然而每个人之间却表现各异,比如哲学家马丁·海德格尔、法学家卡尔·施米特、诗人戈特弗里德·贝恩和文学名人、无政府主义者恩斯特·荣格之间便性情迥异。如果能够把1933年视为德国历史上的一次转折点的话,那么它便是回归了在签属《凡尔赛条约》之前没有失去自尊的德国。根据这个观点,1933年不是激变的一年,它标志着德国历史使命的达成。正如戈特弗里德·贝恩所说,由纳粹建立的新国家有值得称道之处,因为它承诺给予文化应有的地位:普鲁士时期曾努力克服的政治与文化的分裂问题终于见到了曙光。在纳粹的统治下,文化国家会在"表现主义政治"的保护伞下得以再生。

在西德,文化不仅仅在战争中幸存下来,而且在德国战败并宣布投降后,得到了很好的滋养与发展。政治似乎永远使人蒙羞,要重新武装这个国家也是无法想象的,只有文化——不仅仅因为"内心流亡派"中的大多数人将文化作为避风的港湾——有着真实合理的过去,同时使

1 莱昂内尔·戈斯曼,《布克哈特与兰克:巴塞尔和柏林》,载于《布克哈特时代的巴塞尔》,第450页。也可参见吉尔伯特,《政治还是文化?》。

未来充满希望。同时，德国文化的形成深受移民生活、流亡生涯及再次回到国内的经历的影响。人们很难对纯粹的德国思想和学术传统加以界定；总体上，德国文化体现了国内与国外思想的交融，尤其以英美两国的影响更为显著。联邦共和国对西方在政治与军事上的忠诚态度由于其文化上的西化而得到进一步加强。1964年，当德国社会学家们就经济学家马克斯·韦伯曾在世纪之交写过的一些引人注目的文章进行探讨时，他们邀请前来座谈的学者包括移居海外的哲学家赫伯特·马尔库塞——他当时在加利福尼亚任教、曾在柏林学习的法国政治科学家雷蒙·阿隆、曾在海德堡学习的美国社会学家塔尔科特·帕森斯。几乎很难相信，在法国像涂尔干这样的作家只有具备了国外游学的经历之后才能成为法国大师。从德国源起的思想和意识形态、研究方法和优秀人才，并不单纯在流亡中贮藏起来，而是在重回西德之前，他们通过积极地适应环境，在另一种文化中幸存下来。

在西德，去纳粹化触礁了，从前的精英们非常迅速地重新活动起来。移居国外者与第三帝国的同情者之间、纳粹政权的反对者与合作者之间、被驱赶出自己祖国的犹太人与对他们的逃亡负有责任的反犹主义者之间的对抗，导致了充满挑衅意味和创新精神的艺术作品与学术著作的问世。西德的文化不管是在艺术方面还是在科学方面都硕果累累，其原因便是道德的失败向智性优势的转变。时至今日，德国的编史工作都引人入胜，很重要的原因是德国历史学家们依然为他们的专业遗产争吵不休、互不相让，同时又为在第三帝国时期，那些在道德上懦弱胆怯、在智力上却虚张声势的大师的表现感到不安与困扰。在哲学界，由海德格尔、雅斯贝尔斯、卡尔·勒维特和汉娜·阿伦特造成的智性紧张令人生畏。在社会学方面，一方面是法兰克福学派与流亡者卡尔·波普之间的对抗，另一方面是该学派与曾为纳粹党成员的阿诺德·格伦和赫尔穆特·舍尔斯基之间的对抗，这两种对抗形成了学科发展的方向。令人惊奇的是，在特奥多尔·阿多诺与阿诺德·格伦的私人书信往来中，二人的观点在极大程度上完全一致。当文化与哲学问题面临危险时，政治分歧便随之化解了。[1]

阿多诺回到法兰克福后，越发坚信德国永远不可能再次登上世界政治舞台。德国只能作为东方与西方政治列强的双重附属物得以幸存。任何梦想德国政治复苏的人都会在幻觉中迷失自己。阿多诺在一篇文章中表达了这个观点，他同时还对德国文化的复苏表达了惊羡之情。阿多诺的学生们将这种复苏人格化——他的学生们的生活状态虽然阴郁痛苦，却坚持将全部时间用于实质上未受舶来思想影响的问题的研究。他们物质匮乏，非常饥饿，但他们对文化的饥渴更为强烈。一个理论是否正确并不重要，对他们来说最重要的是为文本的不同解读方式进行争论。[2]阿多诺把他在法兰克福的研讨课的气氛与犹太法典学校的氛围相提并论。

这种论断至少显得有些暧昧不明。一方面，它可以被解读为在两种截然不同的知识氛围之间架起桥梁、消除隔阂的反讽性尝试。另一方面，它也可以被理解为对德国文化与犹太文化之间姻亲关系的暗示。这种关系尽管非常隐蔽，却是19世纪争论的话题。阿多诺的话与三十年前维克托·克伦佩勒参观犹太法典学校时的反应形成鲜明对比。维

1 由于版权的限制，阿多诺与格伦之间的书信还不被允许出版和引用。这里，我要特别感谢格伦的女儿，经她的许可，我得以复印这两位令人惊叹的通信人之间在1962年的一封书信，并对此信加以评论。《阿诺德·格伦和特奥多尔·W. 阿多诺》，载于《南德意志报》86(2003)：19。

2 汉娜·阿伦特也做过类似的观察，并不仅仅关于学生，而是关于德国的整体态度："从已完成的作品中寻找卓越之处的古老美德，如今已经让步于使自己忙乱投入的盲目需求中。不管工作环境多么艰难，人们都贪婪地寻求做些什么，使一天中的时刻都被事务填满。"阿伦特，《纳粹统治的后果》，第345页。

克托·克伦佩勒是名德国籍犹太人，他后来因为在纳粹统治期间以极大的勇气坚持写日记而著称。1918年，克伦佩勒在威尔纳的德国军事部门任监察官，其间他接受邀请前往一所犹太法典学校参观。他的反应颇似歌德在其自传《诗与真》中对法兰克福犹太人聚居区的描述，充满厌恶之辞。克伦佩勒对其看到的一切感到厌恶："我不属于他们，尽管我的亲生父亲很可能曾是这里的学生。我属于欧洲，属于德国，我什么都不是，只是一个德国人，感谢造物主使我成为德国人。不论是日内瓦还是巴黎的求学生涯，抑或是我在布拉格、在科夫诺那些拥护犹太人复国的同学们，甚至是威尔纳的犹太人区，都未能使我像在犹太法典学校的半个小时之内这样，如此强烈地感受到我是一名德国人。"[1]

阿多诺的观察结论隶属于指出日耳曼与犹太之间相似性的传统，早在19世纪，民族志学者博古米尔·戈尔茨便首先开创了这种研究。戈尔茨曾经宣称，日耳曼人在很大程度上由于对知识的热爱，使他们"拥有犹太人的独创精神和善于归类总结的优势，还拥有犹太人的坚忍不拔、不可摧毁的特性，以及犹太人的妒嫉感与对私下争论的敏感性"[2]。然而，阿多诺走得更远。他在给托马斯·曼的信中说，谈及他在法兰克福研讨课上遇到的那些热情难抑的学生，他似乎感到，被谋杀的犹太人的精神潜入了日耳曼精神之中。[3]我们完全可以把阿多诺的话视为传统的一部分，即通过将犹太人和德国人进行比较，强化了这样一种想法——流散的思想是对毫无根据、逆势而行的民族主义的补偿。对于这种观点，赫尔曼·科恩于1915年，即第一次世界大战期间发表

1　克伦佩勒，《履历》，第2卷，第687页。

2　戈尔茨，《德国人》，第4、7页。我引用的是哈罗德·詹姆斯的英文译本，《德国的特性，1770—1990》，第14页。

3　特奥多尔·阿多诺于1949年12月28日写给托马斯·曼的信，见《书信集，1943—1955》，第46页。

的题为《德意志文化与犹太文化》的文章也许是最引人注目、影响最为深远的典型。在科恩看来，"大流散的忧伤"颇有乔治·斯坦纳所谓的"比启蒙主义更加古老、更加持久的普世性人文主义"的遗风。民族主义则是与这种信念背道而驰的……科恩感到，"正是德意志的理想主义传统和德国在欧洲的知识界与高等教育界首屈一指的地位，为犹太教在非犹太教地区，甚至在民族主义环境中，提供了良好发展及迅速扩散的土壤"[1]。弗里茨·施特恩则将文化宗教的重要性提到了更高程度，认为它是解释为什么在历史上德国一直令犹太知识分子心驰神往的主要原因。这种描述在更加世俗的层面表明施特恩承袭了同样的传统。阿多诺言之凿凿地告诉托马斯·曼——同时为了坚定自己的信念——犹太精神与德国思想的融合只会持续下去，因为政治永远不可能再次成为德国的主宰。德国人深知，通往政治舞台的道路已经关闭，他们退而求其次，致力于保持文化国家的优势。一个被武力剥夺了民族主义野心的分裂的德国，最后终于与犹太人大流散的悲伤情绪融在一起。

托马斯·曼的回信写于1950年1月9日——信的内容十分琐碎，长篇大论地谈及了关于自己的鼻子及咽喉疾病的各种各样的治疗问题，谈及了他仍然被视为第三帝国同情者的事实，还对他刚刚上交的赋税怨声连连，接着又对阿诺德·勋伯格进行了嘲讽——勋伯格对托马斯·曼使用了自己的音乐思想一事一直怒气冲冲。显然，托马斯·曼忘记了，在战后阿多诺关于德国—犹太之间姻亲关系的言论与其早期观点是多么相似——或者他是抑制了自己的记忆。1934年7月，埃丽卡·曼到屈斯纳赫特看望她的父亲及她的兄弟戈洛。这一家人对纳

1 斯坦纳，《天国的阴影》，第3页。斯坦纳的这篇文章是对皮埃尔·布雷的著作《未来的目击者：哲学与救世宗教》（巴黎：加利玛尔出版社，2004年）的评论。

粹政权倒台后德国人的命运进行了深入探讨。托马斯·曼问自己，遭受失败、受尽屈辱的德国人如何作为二等公民生存，“也许历史真的想让他们体验犹太人的经历，甚至连歌德都曾认为德意志人受益于这个民族：有一天也分散到世界各地，之后带着智性的骄傲，以自嘲的方式看待自己的生存方式”[1]。在同一个月，他又在与老友恩斯特·贝尔特拉姆道别时表达了这一观点，而贝尔特拉姆是第三帝国的拥护者。托马斯·曼告诉他，他恳求全世界以宽容的精神将德国人民从政治信念中彻底解放出来。对于德国即将到来的命运，托马斯·曼期望德国人能够分散到世界各地，“像犹太人一样，因为共同的悲剧将他们紧紧结合在一起”[2]。

托马斯·曼希望德国摆脱掉其民族野心的看法，不论在纳粹统治期间，还是在第二次世界大战刚刚结束的日子里，都没有什么令人惊奇之处。真正令人惊异的地方是，他早在1918年就曾发表过相同的观点，那时他还深受德国民族保守派的喜爱。在《一个非政治人物的反思》中，托马斯·曼竟然让自己引用了很长——如果不是最长的话——一段话作为对博古米尔·戈尔茨的赞颂：“博古米尔·戈尔茨是个奇怪的人……他是这个时代的幽默大师、哲学家和批评家，同时还是思想深刻的作家，写了很多关于德国与德国人性格的作品。”戈尔茨的作品写于1860年左右，那时俾斯麦正操纵着德国朝帝国的道路发展。戈尔茨坚持认为：“**日耳曼民族不会拥有其他民族可能拥有的性格**，因为通过良好的文学影响与明智的教育传统，德国性格已经集之大成，结之高贵，成为一个世界之邦，被整个人类视为智者良师。的确，我们是，我们

1 托马斯·曼于1934年7月29日的日记，载于《日记，1933—1934》，第486页。
2 《托马斯·曼与恩斯特·贝尔特拉姆通信集》，第185页。很有可能，阿多诺不知道这封信的存在。

曾经是，我们依然是欧洲乃至全世界的师长、哲学家、理论家、宗教教育家。这是我们的天赋所在，是我们理想中的民族大统、民族骄傲和民族使命，**我们决不用之与英法两国称为民族的事物（或者只是幻象而已）相交换。**"[1]德国是世界上第一个，也是最重要的文化之邦，因此对国家的政治地位根本不必有过高期待。很难说这种论调是否表明战败的德国在维持民族声望方面困难重重已是越来越明显的事实。当然，托马斯·曼引用这番话是出于酸葡萄的心理。由于即将降临在德国军队上的失败，托马斯·曼的论辩必然不会流露出顺从的口气，而是更加大胆自信、充满傲气。这也是他在引述中对博古米尔·戈尔茨关于德意志与犹太人相似的民族特性的言论只字未提的原因。在1918年，人们不可能将德国对民族地位的有意忽视与犹太人注定要四处流散的命运相提并论。

然而，在第三帝国时期及第二次世界大战结束后，这种联系却几乎成为移居者托马斯·曼的口头禅。这种言论中没有任何亲犹的意思——其意恰恰相反。托马斯·曼进而尖刻地挖苦道，这种因共同命运而相联的关系既不会取悦德国人，也不会取悦犹太人。在1934年7月15日的日记中，托马斯·曼对德国犹太人和纳粹德国之间令人震惊的友好状态表示怀疑。他问自己，犹太人曾经通过支持反自由主义的事业帮助纳粹夺取政权，之后却被这个政权剥夺了权力，难道这不是个悖论吗？假如他们真的得到许可的话，他们不仅会像卡尔·沃尔夫斯凯尔那样，成为诗人施特凡·格奥尔格圈子的成员，并且能够兴高采烈地接受纳粹统治下的生活。托马斯·曼写道，在他们的灵魂深处，犹太人也许对他们在德国仅仅作为忍受一切的客居者的身份珍视有加——

1 托马斯·曼，《一个非政治人物的反思》，第175—176页。着重为托马斯·曼所加。

尽管他们在德国只有付税的义务，却无参加任何公共事务的权力。托马斯·曼甚至提出这样的质问，纳粹为什么要杀害像特奥多尔·莱辛那样“令人作呕”的、称自己为社会主义者的作家。托马斯·曼认为，事实上，莱辛与那些杀害他的人在思维方式上是共通的。[1]

因为托马斯·曼与多萝西·汤普森私交甚厚，因此他也许知道，后来甚至首肯了她做出的论断，即对于纳粹首领来说，“德意志精神与犹太复国主义颇有相似之处。希特勒出生在哈布斯堡统治下的奥地利，并对其厌恶之至。他渴望的目光穿越国界，凝望着德意志这片希望之乡。纳粹党副党魁赫斯出生在开罗，纳粹农业政策宣传家达雷出生在阿根廷，纳粹另一位著名人物罗森贝格出生在爱沙尼亚，负责‘外籍德侨事务’的恩斯特·博勒则出生在英格兰。我敢肯定，这些事实背后一定隐含着深刻的意义。因为对于这些人来说，德国不是一片地域，一个已经存在的有组织的社会，而是一种理念”[2]。在这个方面，针对犹太人成功地在以色列建立了国家的方式所持的批评态度，几乎不可避免地与德国原型产生联系。1948年10月31日，汉娜·阿伦特在写给卡尔·雅斯贝尔斯的信中说：“先生（指她的丈夫海因里希·布吕歇尔）非常失望地说，‘如果犹太人坚持成为像其他所有民族一样的民族，上帝啊，他们为什么不坚持成为像德意志人这样的呢？’是啊，这句话的确有道理。”[3]1952年9月7日，阿伦特引用了她的朋友库尔特·布卢门菲尔德的话，因为他曾说过他“受歌德的魅力吸引，他是犹太复国运动

1　托马斯·曼，《日记，1933—1934》，第473—474页。特奥多尔·莱辛在纳粹掌权一个月后离开德国，移居到捷克斯洛伐克。他于1933年8月30日被纳粹死亡纵队在玛里恩浴场杀害。莱辛在德国时就敢于指责纳粹的罪行，他在写给《布拉格日报》的文章中延续了其反纳粹的思辨主题。

2　汤普森，《欧洲的问题儿童》，第399页。

3　汉娜·阿伦特于1948年10月31日写给卡尔·雅斯贝尔斯的信，见《书信集，1926—1969》，第118页。

的支持者”，而犹太复国运动则是“德国送给犹太人的礼物”[1]。

托马斯·曼关于德意志与犹太人亲善的言论中，歌德是被提及的核心人物。1936年，在阐释歌德的思想时，托马斯·曼竟然认为，德国人长期以来反犹太人的原因之一是德国人与犹太人的相似之处太深、太重了。[2]在十一年后，在美国国会图书馆作题为“德国与德国人”的演讲时，他甚至一字不差地重复了这句话。那一年正是1945年，即纳粹德国宣告失败的一年。托马斯·曼提醒美国听众，歌德曾希望德国人流散而居，他承认他内心深处对这种观点深表赞同。“他（歌德）说，‘像犹太人一样，德国人必须进行迁移，散居到世界各个角落！’他补充说，‘这是为了充分发扬他们心中的善，并最终使这个民族受益。’”歌德曾对一些人说起过这个言论，其中包括威廉·冯·洪堡[3]。歌德称，这样，德意志人使自己像犹太人一样，随处都会受到镇压和驱逐，但是也会像犹太人一样“坚不可摧”。德国人只有在失去祖国后才能紧密团结。像犹太人一样，他们不会被消灭，因为他们都是强大的个体。[4]

在一首著名的讽刺短诗中，歌德和席勒告诫他们的同胞，不要尝试不可实现之事：“想学习塑造一个民族，德意志人啊，你的希望却落空／转回身，学做更加自由的人吧，你定会成功。”为了证明第二次世界

1 汉娜·阿伦特于1952年9月7日写给卡尔·雅斯贝尔斯的信，见《书信集，1926—1969》，第198页。

2 托马斯·曼，《为什么犹太民族不需要绝望》（1936），载于《致文明世界》，第852页。这部书包含着题为《犹太问题》的重要内容，第829—891页。

3 托马斯·曼，《德国与德国人》，第19页。这是歌德于1808年12月14日对宰相米勒所说的话，见《歌德谈话录》，第2卷，第293页。歌德对威廉·冯·洪堡的话被洪堡于1808年写给妻子的信中引用，出处同上，第383页。

4 歌德曾于1807年6月1日在克里斯蒂娜·冯·赖因哈德面前谈起过。见《歌德谈话录》，第2卷，第299页：“正如犹太人一样，德国人也会到处受到压迫，但绝不会灭亡，他们在失去祖国之后，才会真正地团结在一起。”歌德在1808年3月15日写给里默尔的信中说：“德国人不会灭亡，正如犹太人一样，因为他们都是强大的个体。”出处同上，第293页。

大战后将德国分割为几个部分是合理的，亨利・摩根索引用了歌德的话："我经常对德国人的思想感觉到巨大的痛苦，这种思想成就了个人价值，却使整个民族苦不堪言。"[1]歌德期待着德国文化与全世界整个文明社会一起，从德国人的大流散中收益良多，成功的德意志国家建构却不会带来同样的益处，而在歌德的时代，这种成功的建构从根本上讲，可能性非常渺小。第二次世界大战后，德国政治强国的身份立刻消失，"大流散"的确是德意志人的一个选择，也许是迫不得已的选择。早在1934年7月，托马斯・曼就曾问自己，纳粹时代的必然结果就是德国的"去政治化"，而这种"去政治化"是否可以被看作德国灵魂的解放。在充满忧伤而自相矛盾的时刻，德意志人和犹太人，谋杀者及其受害者，比从前任何时候都更加相似了。[2]这种相似很大程度是在于双方——最卓越的文化国家的成员和"书中的民族"——都对文化给予宗教般的虔敬，并且从文化中找到了慰藉。

第二次世界大战后，德国文化得到重生。像特奥多尔・阿多诺这样的犹太移民可以想象，德意志会为自己的文化复苏付出代价：政治权威的丧失。终于可以重新创作诗歌了——要知道，阿多诺对这方面的要求极为严苛。然而，这个民族的政治一统却似乎永远成为过去。

1　摩根索，《德国是我们的问题》，第104页。

2　安德烈・普莱舒非常热心地阅读了本章，并提醒我犹太人与德意志人拥有同一个天使长：米迦勒。

七

典型的德国人：浮士德与墨菲斯托

民意调查中的歌德

1949年，即联邦共和国成立的那一年，德国阿伦斯巴赫研究中心，相当于美国的盖洛普民意调查中心，对德国人展开了调查，期望了解他们对歌德的认识以及歌德与他们的关系问题。该调查受到一家大型公共电视台（ZDF）的慷慨资助。1999年，即在隆重热烈地庆祝歌德诞辰二百五十周年的时候，有关歌德的民意调查再次展开。[1]国外对这些测验的报道相当滑稽，而在国内，不论是过去还是现在，人们的态度都相当严肃。在1949年进行的另外一项民意调查中，德国人被问及他们是否在1945年之后有过“重要的精神体验”。结果却很令人失望，因为只有46%的人回答“有”——这个结果让民意调查的组织者感觉很沮丧，好在有位出版商声称，他每天都有重要的精神体验，这个回答也许给予了组织者些许安慰。不过，他又恶作剧般地补充说：“这真是个愚蠢至

1 《民意测验与文化史》（阿伦斯巴赫：民意测验研究中心，1999年）。

极的问题。也许我能大胆地说，1945年以来没有任何重要的精神体验的德国人，或许都自行了断了。”

关于歌德的两次民意调查使人们可以把1949年德国人的回答与五十年后的回答进行比较，同时对统一十年后的东部德国和西部德国进行比较。1949年被问及是否认为歌德是典型的德国人时，一半的西部人回答“是的”。然而在1999年，只有31%的西部人将歌德视为典型的德国人，但有50%的东部人这么认为。1949年，40%的德国人能够背诵歌德的一首诗歌，五十年后，只有10%的人能够背诵。而东部人的表现又一次大大超过了西部：25%的东部人熟悉歌德的诗歌。东西部的差异最令人惊异的是，当被问及是否阅读过歌德的《浮士德》时，19%的西部人回答读过，而东部在人数上远远超过西部——50%的东部人读过。似乎东部人感觉比西部人对歌德及歌德的精神遗产更为熟悉。德国新闻界发现有个事实非常值得深入思考，那就是：在1949年，大多数德国人认为浮士德是歌德戏剧中最重要的人物，而五十年后，墨菲斯托则悄然占据了第一的位置——当然仅仅是在西部。在东部，浮士德依然占据领先地位。民意调查的组织者把这个区别归因于墨菲斯托代表着对奢华生活毫不掩饰的渴求——这种渴求对西部人颇具吸引力，因为西部人已经创造了经济奇迹，目前追求幸福、追求享受是他们首选的生活态度。不过，组织者们坚信，东西部的分歧不会长久。几年之后，东部人也会臣服于享乐主义，而墨菲斯托会在整个德国占据绝对优势。

可以想象，对墨菲斯托在西部的胜利还有一种更肤浅的解释。1957年，著名导演古斯塔夫·格林德根斯在汉堡的德国剧院导演过戏剧《浮士德·第一部》，三年后，这个戏剧被改编为电影，并且在联邦德国取得了巨大的成功。不管在舞台上还是电影里，格林德根斯都不仅做导演，而且还扮演了墨菲斯托。他的演出比浮士德的扮演者威尔·克瓦德弗利格出色得多，因为浮士德只是个单纯的好人。因此，当有人问这一代德国人，他们最喜欢歌德的《浮士德》中哪个人物时，由于他们看过戏剧和（或）电影，因此在投票时毫无疑问会选择令他们印象深刻的演员。而且，这种凡俗的解释背后蕴含着深刻的政治象征：格林德根斯在纳粹统治期间事业极其辉煌，在联邦德国统治的前几十年中，他的事业依然未受任何阻碍地顺畅发展。早在1936年，克劳斯·曼就发表了《墨菲斯托》——"一部关于发迹的小说"，这部小说可以说是对格林德根斯不加掩盖地描述。格林德根斯曾经娶克劳斯·曼的姐姐埃丽卡·曼为妻。《墨菲斯托》也是反驳那些法西斯同情者之言论的早期努力，那些法西斯同情者们把自己伪装成"内心流亡派"，声称他们在第三帝国期间保护了德国的优秀文化。因此，只有克劳斯·曼的父亲托马斯·曼——德国流亡者的重要代表——是唯一适合将其1947年出版的德语小说命名为《浮士德博士》的人。[1]

歌德的民意调查中最吸引人的地方不是其得到的回答，而是调查者和公众都把这些调查看得相当重要。很难想象英国广播公司会就莎士比亚去做同样的调查，或者在佛朗哥死后，西班牙电视台会通过询问公众是喜欢桑丘还是堂吉诃德来检验国家的新民主体系是否得到接纳。然而在德国，人们对歌德的印象却成为国家政体的一张试纸。有两个结果尤其值得信赖。首先，歌德的受欢迎程度并没有在1949年后遭遇大幅下降。第二，歌德在东部比在西部更受欢迎。这些结果表明，文化国家依然存在，并且存在得很好。这些结果还意味着，德国在1990

1 托马斯·曼在创作《浮士德博士》的时候不可能知道，在奥斯维辛集中营内，最残忍的医生之一名叫浮士德博士。

年的统一在保护财产的努力方面创造了优势，而非阻碍——而文化是德国人必须善加保护的既要留给自己，也要呈献给世界的精华。两次民意调查也展现了一些令人警醒的结果，比如，为什么在自认为是温和的左派分子中，只有27%的人认为歌德是典型的德国人，而在右翼分子中的比例则高达48%？这个问题依然没有答案，原因是根本没有人问过这个问题。

两次关于歌德的民意调查都不能得出这样的结论：把19世纪和20世纪的德国历史的特点归纳为歌德崇拜。歌德不会一直受到崇敬，当然更不会长期受到每一位德国人的敬仰。然而，在这个时期的几乎任何一个时刻，不管是在东部德国还是西部德国，公众对歌德的看法都被用来探讨对某种特定的政治前景是接纳还是反对的基础。[1]歌德为什么具有如此的魅力？正如托马斯·曼在文章中充满钦羡地说的，歌德既是位普通市民，也是位著名文人，但他不论在社会生活中还是知识领域内，都表现得游刃有余。“歌德对于毫无政治目的、在智力上独显优长的德意志人民的认识集中在人性价值方面，并认为这种价值吸取了其他各民族的精华，同时成为其他各民族的圭臬。在激烈的过度补偿时期与民族的自我修正时期，这种价值是否也会一直拥有深刻的合理性？”[2]这本是一个修辞性问句，在歌德逝世一百周年后，即1932年提出这个问题，意味着肯定的回答。

1849年，人们为歌德的百年诞辰进行庆祝的时候，他却似乎被德

1　在这一章的写作过程中，我对以下出版物表示由衷的谢意：《乌布利希时代的魏玛经典》，洛特·埃尔利希、贡特尔·马伊主编（魏玛：伯劳出版社，2001）；《第三魏玛：国家社会主义时期的经典与文化》，洛特·埃尔利希、于尔根·约翰、尤斯图斯·H. 乌布利希主编（科隆：伯劳出版社，1999）；以及卡尔·罗伯特·曼德尔科夫，《歌德在德国：经典文学接受史》，共2卷（慕尼黑：贝克出版社，1980—1989）。

2　托马斯·曼，《歌德的文学生涯》，载于《随笔集》，第71页。

国人遗忘了。1848年革命失败后，席勒变得更加受人欢迎，1859年席勒的百年诞辰庆典的热烈程度就证明了这一点——德国以极高的爱国热情举国欢庆。两年前，歌德和席勒的纪念碑在魏玛落成，不过只是在1870—1871年德国在普法战争取得胜利后，那里才成为举行国家性崇拜仪式的地方。德国的政治地形因此有了两个中心：柏林和魏玛。它们象征着在1871年俾斯麦在凡尔赛宣布德意志帝国终于建立起来后，德国人欲将政治与文化融合的努力。歌德没有逃掉在这之后德国政治的民族主义与沙文主义转向，原因是一种狭隘的爱国主义被施加于他，这与伟大的世界主义者大相径庭，而正是世界主义者提出了“世界文学”的思想。正因如此，尼采恰如其分地宣称，虽然有人称歌德的一生“不仅是好人与伟人的一生，也是一种**文化**”，其实那却只是德国历史上一场毫无结果的插曲而已。席勒以及——尽管程度更弱一些——莱辛都属于德国政治界，而歌德却不属于它。尼采说，歌德并不是民族文学的代表人物，“与他有关系的**民族**，既不是当前活生生的民族，也不是小说中的民族，更不是远古时代的民族。只有少数人认为他曾经存在，而且依然活在大家中间；对于大多数人来说，他只不过是时而穿越德意志边界的虚浮的号角而已”[1]。

这个论断却没有阻止政治领域内左右两派持续不断的误解。在德意志的帝国时代，歌德对政治王国普遍的怀疑被误认为是对某个特定政党的抵制——好像在歌德的时期已经有政党似的，德国皇帝听到这些，肯定会非常恼怒。对议会民主的不信任曾导致了魏玛共和国的衰落，后来经过对歌德的歪曲描述，这种不信任又进一步得到加强。另一

1 尼采，《人性的，太人性的》，第2卷，第2部分。(《漫游者及其身影》，No.125：《“德国经典”真的存在吗？》)，第340页。着重为尼采所加。

方面，曾于1919年2月6日在魏玛为共和国召开国民大会的弗里德里希·艾伯特，如果不提及歌德的作品就不可能使大会顺利召开，因为歌德是著名的《浮士德》和《威廉·迈斯特的漫游年代》的作者。由于艾伯特对"歌德的价值"认识得过于肤浅，使出身平民的他受到左派和右派的一致讥讽，而这位共和国的首任总统却没有其他选择。当他激励德国人民从帝国主义观念转向理想主义、从对世界强权的渴望转向对伟大精神的追求时，他必须借助于歌德。"魏玛精神"是一项崇高而有用的发明：它能使任何事情合法化。

1932年，当托马斯·曼到魏玛为纪念歌德逝世一百周年发表演说时，他对一路上遇到的歌德崇拜和"希特勒主义"并存的现象感到震惊。他毫不掩饰自己的愤怒，这一点令人钦佩，而他的反应则是对即将发生的事情的准确预示——这与同年恩斯特·罗伯特·库尔提乌斯不清不楚的抱怨形成鲜明的对比。恩斯特·罗伯特·库尔提乌斯抱怨说，德国处在危险之中，因为这个国家目前处于远离歌德的星球上。这个预言是没有任何危险的，而托马斯·曼借歌德之名所表示的对"希特勒主义"的公然蔑视却需要极大的勇气，尽管那个时候纳粹还未掌握政权。

1933年3月21日是著名的"波茨坦日"，戈培尔是活动的筹划者。新"帝国"宣布成立之时，也就是魏玛共和国的终结之日。德国国会大厦在1871年就曾目睹过这样的场景。希特勒与保罗·冯·兴登堡总统在新国会开幕典礼上的握手清楚地表明，希特勒已经为纳粹赢得了保守派的支持。歌德于1832年3月22日逝世。精明的戈培尔没有选择这一天举行庆典，表明纪念歌德不会成为纳粹领导层谈论的核心话题。有人认为，在纳粹统治期间对歌德著作的大量阅读，证明在德国人的内心深处一直抵制着极权统治的诱惑。而针对"内心流亡派"的合法性问题与托马斯·曼激烈对抗的弗兰克·蒂斯后来声称，这种观点是非常肤浅的，阅读歌德的作品不能证明任何问题。[1]同样，施特凡·格奥尔格的读者和追随者，有的在纳粹集中营内是刽子手，有的则是受害者。不管是纳粹的领导层还是纳粹政权的反对者，也都利用歌德来证明自己。例如，鲁道夫·赫斯曾以歌德的名义宣称，德国的古典主义再度崛起了。纳粹的文化原则是对罗马帝国与希腊经典的丰厚遗产更加欣赏，对日耳曼的意识形态和德意志的神话则不那么热衷。从表面上看，人们也许真的能在歌德的世界主义思想与这种文化原则之间挖掘出某种姻亲关系。然而，世界主义在本质上是与纳粹的思想基础截然不同的。纳粹思想的核心从根本上说是激进的、强烈的统治世界的渴望，而非欣赏世界、赞美世界。

德国经典在抵抗组织中也起到了精神指引的作用，在这些组织中，知识分子的同情心没有必要像德国历史上多次发生的事件一样，变成一种偶像崇拜。比如说“白玫瑰”抵抗组织的建立者汉斯·朔尔与他的妹妹索菲·朔尔，就曾公开表达对歌德的质疑——这个组织的成员在1943年2月被纳粹杀害。汉斯很难将歌德视为精神上的领路人。在他写的一本小册子中，汉斯·朔尔号召德国人民起来反抗，同时呼吁欧洲精神的再度觉醒。不过，在纳粹的独裁统治中展开的对新型的民主欧洲的设想，最终能够想象出的世界却与世界主义者歌德的观点非常接近。同时，对于纳粹集中营中的大多数囚徒来说，歌德就是一座希望的灯塔，甚至那些非德裔的囚徒也持此观点。豪尔赫·森普伦在魏玛附近的布痕瓦尔德集中营被关押期间，就曾以在想象中与歌德对话为

1 作为战后歌德依然活在德国青年人心中的证据，德国出版了一本书，书中青年作家纷纷描述了歌德对于他们的重要性。见威廉·施图茨主编，《歌德活在我们中间：青年信徒备忘录，1942—1946》（威尔斯巴赫：舍雷尔出版社，1947年）。

乐。荷兰共产主义者尼科·罗斯特在一本题为《歌德在达豪》的书中(达豪是其集中营的所在地)，描述了文学如何帮助他度过悲惨的每一天。[1]再比如，马丁·瓦尔泽用“文化信任”一词来解释为什么一位被驱赶到一座集中营并在那里被杀害的犹太妇女，会写下“要靠我们来拯救歌德”的句子。[2]

1945年之后的歌德

1945年后，不借助歌德的力量，在东部德国和西部德国进行的道德重建工作就无法完成，歌德于是成为大家急于寻找的道德修缮工。在西部，梅尼克督促他的同胞们组建歌德社团，以此作为精神拯救的途径。他还建议首任联邦德国总统特奥多尔·豪斯选择8月28日，即歌德的生日，作为德国国庆日。骨子里带有施瓦本人的轻松幽默性格的豪斯，对这个建议没怎么在意：随着经济奇迹的顺利发展，许多德国人在8月底都会去度假，没有人愿意留下来搞庆祝活动。然而，对于东德这个社会主义国家来说，歌德却成为教父般的人物。只有极少数人对于全德人民重新唤起的对歌德的崇拜之情表示批评，卡尔·雅斯贝尔斯和理查德·阿勒温是其中的代表。1947年当雅斯贝尔斯获得声望极高的歌德奖时，他发表了题为“我们的未来与歌德”的演讲。在演讲中，他完全放弃了通过引用《浮士德》作者的话作为对德国所发生的一切进行辩解或指责的尝试。1949年，理查德·阿勒温指责道，在德国公共辩论中，经常不负责任地把歌德作为道德与政治的借口。理查

1　森普伦，《多么美丽的星期天！》，以及罗斯特，《歌德在达豪》(汉堡：具体文学出版社，1981)。

2　马丁·瓦尔泽，《精确的原则：关于维克托·克伦佩勒》，载于《德国忧虑》，第570页。

德·阿勒温是个犹太人,他于1933年被迫逃离德国,远走他乡。那时他被海德堡大学聘为弗里德里希·贡多尔夫的接班人。弗里德里希·贡多尔夫是著名的文学专家,曾一度与施特凡·格奥尔格结成紧密同盟。阿勒温对于德国人不假思索地利用歌德理解德国近代历史的冷漠做法感到非常震惊。他坚持认为,人们不能在赞颂歌德的同时将希特勒遗忘。人文主义思想与野兽行为在德国并存,这个国家的道德状况永远会以魏玛与布痕瓦尔德集中营毗邻而居为特点。

阿勒温的愤怒也一定表达着对像弗兰克·蒂斯这样的作家的指责,因为蒂斯曾在纳粹的独裁统治下大量地阅读歌德的作品,并由此为"内心流亡派"开释。第二次世界大战刚刚结束的时候,东德对歌德的强调与看重更是不加掩饰,而东德这样做的前提却与西德完全相反。诗人约翰内斯·贝歇尔曾是东德首任文化部长,他坚持认为,如果1933年后,歌德的遗产能够保持鲜活生命力的话,那么希特勒的野蛮行径便不可能变成事实。早在1934年,当贝歇尔在莫斯科流亡时,他就曾在歌德身上看到另一个更优秀的德国的象征。自1945年之后,贝歇尔开始坚信,如果东德要变成那个更优秀的德国,歌德就必须起到关键的作用。贝歇尔于1949年8月28日,即庆祝歌德的两百年诞辰之时,发表了一次演讲。在演讲中,他称赞歌德为德意志的"解放者",这个词汇表面上看是共产主义者的专有词汇,却带有非常清晰直白的宗教色彩。歌德必须来解救德意志人受到惩罚的苦难灵魂。弗里德里希·恩格斯的话总是被遗忘,他曾首先把歌德视为德国苦难状况的牺牲品。匈牙利作家和批评家格奥尔格·卢卡奇受到贝歇尔及其他人的批评,因为卢卡奇——至少在他的一些作品中可以见到——将魏玛的经典文学仅仅看作一个微不足道的插曲,是对法国革命的回应,但后果是致命的,它促使德国诗人与思想家逃到内省的世界中,由此加速了他们对政治的弃绝。1952年，汉斯·艾斯勒的歌剧《约翰·浮士德》上演，同时贝托尔特·布莱希特在柏林歌舞剧院演出了《原浮士德》，这两次演出都激起了党内官员的尖锐批评。他们反对任何将歌德的作品进行现代改编的尝试，因为这种改编会降低对歌德的崇拜，代之以漠然无情、充满反讽的戏说笑谈。

1945年的两幅图景是对德意志民主共和国的文化政治未来的预言。5月份，三名红军士兵在柏林将红旗插在了帝国国会大厦的房顶上。其实，4月30日便首次发生了这样的事情。同年6月，有人拍到红军的先锋部队拆除魏玛城中歌德和席勒纪念碑周围的砖墙，这些砖墙是为了防止盟军的空袭对纪念碑造成损害而建造的。在纳粹用砖墙将大文豪的纪念碑围困了十二年之后，苏联红军解放了它们，并把它们作为礼物送给了德意志第一个社会主义国家。在这个国家内，人们长久期待的柏林与魏玛的统一，即政治与文化的融合，将最终成为现实。这种勉强为之的政治乐观主义思想伴随着一种坚定的信念，那就是，在文化的帮助下，一种新型的政治意识一定会形成。贝歇尔及其他一些人甚至承认，为了使德国人民受到再教育而使人民开始阅读马克思与恩格斯，会是件难度极高的事情，他们应该首先读一读歌德和席勒。阅读经典、学习经典应该是再教育进程的第一步，这一步结束之后，重生的新人就会在德意志民主共和国出现。

一段时间以来，文化被看作东德与西德可以共同讨论的话题。直到1947年和1948年，东部与西部的知识分子都通过“德国民主复兴文化联盟”这一全国性组织，表达他们全力保持文化国家生命活力的思想。后来，文化联盟成为宣传工具。德意志民主共和国的文化官员们把德意志经典的解放运动视为它自己独有的、与众不同的道德出发点。歌德一变而为东部共和国的创始人，而不是属于重生的、和平统一的文化国家。然而，这种组建歌德团体、歌德社团的不明智行为，却恰恰说明了东德与西德在文化政策上的相似之处。不管怎样，梅尼克就曾提出过相同的建议。尽管1885年成立的“歌德社团”在魏玛占有一席之地，但在官方看来，它依然是一个全民性组织，不过文化机构的统一并不能掩盖从解读歌德作品的差异中透露出来的政治分歧。当联邦德国重新获得政治独立的地位并且融入了西方世界时，它受到了东德政治家的一致谴责。东德的政治家认为这是为了文明而丢弃了文化，为了炫耀世界主义思想而牺牲了民族尊严，为了形式上的议会民主而抛弃了温暖且充满活力的集体生活。这样，歌德的遗产被当成了军火库，为攻击西方的现代化进程提供武器弹药。在德意志民主共和国内，东德的秘密警察混进了“歌德社团”。尽管东德有时也会将歌德称为政治分裂的德意志土地上精神契合的象征，但从根本上说，歌德却不是东德和西德愿意共同分享的共有资产。

东德还非常强调歌德作为其文化政策引路者与见证人的重要性。1958年，德国统一社会党的首任主席瓦尔特·乌布利希，针对民主德国前进方向的问题做了非常简短的回答。他说，读一下《共产党宣言》和歌德的《浮士德》，就完全能够预见德意志土地上第一个社会主义国家的发展方向和未来。民主德国会变成一个文化之邦，一个教化良好的礼仪之邦，正如歌德在其小说《威廉·迈斯特》中预见的一样，或者可以说与《浮士德》更为接近，尤其是浮士德的第二部。在《浮士德》（第二部）中，歌德展现在我们面前的不只是一个和平的乌托邦，而且是一个值得我们为之奋斗的世界。它不是现成的乐土，它需要由人类的双手自己创造，并因为每天每日的劳作努力而变得肥沃。《浮士德》（第二部）反映出圣西门的社会主义思想对歌德晚年生活的重大影响，那时候歌德还用大量篇幅描述了他心中的新世界——美利坚。如今，不论是

《浮士德》（第二部）中描写的现实场景还是内心乐土，都将会在民主德国成为现实，而非遥远的美国——如果考虑到德国统一社会党的意识形态中存在着非常激进的反美主义思想，那么这种将对美国前景的展望移植到民主德国的做法，则多少有些悖论的性质。

第二次世界大战结束后，瓦尔特·乌布利希成为共产党的首任主席，继而成为德国统一社会党主席，他的当选与苏联政府公开表达过的期望是相悖的。他坚持将“德意志民族”一词与涉及重新统一德意志的政治目标的思想写入1968年新颁布的东德宪法。乌布利希也是阻止“歌德社团”早期分裂的人——“歌德社团”是极少数留存下来的全民性文化机构。1962年，乌布利希竟然夸张到将德意志民主共和国本身视为一部歌德戏剧的地步：它是《浮士德》（第三部）的体现。他似乎想说，如果歌德生活在乌布利希的时代，他肯定会创作这部作品，而现在这部作品则应该由东德的作者来完成。然而，正如小说家安娜·西格斯所认为的，颁布撰写社会主义《浮士德》的命令却并非一个天真的幻想。她一定记得格奥尔格·卢卡奇令人伤感的断言，他说1917年伟大的十月革命将墨菲斯托及其魔力永远地从政治舞台上驱逐出去了。因此，西格斯向这位党的主席问道：“很好，乌布利希同志，不过我们如何处理墨菲斯托这个角色呢？”乌布利希对共产主义事业坚定不移，因此对这个问题感到非常恼火，于是他回答说：“西格斯同志，你用不着担心，我们同样有能力解决墨菲斯托这个问题。”[1]

歌德的著作在东德受到广泛的阅读，其范围远远超过西德。如果了解阿伦斯巴赫研究中心所做的关于歌德的民意调查，那么这个事实便不会太令人吃惊。针对这个结果，不应过分夸大东德文化政策的

1　迪克曼，《墨菲斯托问题：东德早期的经典图像》，第560页。

影响，而更应将其看作这个论题的证据，即在德意志民主共和国，人民虽然过着中产阶级的生活，却找不到资产阶级的影子。不过这个论题显得颇有些自相矛盾。经过了魏玛共和国，又经过第三帝国恐怖的中断时期之后，一个共产主义的魏玛王国终于在东部德国成立了。只有在这个“王国”中，新的经典文学才有发展的可能，海纳·米勒和彼得·哈克斯就是这些新经典文学创作者中的佼佼者。国家的优势是这种新经典主义产生的必要保证，而西德永远不会具备这种优势。在某个非常重要的方面，德意志民主共和国的文化政策与纳粹时期的文化政策极为相似：呈现出多种统治言论并存的混乱特征。这种混乱使得我们很难将歌德在文化政策中的角色归纳为一个——唯一的一个。

在西德，人们并没有赋予歌德如此重要的地位。联邦德国的对外文化政策基本上是由歌德学院负担的，但以歌德的名义并非意味着直接或间接对其作品的引用和对其思想的借鉴。作为1968年学生运动的结果——这次运动与其他运动一起，企图将德国文化舞台重新政治化——魏玛古典主义受到了攻击，原因是它表现出来的所谓的清静无为和对现实政治力量的臣服。身为魏玛大臣的歌德被视为反革命，受到人们的鄙视。同时，他对政治势力的仇恨经常被引用，引用者对其言论充满蔑视，正如人们蔑视一封席勒写给赫尔德的信一样。席勒在信中写道，有诗歌天赋的人很有必要从政治现实中撤离，退回到理念的世界中。魏玛不再是鲜活的文化记忆的一部分，而只是一则传奇而已。这则传奇曾误导过德意志人，因此应该尽快地将其遗忘。[1]

古斯塔夫·施特雷泽曼曾在1923年当选魏玛共和国总理。他在去汉堡访问的过程中参观了瓦尔堡图书馆。阿比·瓦尔堡接待了总

1 格林和赫尔曼德主编，《经典传奇》。

理，并且为了表示他的敬意，为总理作了一次私人演讲，演讲的内容就总理的一种爱好展开：邮票上呈现出来的有关政治主权的观点。他向施特雷泽曼展示了法国和英国的邮票，邮票体现出来的高贵品位与高雅设计恰如其分地代表了这两个国家的文化追求与政治抱负。接着瓦尔堡又向施特雷泽曼展示了正在流通的德国邮票，上面是歌德的头像。“总理先生，如果可以的话，可以请您读一下邮票上的文字吗？”施特雷泽曼微笑着回答：“约翰·沃尔夫冈·歌德。”瓦尔堡接着说：“我尊敬的总理先生，您说错了。您看到的应该是约，点，沃尔夫，点，歌德。这正是魏玛共和国的主要问题所在：一切都是缩略的，因此一切都非常短暂。”[1]

与德意志民主共和国相比，歌德在联邦德国的确是被“缩略”了。然而，这种缩略并不意味着民主在西德的存在是短暂的。

1　贝格尔，《纪念阿比·瓦尔堡》，第52—53页。

八

德国的再统一：知识阶层的失败

文化的卫士

第二次世界大战结束后，德国被一分为二，面临着永远不再成为政治强国的危险。这个时候，文化成为情感的庇护所。1949年，两个分裂的德意志国家宣告成立，不论西德还是东德，都将文化统一看作政治分裂的一种慰藉。通过呼吁文化国家的幸存，可以弥补长期以来缺乏促进统一的政策的现状。早在1970年，西德总理维利·勃兰特甚至在并不真正期待德意志统一的情况下，致力于改善东西两德的关系。当1989年柏林墙轰然倒塌时，可以看出波恩的联邦政府——不管它是由什么政党组成的——对伴随着倒塌而来的再统一的呼声完全不知所措。同时，我们还必须记住，除德国以外的其他国家，几乎毫无异议地对德国的分裂采取默许态度：将曾经产生纳粹政权的国家一分为二是件大有益处的事情。

因此，有一点应该更容易理解，即东德和西德两国的诗人、作家和艺术家把自己视为在政治对抗时期文化国家的护卫者。冷战期间，两国的政治分歧越来越深，文化则必须担负起桥梁的作用。1949年，托马斯・曼不仅在法兰克福，而且也在魏玛发表了纪念歌德诞辰两百周年的演说。他的行为诉说着其政治观点：德意志在文化上并未分裂。正是在1949年，东德和西德的分裂成为定局，这也为联邦德国加入西欧联盟和北大西洋公约组织奠定了基础。冷战逐渐演变为冷若冰霜的对抗。1945年，布痕瓦尔德集中营在苏联的占领下重新开放。1950年，在写给一位瑞典记者的信中，托马斯・曼对集中营的再次开放表示欢迎，因为他觉得，通过其他方式对德意志人进行再教育的尝试都已经以失败告终。这封信在西德引起的骚动使他逐渐放弃了先前的观点。同年，集中营宣布解散。1955年，即席勒逝世一百五十周年之际，托马斯・曼受邀在东德与西德为纪念这位诗人发表演说。在联邦德国，托马斯・曼受到严厉谴责，因为他对民主德国表达过赞美之情。在决定是否到民主德国参观的问题上，托马斯・曼颇为犹豫，因为他期待的缓和时期还未到来。东德和西德在政治上的紧张程度令他吃惊。然而，最终他还是决定重复他在纪念歌德时所做过的事情——在两国都作演说。他不仅要去斯图加特，还要去魏玛。此外，这也是他接受耶拿大学授予他的荣誉学位的一个好机会——当年席勒就曾在这所大学讲授历史。联邦德国总统特奥多尔・豪斯对他在两个城市演讲的计划表示支持，这使托马斯・曼更加消除了顾虑。托马斯・曼对开明、宽容的豪斯评价甚高，而对西德首任总理康拉德・阿登纳持激烈的厌恶态度。托马斯・曼曾轻蔑地说，"阿登纳的德国"对他来说依然是片文化沙漠。

为纪念歌德、莱辛和席勒三位诗人而举办的隆重的纪念活动，对于一个，唯一的一个德意志文化之邦的幸存起到了非常重要的作用。歌德是一位卓然无二的杰出人物，如果哪个德国宣称歌德只属于他们，将会招致天下人的嘲笑。他毫无疑问是德国文化统一的象征。莱辛则通过建立国家剧院推进了德意志国家的统一进程。1945年后，莱辛成为一种象征，表明了不管政治目的多么不同，文化都能提供帮助。而席勒在1859年，即诞辰一百周年的时候，就被赞誉为民族英雄。到了1955年，他又被称为德意志的爱国志士，以及为全人类的统一而奋斗的世界公民。

托马斯·曼在东德和西德为纪念歌德和席勒发表演讲时，其态度毫无谦让之意，表现得像个文学领袖。他充满信心地认为，一部根据他的早期小说《布登勃洛克一家》改编的、在全德发行的电影，将会成为冷战期间文化战胜政治的最好象征。这种自豪感中颇有些自负的味道。1954年，东德的德国电影股份公司就提议拍摄一部这样的影片，这家公司曾在1951年将亨利希·曼的小说《臣仆》改编成电影。

托马斯·曼的小说《王爷殿下》于1953年在西德被改编为电影。[1]然而，西德的制片人却拒绝在将《布登勃洛克一家》用于政治宣传的方面与东德进行合作。当他们付给托马斯·曼四万美元买断其作品的自主改编权时，托马斯·曼怒不可遏。他不能被收买，他不希望看到他的小说改编成电影后，被人看作“阿登纳的德国”的产物。最后，这个计划终于流产。然而，就在1958年，即托马斯·曼逝世的一年之后，由西德制作的《布登勃洛克一家》问世。托马斯·曼的女儿埃丽卡参与了影片的制作。不管从哪方面看，这部影片最终没有在重新统一德国的历史决定方面产生任何帮助或阻碍作用。

---

1 这部电影的女主角由露特·洛伊韦里克扮演。2004年，为了对她表示纪念，在柏林电影纪念馆为其举办了展览，主题为：“理想女人：露特·洛伊韦里克与50年代电影”。将露特·洛伊韦里克看作理想的德国女人，还是颇有争议的。1957年，她带着这个头衔在一部电影中扮演普鲁士王后路易丝，使德国观众不禁回想起普鲁士解放战争，那是一段令德国人为之骄傲的政治历史。

东德知识分子的灾难

虽然联邦德国经历了西化的过程，东德却没有经历相应的“俄国化”过程。尽管蹩脚的英语很快成为西德游客们的通用语言，大多数东德人却拒绝学习俄语。西德已经国际化了，而东德却仍然是一个闭塞之乡。在东部德国，从1933年到1989年整个时期，在文化现代性方面明显滞后。在这个德意志土地上第一个使工人和农民成为主人的国家中，文学专家不能阅读和讲授卡夫卡的作品，哲学家不能阅读和讲授维特根斯坦的思想，社会学家不能阅读和讲授马克斯·韦伯的著作，经济学家不能阅读和讲授凯恩斯的观点，心理学家不能不带任何偏见地阅读和讲授弗洛伊德的学说——当然前提是如果真的能够见到这些大师们的作品。1987年，在东柏林举办的由东德与西德的历史学家与社会学家参加的会议上，一位来自莱比锡的哲学家这样吐露了内心深处的抱怨情绪。会议的主席是位有官职的哲学家，同时也是德意志民主共和国的科学院成员，他极力想使牢骚满腹的同事住口。当西德的学者们用离开会场相威胁时，这位来自莱比锡的勇气可嘉的哲学家才得以继续。他是一个例外。在东德，道德的懦弱在大张旗鼓地继续着，令人很痛心：非暴力反抗已无迹可寻。对受压迫的人们缺乏应有的同情，处处见风使舵、自欺欺人，要么就躲进内心的世界中逃避现实。从1933年直到1989年的漫长时期内，这些都是东部德国知识分子生活的主要特点。

在西德，未能直面纳粹历史的道德缺失转变成了相当惊人的知识优势。而在东德，良好的道德意愿最终却导致了知识界的灾难。亨利希·曼当选为东柏林新成立的艺术学院的首任校长，并获得了国家公民最高的民间荣誉——德意志民主共和国国家奖章。只是因为他于

1950年在加利福尼亚的圣莫尼卡去世，才永远阻止了他回到东德、成为东德公民的愿望。他若回到东德，就会与安娜·西格斯和施特凡·海姆一起，为第一个德意志社会主义国家提供可观的文化遗产。在纳粹的迫害与苏联的流亡中幸存下来的共产主义者，试图在东德实现“去纳粹化”。不过，文化很快成为政治的附庸，而且在很大程度上成为不断重复的乏味之物。知识分子们就已确立的文化原则中一些小小的问题不断讨论，并不断进行修正，却不关心文化规则本身是否合理的问题。这些曾经在民主德国的内部范围内被当作激动人心的讨论，如今完全被人遗忘了。剧作家、导演贝托尔特·布莱希特也许是个例外，然而后来连他也越来越注重剧团的生存问题，而不再关心其艺术创作的生命力。共产主义的移民者首先帮助东德赢得了道德赞誉，政府利用他们真诚的反法西斯思想将民主德国描绘成更令人向往的德国——有了这份额外的收获，东德从未打算为纳粹德国的罪行承担责任，并且与阿拉伯国家一起拿起自由的武器，不遗余力地对以色列的政治进行批评。这种高高在上的姿态随着东德的没落走向幻灭。当绝密档案在莫斯科开放后，移居在东方的德国人中的许多英雄人物——还包括西德的政治家，例如社会民主党领袖赫伯特·魏纳——在20世纪30年代的政治清洗运动和政治审判中扮演了什么样的角色之事便大白于天下。

正如温德姆·刘易斯所说，民主德国的大部分文化精英将如何接受统治这门艺术学习得极为精妙。东德的政治领导后来极力颂扬普鲁士的统治，认为这是保存得异常完好的德国遗产之一：哲学教授与新教牧师们就如何在当好仆从的同时感受到自由的问题提出过许多建议。[1]除了几个著名的人物，如物理学家罗伯特·哈弗曼、哲学家鲁道夫·巴

1 尼基施，《第三帝国》，第62页。

罗和作家埃里希·勒斯特之外，持不同政见的知识分子在东德都没有因坚持己见而承受苦难。像瓦尔特·扬卡和沃尔夫冈·哈里希这样在监狱中度过漫长岁月的知识分子，却不希望被看作持不同政见者，他们只认为自己是系统内部机制的反对者。东德也拥有自己的地下出版物和地下文化，但是它们的政治影响力却无法与波兰和捷克斯洛伐克的相提并论。更重要的是，民主德国没有，也不可能产生并形成政治势力以及需要认真应对的移民力量。逃到巴黎或者伦敦的捷克作家会因此成为孤立离群的言说者，也因此能够以局外人的角度评论他的国家。而从莱比锡跑到慕尼黑或柏林的作家依然是在德国写作，依然是土生土长的言说者。乌韦·约翰森也许算得上是从民主德国出来的最重要的文学界移民，他在西德总觉得自己如处异乡。但他依然坚持认为他只是从一个德国搬迁到另一个德国，所不同的只是邮政区号有了变化。

留在民主德国的大部分作家寻求各种各样的方法与途径，希望与政治现实达成妥协。可以肯定，并非所有的人都是政府的同情者，但大多数人享受着由政府为文化精英提供的安全设施及津贴补助，这些津贴有等级区分，从来不是相等的。这也是为什么在全部的人口中，民主德国的诗人与小说家的比例比联邦德国要高出七倍之多。他们中的大多数人生活并不富裕，但没有一个人挨饿。内心世界中的抵制情绪构成了他们的思想观点，然而他们的工作状况却并不贫困。

托马斯·卡莱尔把文人们称为现代牧师，认为这些“著书立说的教士们”对现代社会有着非常重要的影响。他说这番话时不仅仅是为了隐喻的目的。很明显，在他看来，“给予文人们薪金、捐赠及各种形式的现金激励”，对改善他们真正的创作行为作用不大。[1]文学人士若要

1　卡莱尔，《旧衣新裁——论英雄与英雄崇拜》（1841），第394页。

完成其创作使命，需要经历贫困，他们必须像乞丐一样生活。中欧与东欧的当权者迫使文化精英在投靠他们还是加入底层社会之间做出抉择，这也许是他们犯下的最严重的错误。许多知识分子必须像司炉工、街道清扫工、出租车司机和杂务工一样干活。他们的确成为行乞修道士。东欧的政权被他们自己创造的文人无产者给予了致命打击。在民主德国，尽管那里的作家与艺术家们与其他东欧国家的同僚们承受着同样的苦痛，但情形依然有些差异。当民主德国的文化精英经历政权解体的考验时，他们的失败变得格外令人瞩目。如果说知识分子的使命是诠释，那么这就是诠释阶层的失败。

知识分子的悲喜剧

在东德和西德重新统一期间，东德知识分子的"表演"好像一出五幕悲喜剧——在五天之内，他们的确展示出英雄般的气概。从那时起，一则关于失去的机会的神话诞生了。这个神话赋予那五天以辉煌与荣光，即从1989年11月4日——这一天东柏林发生了由反对派组织"新论坛"策划的、由艺术家与作家组织的多达百万人的群众示威游行，这场游行宣告了政权的没落——直到11月9日，柏林墙在一片混乱中毫无先兆地倒塌，并不可避免地导致了民主德国的瓦解。在11月4日的示威游行中发表讲话的包括马库斯·沃尔夫、格雷戈尔·居西和君特·沙博夫斯基等党内成员，以及克里斯托弗·海因、克里斯塔·沃尔夫和海纳·米勒等作家。在这一天，东德知识分子的言行似乎是"现代左拉"的集体表现。不过，这些知识分子更像是将其《我控诉》抛掷到公共竞技场的左拉——在第三共和国的当权者重新恢复了德雷弗斯上校的军衔并接纳他为荣誉军团的成员之后。11月9日之后，知识分子纷纷抱怨说，这种无政府的混乱状态本应当受到阻止，而这些约束措施也许会使他们得以在东部建立起“真正”的社会主义政权。本应是先锋部队的知识分子变成了一批迟到者。然而，知识分子的行为并非都是如此晦暗无为。这群打造了光荣五日神话的知识分子中，有一些是统一社会党成员，这些党员都是严格实行禁欲苦修的社会主义的忠实倡导者。他们非常年轻，因此还未被腐败的党政建制所污染。对于这些身为艺术家与文学专家的党员来说，内心领域内的社会主义将共产主义无神论者与像“新论坛”这样的反对组织联系在一起——而“新论坛”的大本营是在新教教会之中。这种内心领域的社会主义已通过其信仰者的外在表现、雄辩口才和习惯倾向得到证明。

要说明东德知识分子的角色问题，人们必须想到东德政治变革发生的方式。这是一场真正的、自然激发的全民皆兵的运动，明显受到了戈尔巴乔夫的全力支持。它不像发生在波兰的团结一致的战斗那样，是长期而公开的对抗的结果；也不像布拉格的地下斗争一样，是经过二十年抵抗斗争的最终胜利；更不像布达佩斯的情形，是机智精明、日渐前行的改革的最终成果。1953年被苏联坦克无情摧毁的东德工人的起义，仅仅是一个插曲而已。1989年11月德国的运动，既不是工会领导的结果，也不是知识分子筹划的结果。它的主角是成千上万的普通民众，每个人都怀着不同的动机，抓住这个机会逃到西德在布拉格和布达佩斯的大使馆，从而摆脱掉东德政府的统治。它的主角是勇敢地走向莱比锡和德累斯顿以及东德其他城市的街道的成千上万的民众。因此，东德人民称莱比锡为“英雄城市”（Heldenstadt）是非常中肯的，因为那里的街道示威游行最为危险，但是也最有效力。

在这次和平革命中，知识分子只是随群众而动，并非是其重要组成部分。除了几个例外情况，比如莱比锡格万特豪斯管弦乐团的指挥家库尔特·马苏尔，这场革命的主角并不是知识分子。与在捷克斯洛伐克进行的"丝绒革命"相比，艺术家与学生并没有成为德国革命中的先头部队。"我们是人民"（wir sind das Volk）的确是非常切合实际的口号。它是对马克思主义箴言的模仿，同时也是对左拉观点的生动证明——左拉曾说，言简意赅的警句就已经具备了政治行动的效力。普通民众以令人景仰的巨大勇气，用他们的退场与他们的声音，在东德制造了一场革命。[1]

知识分子喜欢"我们是人民"这个口号，但知识分子也完全误解了这个口号。他们从这个口号中读出来的是实现社会主义梦想的希望，而实际上，这个口号表达的是民众想与任何社会主义乌托邦说再见的愿望。这种误解从11月4日到11月9日一直隐匿未发，因为在这五天里，似乎民众与知识分子在述说着同一种语言。到了1989年12月，这个口号在莱比锡街头发生了轻微的变化。民众们不再高喊"我们是人民"的口号，而是将其换成"我们是一样的人民"（wir sind ein Volk）[2]。只有一词之差的微小变化表露了群众的真实意愿：我们首先要求的，就是加入资本主义的西德。这一词之变最终导致了群众与那些自以为是群众领袖却无法解读群众的真实感受的知识分子之间的分裂。

知识分子非常痛苦地意识到他们的错误。他们错误地理解了"我们是一样的人民"这几个充满魔力的词汇的语义学含义。更糟糕的是，知识分子在自己擅长的领域跌了跟头。他们的错误既不是对政治权力

1 参见阿尔伯特·赫希曼对德意志民主共和国崩溃瓦解的卓越阐释：《退场、声音，以及德意志民主共和国的命运》，载于《自我颠覆的倾向》，第9—44页。

2 他们中大多数人也许从未听说过，或者从不想记住德意志民主共和国的首任总理奥托·格罗提渥曾经在1955年4月作过一次关于席勒的演说，主题为："我们是一样的人民！"

结构的错误判断，也不是对经济情况的低估忽视：他们是对词义的理解发生了错误。东德知识分子的失败不是由于业余政治家的倒霉厄运，也不是自吹自擂的经济学家的无知无能：这是他们作为诠释阶层的失败。随着以施特凡·海姆为首的一群知名的艺术家、音乐家和作家发表标题宏大的宣言《为了我们的国家》，这种失败演变成了灾难。这个宣言不仅呼吁保留与西德相对的东德文化身份与政治主权，它同时也谴责了所谓的消费主义思想——消费主义是指为了寻求更好的个人福利，大部分东德居民一直在争取的两个德国迅速统一的思想。知识分子又一次在自己本应擅长自如的领域内落败：首先是没能理解群众的意愿，随后又对群众想听什么做了错误判断。被驱使着参与政治的作家们的出版权力很快变成了出版过失。[1]

这些知识分子没有生在德雷弗斯的时代；然而，正如马塞尔·普鲁斯特所说的，知识分子在现代政治与现代艺术中的社会角色与重要功能问题，已经成为公众热烈讨论的话题，并且将是“永远存在的话题”。对于生活在这个进程中的个人和集体来说，他们的价值首先在于他们必须做出一种选择。回顾“德雷弗斯事件”，七十岁高龄的朱利安·本达写道，这对于他那个时代的人是件幸运之事。在生命的门槛前，面临两种重要的道德体系，他们得到了做出明确选择的极为难得的机会。正因如此，他们得以了解他们到底是谁。而留在民主德国的知识分子则置身于一种模糊的文化语境中，很难做出明确的道德抉择。这也是为什么民主德国的革命没有使知识分子独领风骚的原因之一。

1989年后，前民主德国的知识分子风气与学者生涯的主要特点有二：一是前知识精英参加的非法活动达到相当高的程度，二是明显地缺

1　出版权力与出版过失的并存，可以在卡莱尔的《论英雄与英雄崇拜》第383页中找到。

乏选择的机会。科学家、作家和艺术家都试图尽量平稳顺利地适应统一之后的新德国的崭新文化语境。他们这样做既是出于经济原因，也是出于知识的原因——知识分子受到西德傲慢态度的巨大“帮助”，并且公开地表达过西德远远优于东德的思想。统一的德国经历了又一轮的再教育。因此，对于不同背景的精英在相同的文化语境中为了策划适当的公众学说而竞争的情形，并没有让德国感到开心和自豪。结果是，在德国形成了一种精神上的“合并”状态，即东德的过度调节与西德的洋洋自得形成互为补充的关系。文化需要进行阐释，需要寻求意义。在德国，不论是东德还是西德的文化精英们，都非常艰难地为统一寻求意义。

在攻击德国哲学的自我中心倾向时，乔治·桑塔亚纳写道：“就像在泛神论中，上帝被置身于一种宇宙力量之中一样，在德国哲学中，早期新教徒们对《圣经》的虔诚被世俗化为社会热情和爱国激情。”[1]可以说，在相当大的程度上，东德的政治敌对情绪是由新教热情激发驱动的。路德派深知如何与社会主义国家融洽相处，而同时，它也能够抵制社会主义政党，而且违背其宗旨——经常是因为某些个体成员而做出巨大的个人牺牲。在这种语境下，对反对派组织“新论坛”的投票就显得格外重要。在这个组织中，像延斯·赖希这样的科学家起到了中坚作用。不幸的是，反对者所持的令人景仰的道德姿态从来没有发展为连贯有序、颇见实效的政治策略。他们首先关心的是如何使个体的灵魂更加强大，而不是如何削弱独裁的政府。对政治的道德说教导致了一种“要么拥有一切，要么一无所求”的心态，这种心态最终永远地亵渎了政治概念，至少是在党派政治的意义上。可以这样说，在党派政治

1 桑塔亚纳，《德国哲学中的自我中心主义》，第12页。

方面，交流互换、妥协求存是民主国家中最重要的通用政治手段。

在柏林墙坍塌后不久，前东德持不同政见者与美国参议员爱德华·肯尼迪和联邦德国前总理维利·勃兰特举行了一次会议。我至今对那次会议记忆犹新。德国的持不同政见者非常固执，坚持他们的原则理念，而美国的参议员则愿意聆听，而且显而易见地希望这些理念能够具有实用价值，因此双方的对话无法进行。尤其是维利·勃兰特更是格外伤感，因为他无法在两个"阵营"之间展开解释工作，因而自始至终缄默不语。过了很久才有证据显示，当时参加会议的人，例如易卜拉欣·伯梅，即新成立的东部德国社会民主党主席，曾经为前东德国家安全局，即民主德国的秘密组织工作。

第二次世界大战结束后，不同政治道德观的对抗，以及同情者与难民的共存、受害者与犯罪者的共存、内心流亡派与国外流亡派的共存，共同在战败的德国打造了一种充满创造性的、紧张的文化环境，这种环境在西德表现得尤为显著。在1989年后，没有与之相当的事情发生。每个人面临的道德选择模糊不清，而且没有真正意义的移居国外者，他们只不过是一些持不同政见的人。也许另外一种不同情况更为重要，那就是：尽管许多在1945年后因为思乡心切回到德国的移民者代表了德国文化历史的精华，但他们同时也是新思想的传递者，而东德持不同政见者的思想则明显是在缺乏文化现代意识的环境中形成的。1945年后，实用主义和折中文化首次进入德国思想界。而1989年后，理想主义和内省倾向则卷土重来。甚至于在那些持不同政见者赢得了政治表达的自由时，他们那种根深蒂固的对政治的轻蔑和习以为常的对民主的错综复杂的认识也依然如昨。一位名为贝贝尔·伯莱的持不同政见者俏皮地讥讽道："我们渴盼正义，最后却只得到法治。"大多数持不同政见者都反对组建党派的想法，于是当党派建立起来后，他们内心深处无疑会充满抵抗思想。

令人意想不到的结果是，东部德国的反传统政治人士的抵抗运动打造了一种政治真空，这使得东部德国的左翼政党得以在新的名义下复活，但其根本宗旨并未改变。东德持不同政见的知识分子在西德依然保持不受任何思想左右的姿态，因为他们并不认为折中是具有政治价值的选择。人们会想起赫尔穆特·普勒斯纳在1924年对德国精神所做的特性归纳，他认为德国精神“非但没有将对理想主义的执着与对现实情况的责任之间的鸿沟缩小……反而一直在扩大两者之间的分歧”[1]。文化，有着“与宗教一样温柔无比却力量无边的声音”，再一次声称自己是更好的政治形态。[2]同时，东德持不同政见者的反传统政治的态度，使得西德更加轻易地逃脱掉对自身政治常规的审视与评估。像延斯·赖希和理查德·施罗德这样非凡的政治天才，在民主德国曾表现得英勇无畏，却拒绝在统一的德国中担任众望所归的高级政治职位。西德政治建构的傲慢自负将他们挡在了门外。

1994年，德国再统一后首次全德联邦议会在柏林举行。会议的开幕式由议会中资历最老的成员施特凡·海姆主持。施特凡·海姆是犹太人，他的家族成员在纳粹的死亡集中营中全部罹难，他本人是位共产主义者，后来成为美国公民，而且，他还是位作家。一位作家成为议会的主持人，这象征着在德国政治与文化再度统一的可能。然而，仅仅在一年以后，东德人施特凡·海姆为了表示抗议，辞去了其在议会的席位。

---

1 普勒斯纳，《团体的局限性》，第57页。该书的德文原版于1924年出版。

2 施特恩，《反自由主义的失败》，第5页。在施特恩的著作中，我所引用的这一段出自第五章，标题为“非政治德国的政治后果”。

九

伪文化：中欧的终结

欧洲：梦想与官僚

托马斯·曼流亡前在德国作的最后一次演讲中，坚持认为理查德·瓦格纳所谓的日耳曼精神应该更具现代性，因为日耳曼精神“已经分崩离析，完全瓦解……但它仍具有装饰性、解析性和知性气质，因此它依然会对世界公民产生无限魅力，并因其与生俱来的高贵地位在世界范围内产生影响和效力”[1]。托马斯·曼在说这番话时还不知道他就要开始流亡生涯。瓦格纳在创作其最具日耳曼气质的歌剧《纽伦堡的工匠歌手》之前，就早已是位民主派人士了，并且也是欧洲主义者，他的民族主义被欧洲艺术深深浸透，日耳曼精神和欧洲主义思想在他心中早已融为一体，不再相互排斥。托马斯·曼在谈及瓦格纳的时候，其实就是在谈论自己。他早就渴望成为一个伟大的德国作家，并因此成就伟大的欧洲作家的名声。这个雄心壮志在他的祖国已经不可能实

1　托马斯·曼，《理查德·瓦格纳的苦难与伟大》，载于《逝去的大师》，第92页。

现了，因为纳粹已经用黑暗恐怖的现实浇灭了知识分子的梦想——知识分子期望看到一个与大欧洲相融共存的德意志，而纳粹却一心建立一个德意志统治下的欧洲。在第一次世界大战期间，托马斯·曼有些故意卖弄地把自己描绘成非政治人士，而到了黑云笼罩的1933年，他却引用瓦格纳的话说："想摆脱掉政治的人，就是欺骗自己的人。"他还将这种观点称为决然不带日耳曼色彩的观点，但将来德国人会接受它。1918年，托马斯·曼曾抨击他哥哥的世界主义思想以及他想成为德意志"文人"那种令人愤慨的企图；十三年后，他却称亨利希·曼为"日耳曼—地中海地区艺术天才中的杰出代表"，并与德国文化一枝独秀的孤立主义思想道别。欧洲应该团结在一起，德国应该成为欧洲的一分子。这个预言已经实现了。欧洲融合的过程再次将德国引介到欧洲，最初的助燃剂是煤炭和钢铁，文化与科学的作用并不是最重要的。

全能、精明、创新（levis, argutus, inventor）——这是伟大欧洲的典型特色。这些是瑞典博物学家卡罗鲁斯·林内乌斯在18世纪描绘他眼中最高形式的现代人，即欧洲人时所用的字眼。欧洲人被视为理想的典范，他应该是科学家、研究者、学者、作家；总之是有深厚文化底蕴之人，而非投身政界的人。1989年之后，再回味全能、精明、创新这些字眼，让人感觉中欧和东欧那些拥有深厚文化底蕴的知识精英们曾那样接近林内乌斯笔下的溢美之词，除他们之外似乎再没有人能接受这样的赞美。

统一的欧洲始终是个梦想。作为梦想，它激发的热情与欧洲联盟最终成为现实时布鲁塞尔的官员们所能激发的情感不可等量齐观。1796年，埃德蒙·柏克曾经写道，任何一个欧洲人，只要还在欧洲的土地上，就称不上是真正意义上的流亡。他是正确的——不是因为欧洲是个政治实体，而是因为欧洲本身就是政治影响非常强大的理念的化身。1989年后，柏克这句经常被引用的经典句子不再是欧洲共同体国家所信奉的思想导向，而只是一项法律主张。欧洲没有像历史学家兰克曾经预言的那样，发展为神圣的统一体，而是像企业家兼政治家瓦尔特·拉特瑙在第一次世界大战结束时已经预言的那样，成为以利益导向为基础的经济共同体。像罗曼·罗兰、胡戈·冯·霍夫曼斯塔尔或者是亨利希·曼和托马斯·曼所描绘的乌托邦式的欧洲前景似乎永远灰飞烟灭了。令西方很多知识分子沮丧的是，欧洲之梦的实现过程变成了一个摆脱梦境、逐渐清醒的过程。人们不禁又想起英国诗人叶芝的诗句："责任在梦幻中渐次清晰。"

第一次世界大战后，曾一向极力主张"专业知识分子"远离政治的朱利安·本达却对几乎没有知识分子为建立国际联盟竭尽全力而怨气重重。然而，一旦成长为一个羽翼丰满的组织，联合国便不再需要知识分子，而是要寻求忠于职守的工作人员以及有能力的管理人员。可以肯定，为争取人权而努力是知识分子关心的事情，而一般说来，对于如何调节增值税却是知识分子们毫不关心的问题。因此，欧洲共同体的总部所在地布鲁塞尔就不可避免地成为欧洲官僚机构的象征。欧洲共同体的特点是集中了欧洲专家的优势，而非集中知识分子的才智。作为对这种情况的报复，知识分子指责说，欧洲统一进程中的失败及不足之处是因为文化在整个进程中的作用微乎其微。一句据说是欧盟的远景设计师让·莫内的话被一次又一次引用，据说如果他能够重新考虑欧洲联盟的问题，那么他将会以文化作为开端和支点，而非煤炭和钢铁。然而，莫内从未讲过这番话，这所谓的引言便好似一个古老的预兆，并且是一个具有纪念碑式的色彩、令人无可争辩的古老预兆。

早在18世纪，卢梭和赫尔德就曾写道，根本不再存在德国人、法国人，有的只是欧洲人。通常，他们的话总被当成对真正统一的欧洲的令人欢喜的期待。事实上，卢梭和赫尔德都曾提出过一个令人恐惧的问题：欧洲在政治与经济方面统一的过程中，有没有可能会丢失其最伟大的资产，即文化的差异性？这种恐惧在英吉利海峡两岸和一些小的欧洲国家依然非常强烈。1989年我在荷兰的格罗宁根就深深感受到了这种恐惧。在街上，我看到一幅印着人物肖像与题词的海报，海报上写着："欧罗巴合众国？这只是他的想法！"没错，那海报上的人物是阿道夫·希特勒。在西方，欧洲大陆的知识分子长期以来心怀实现欧洲统一的梦想，然而，并不是所有人都像他们一样，把正在进行中的欧洲整合过程视为梦想的实现过程。并不是所有人都忘记了这个事实，甚至在希特勒和拿破仑之前，统一欧洲的想法通常就是为扩张与殖民服务的。

文化胜过权力

近年来，一个真正统一的欧洲似乎成为可行的政治选择。仿佛是突然之间，欧洲思想再次获得了荣光，并激发了新的激动情绪——至少是在短时间内，在经济恐慌与政治仇恨再次控制局势之前。新的激动情绪部分是因为文化人士在中欧和东欧的不同国家承担起了政治责任的事实引起的。人们必须回到19世纪末，具体地说是回到那时的德雷弗斯案件中，恢复那时公众热烈讨论的话题及私人关注的问题纷繁多样的场景。那时，知识分子扮演的角色相当于捷尔杰·康拉德、瓦茨拉夫·哈韦尔、布罗尼斯瓦夫·盖雷米克和米兰·昆德拉、切斯瓦夫·米沃什在中欧和东欧所起的作用。看起来，似乎托克维尔的预言已经变成了现实：在欧洲，文人已经掌权。

持不同政见的知识分子在精神上和政治上获得成功的原因之一

是，他们反对外界将“东部欧洲”一词粘贴在他们身上，使得这个词汇成为他们的政治倾向与地理特点的标签。与此相反，使用“中部欧洲”（Mitteleuropa）这一概念，使得知识分子能够逐渐将语义上的对抗转向政治斗争的领域。“中部欧洲”有很强的模糊性，听起来似乎是乌托邦小说的题目，它也因此有着不可低估的优势。[1]它绝不仅仅是地理位置的指称，而是文化景象的代言，它是一个永远需要阐释的政治思想。这种永远不会结束的、非常必要的阐释任务恰恰解释了为什么在波兰、匈牙利和捷克斯洛伐克这样的国家，诗人、散文家、小说家、艺术家和历史学家站在了精神与政治对抗的前沿。在这些国家中，至少是在一段时间内，正是这些阐释阶层改变了历史进程。

中欧由一些小的国家组成，它们的历史上唯一永恒不变的因素就是霸权力量的变化。这也是为什么在这些中欧国家的思想中，反讽与乌托邦式的追求成为其非常重要的特征。人们没有其他选择：他们只能依赖思想、怀疑现实。因此，小说与诗歌成为日常生活的一部分。他们从不把想象与预言指责为逃离现实的行为，因为那是他们唯一可以暂时栖息的乌托邦。这些想象与预言反映了他们忧郁的，最终却成功地改变世界的欲望。在19世纪初，费希特在其《封闭的商业国家》乌托邦般的描述中，描绘了关于所有极权主义政府的基本推测：“只要听不到抱怨之声，就可以假定一切按预定的进程发展。”而孟德斯鸠则恰恰相反，他认为，如果一个国家听不到分歧、争执与抱怨，就说明这个国家没有自由可言。中欧的许多知识分子走了很长弯路——从费希特又回到了孟德斯鸠。他们以牺牲事业、放弃机会为代价，创造出一种以争吵和抱怨为特征的文化，这种文化最终强大到足以推

1　1969年，奥地利作家奥斯瓦尔德·维纳尔出版了一部名为《中欧的改良》的小说。

翻旧政权的程度。他们为人权，即现代欧洲知识分子的理想而战的精神，赋予这些中欧与东欧的知识分子某种不可剥夺的权力，也使他们在政治权力中占有一席之地，而这种地位是西欧的知识分子无法奢望的。而像西班牙、葡萄牙和希腊这样的国家是例外，在这些国家中，对独裁和军事政权的记忆会在很长一段时间内保持鲜活，并因此影响了那些获得政治权力的人。

美国社会学家阿莫斯·埃隆描述了东欧是如何使文化战胜权力的，其中最主要的当属"布拉格之秋"的示威运动。"唯一有意义的反抗来自一些名声卓著的作家、哲学家和爵士音乐家——在捷克斯洛伐克，爵士乐是一种抗议形式，它被视作离经叛道的异端——以及青年学生。这些青年学生认为，只有通过文化，才会感受到更美好的世界中的更美好的生活。捷克斯洛伐克的改革派与反改革派之间的对抗阻止了国家教会的出现。在这样的国家中，文化领域一直以来是自由反叛的滋生地——从扬·胡斯大师的时代一直延续到20世纪托马斯·马萨里克教授的时代。在我们的时代，应该撰写一部伟大的著作，内容是关于哈韦尔、赛费特斯、昆德拉、科胡特、赫拉巴克和瓦库里克等人的。当其他方面的道德参考标准衰落的时候，只有文化——包括小说家、剧作家、演员、哲学家、诗人、电影制片人、艺术家、音乐家——在一定程度上保持了道德可信度和尊严，以及激励年轻人的能力。想一想在位于旧城广场的卡夫卡的窗下，一切都顺利地开始了！ 1989年的'布拉格之秋'就是文化战胜权力的表现。"[1] 也许有人会补充说，这是展示美学如何将道德封装的绝佳范例——似乎美学是世界上最自然的事物。

1989年后，文化声誉迅速转型为政治影响力的情形，成为中欧与东

1 埃隆，《在逃的记者：布拉格之秋》，第132页。

欧发展状况的普遍特征。许多知识分子在政界拥有了高官显位。这种加官晋爵的根本原因不是因为他们有政治经验和经济专长，更多的是因为他们对艺术的真诚热爱和道德上的正直笃实。曾任捷克总统的剧作家瓦茨拉夫·哈韦尔只是其中最显著的范例而已。让他们自己感到惊讶的是，欧洲人对现代英雄这一角色（抑或演员）的回归表示了极大的欢迎，因为这种人物已经从世界历史的舞台上销声匿迹很久了。卡莱尔的预言真的成了现实："我预言，世界会再一次变得真诚，再次成为一个有信仰的世界：那个世界中会有**许多**英雄，是英雄的世界！"在前现代时期，英雄是作为神圣之人和预言家，或者是诗人、神父和国王的形象出现在历史的舞台上的。然而，在未来的岁月中，英雄主义的主要形式之一就是现代社会的产物，即作为文人的英雄。卡莱尔写道，"（文人）努力在印刷发行的书籍中尽情展露心中的灵感与启示，并由此获得这个世界愿意提供给他的地位及生存的手段"，因此他们的确应该被视为"我们最重要的现代人"[1]。在波兰，一位名叫莱赫·瓦文萨的工人和一个名叫"团结工会"的团体成为推翻政权的关键因素。然而，与此同时，像亚当·米茨凯维奇和尤利乌斯·斯沃瓦茨基这样的作家又回来了，他们被波兰人像对待国王一样举行了葬礼，并被授予"先知"的荣誉称号。

卡莱尔试图解释为什么英雄的文人们会对现代历史的进程产生如此巨大的影响，他断言说，这是因为精神永远会决定物质——他似乎在特意地反驳后来出现的马克思主义观点。极具讽刺意味的是，他之所以成为"英雄"，一部分原因是因为他在通常情况下，根本没有表现出英雄般的姿态，而是充满自我怀疑与自我嘲讽的气质。对卡莱尔来说，

1　卡莱尔，《论英雄与英雄崇拜》，第384、403—404页。

在这些真正的文人身上能够发现神圣；他们是世界的光明，也是现代世界的精神牧师。卡莱尔把文人阶层看作整个世界范围内的教会一般，这个“世界教会”与传统的教会不同，它与朱利安·本达所称的“知识分子的背叛”一样，适用于同样的抗争氛围。虽然卡莱尔并没有使用“知识分子的背叛”一词，但他在谈话中已经把知识分子视为现代社会的英雄。

到了20世纪，知识分子的地位却逐渐衰落。知识分子在极权主义时代所掀起的“背叛”行为，似乎永远地毁掉了这种社会角色的道德主张。然而，在20世纪末，随着东部欧洲政权的没落，人们也能够意识到知识分子力量的再次复苏。他们在政治舞台上再次展现出英雄气概。对于像托马斯·卡莱尔这样的作家来说，写作与民主是相互联系的——“虚构的写作中，民主是必然的存在”[1]。文学就是精神领域内的议会。在20世纪，艺术家和诗人、散文家和小说家在将议会制带入中欧和东欧的过程中起到了重要的作用。于是在欧洲，在两大政治文化发生碰撞之后，人们可以想象这样一种结局：在经济方面贫穷的国家，知识分子有着极高的道德声望但却缺乏专长；而在经济方面富裕的国家，专业人士拥有极强的专业知识，对道德问题却缺乏认识。像瓦茨拉夫·哈韦尔这样的政治家与其他人，其中最重要的一位是生于波兰的教皇，一起极力主张中欧及东欧的国家不要模仿西欧的“专家”文化。俄罗斯著名作家索尔仁尼琴很早之前就提出过相似观点，令人记忆犹新的是他于1978年在哈佛大学作的著名演讲。中欧及东欧的国家非但不应效仿西欧，而且应该尽量保持自己的特色，即保持一种与众不同的自由文化。在这种文化中，公众道德家会继续扮演最为关键的角色。

1 卡莱尔，《论英雄与英雄崇拜》，第392页。

在教皇约翰·保罗二世的认识中，这种主张伴随着一种希望，即一个基督徒——即使不完全是天主教徒的话——重新征服欧洲的希望。专家与道德家之间的碰撞终于发生了，但是这种碰撞没有演变成持续不断的冲突，它只能算是历史中的一段插曲。

1989年1月17日，美国外交官乔治·F.凯南在美国参议院外交关系委员会上发表宣言时，强调了设计新型欧洲安全框架的必要性。他说："首先，在短期内，我建议敦促建立新型的、使国际社会普遍接纳的欧洲安全机制，并且至少要强行中止两种联盟机制的根本变化，这样可以给我们大家足够的时间以谨慎细致的方式开展准备工作，进行广泛的国际讨论并最终达成一致。"在委员会上讲话的显然又是一位知识分子的代表，而他所要求的只有一件事情，即考虑的时间。政治的突飞猛进威胁到了知识分子的真正使命。理论阶层的工作必然需要闲散时光，而这种闲散时光被剥夺的危险却越来越大，不受时间影响的永恒思考要为及时的政治建议让路。似乎很久以前，朱利安·本达这位现代"职员"的主要代表曾声称，本时本朝以外的事物才是自己真正的领域。他是在1941年写给安德烈·纪德的一封信中表达这个观点的，那时法国还在德国军队的占领之下。同年，弗朗索瓦·莫里亚克与他的出版人弗拉马里翁签署了合约，要创作四部没有任何现实关联的小说。对于本达来说，他在给纪德的信中所表达的观点是非常严肃认真的。避免随流跟风是知识分子要具备的主要美德，然而这种美德却在德雷弗斯案件中遭到摧毁，并在之后很长时间内无法恢复。知识分子的背叛包括他们进军政界的努力，以及因此对当前的事务施加影响的行为。

20世纪末成就了一个独一无二的时刻：突然之间，知识分子可以承担政治责任，变身为一个现代英雄；然而，他并不需要背叛其真正使命，因为美学信念可以左右政治规划。文化战胜了权力。不过，这只是一个插曲而已。领袖风采的常规表现走向了末路，许多英雄人物接纳了维尔纳·松巴特的特点分析，意识到如果他们不尽快变身为管理者，就会面临着从政治舞台消失的危险。在第二轮自由选举中，中欧和东欧的前共产主义者几乎全部重返政界、重掌权力。那些拒绝成为管理者的英雄们则被边缘化。公众的道德典范变成了公众的“仆人”。同时，对从前的、具有侵略倾向的单一民族国家产生的忧虑又一次萦绕在欧洲上空，反犹主义和仇外思想变得越来越强烈，种族清洗之风再次盛行。之后，令人无法相信的是，新的欧洲战争在巴尔干半岛爆发，萨拉热窝重又变成死亡与毁灭的象征。加速欧洲扩张似乎是阻止欧洲大陆重新跌进惯常的斗争与冲突深渊之中的唯一策略。

在这个进程中，文化政策所起的作用有自相矛盾之处。这种矛盾性在于，作家的出众文采和严苛的经济现实之间存在着难以选择的尴尬局面。作家的华美文章召唤更多的欧洲国家加入欧盟，而严苛的经济现实却使那些期望经济状况更上一层楼的富裕国家采取保护自己的策略，因此不愿接纳经济落后的国家。在中欧，卡夫卡拥有大量的读者，欧洲的境况使这些读者想起了卡夫卡一篇短小的、没有标题的断章。卡夫卡写道：“我们五个是朋友，一天，我们一个接一个从房子中走出来。第一个走出来，站在了门边，接着第二个走了出来，或者说他就像一个涂了水银的小亮球一样悄然滑过门边，站在了第一个人身边。接下来是第三个、第四个，还有第五个。最后我们五个站成了一排。人们开始注意到我们，他们指着我们说，这几个人刚刚从房子里出来。从此以后，我们就一直生活在一起，如果没有第六个人一再地骚扰我们的话，我们会过得非常平静。第六人个并没有伤害我们，可他打扰了我们的生活，这本身就使我们深受伤害。他为什么强行闯入并不欢迎他的地方？我们不认识他，也不想让他加入我们的行列。当然，我们五个人最初也并不认识彼此，或者可以说我们现在也谈不上相互了解，但是在我们之间可能发生的事情、能够彼此容忍的事情，对第六个人则不可能，也不能对他宽容。无论如何，我们是五人小组，不想成为六人小组。我们五人一组的存在方式究竟有什么特别的意义吗？其实，我们五个在一起也没有什么意义可言，但是我们组合在一起了，还想维持这种组成方式。我们不想建立新的组合，这仅仅是由经验决定的。可是我们的想法怎么才能对第六个人说清楚呢？冗长的解释也许最终会导致接受他加入我们的圈子，因此我们宁愿既不解释也不接纳。不管他有多不高兴，嘴噘得多高，我们都会用胳膊肘把他推开，不过不管我们怎么用劲推他，他还是会回来。”[1]

中欧及东欧的叛逆者赢得了自由，却也因此付出了代价：几乎是在一夜之间，他们就变成了西欧的穷亲戚，而西欧也不得不对他们采取负责的态度。西欧的观察者曾激动万分地观看东欧大地上发生的一系列变化；而在东欧步入遥远漫长、充满官僚气息的一道道程序，以期通过这些程序使新型的民主最终在欧洲联盟落户安家时，东欧却成为西欧人的麻烦。在1989年之前，人们必须通过诗歌、小说和戏剧来了解“铁幕”后面发生的一切。如今，一部长达八万页的、所有欧洲联盟的未来成员必须遵守的名为《欧盟法律》的文件，会真的成为东欧及西欧的必读之物吗？[2]

过分强调文化的意义成为欧盟应对自己坏掉的良心的一种策略。

1　弗兰茨·卡夫卡，《友谊》，载于《一场斗争的描述》，第217—218页。德语原版小说中，这一章节没有标题，见卡夫卡，《遗著与断章》，约斯特·席勒梅主编（法兰克福：菲舍尔出版社，1992年），第2卷，第313—314页。

2　参见斯莫拉尔，《1989——历史与纪念》。

西欧在拒绝东欧的国家加入共同市场的时候，先邀请他们加入北大西洋公约组织，并且对东欧的文化成就大力称颂。军事与文化的邀请及诱惑弥补了经济差异，正因如此，西欧的文化政策在东欧的名声相当糟糕。这种政策被视为一种逃避、一种廉价的借口。在西方的论述中，这种情况所传递的信息就是"中欧"这一概念的幸存。"中欧"是隐藏在文化面具之后的一种政治思想。以这个名义追求理想有着巨大的政治意义——这种情况一直持续到1989年。然而，在那之后，它失去了其功能及其感染力，因为政治不再需要文化的掩饰。令人浮想联翩的"中欧"一词再次活跃在西方的话语中，但它只是作为一种愚弄人的策略出现：文化仁慈必须为政治惰性提供伪装。

弗里德里希·瑙曼是第一批大力发展统一的"中欧"这一乌托邦梦想的人，他的著作《中欧》于1915年，即第一次世界大战中期问世。他坚信："不管经济因素多么重要，都无法单独为了实现'中欧'梦想而燃起必要的热情。"要实现"中欧"梦想，还需要"思想家和诗人"。然而，瑙曼从来也没有陷入以文化替代政治的危险之中，他的根本目的是"使'中欧'梦想成为在很大程度上自立，并且能够颇见实效的统一的经济思想"。在欧盟成立之后，这种乌托邦式的经济梦想不再具有可行性，"中欧"梦想只剩下其文化标签，这种变化甚至更加没有意义，而在政治上也更加危险。[1]

随着欧盟的不断扩大，文化与政治的冲突似乎结束了。然而，人们不应该如此迅速地接受这个乐观的判断。过去几十年的历史告诉我们，要判断一个事件会开辟一个新纪元并带来深刻的历史变化，或者这件事情只是一个小小的插曲，只是历史进程中转瞬即逝、微不足道的声

---

1 弗里德里希·瑙曼，《中欧》，第x、34、41页。

音，是非常困难的。对20世纪末的中欧和东欧会发生什么情况做出了最精准预言的，不是欧洲的文化英雄，而是美国的政治家。美国前副总统丹・奎尔宣称："近年来中欧和东欧的进展是不可逆转的。"他又补充说："不过这种情况在任何时候都有可能发生变化。"奎尔的语法错误虽然不少，但是他的预言比起许多精雕细琢、反复修改的对外政策专家的言论要正确得多。

十

反讽与政治：欧洲与美国的文化爱国主义

热爱美国的欧洲人

托马斯·曼不仅希望成为美国公民，更希望被人看作美国的爱国人士。然而，这话说起来容易做起来难。1941年9月，托马斯·曼与陈旧过时的美国爱国主义持疏远姿态，因为那种爱国主义思想的座右铭是"美国第一"，这让托马斯·曼想到了致命的"德国，德国，高于一切"的思想。他抵制"美国第一民族委员会"，这个组织也自称为"无干预党派"。它是由罗伯特·伍德将军于1940年在芝加哥建立的，伍德将军是西尔斯·罗巴克公司的主席。这个组织声称共有大约八万名成员，其中包括亨利·福特、亨利·卡伯特·洛奇和查尔斯·林德伯格——"真正"的林德伯格，在菲利普·罗斯于2004年出版了小说《反美阴谋》后，没有人不知道林德伯格是谁。托马斯·曼指责说，美国退隐到一种廉价而不负责任的孤立主义之中，放弃了其最为崇高的理想。三个月后，发生了震惊世人的珍珠港事件，美国加入第二次世界大战，

"美国第一民族委员会"解散，于是托马斯·曼再也不用为陈旧过时的、倾向于孤立的美国爱国主义担忧了。

1942年圣诞前夜，在晚宴客人到达之前，托马斯·曼在其加州的家中给其朋友阿格尼丝·迈尔写了一封信，在信中他明显表露了其重拾的信心。托马斯·曼给她送去了良好的祝愿，并感谢她在这个目前是他的家，然而对他来说却永远是异乡的国家所给予的帮助。他称赞了迈尔热情洋溢但冷静务实的爱国主义；同时，他自己也已经成为这样的美国爱国人士。在一篇为12月10日在纽约举办的诺贝尔颁奖晚宴准备的演说中，他表达了他的期望——他希望整个世界迟早会"美国化"。他补充道，这种"美国化"是在"某种基本的道德意义上"，而且"华盛顿的和平"会在全世界成为风尚。托马斯·曼并没有出席晚宴，他的女儿埃丽卡代替他在晚宴上宣读了这篇演说。道德混乱已经将欧洲大陆的国家推向了灾难的边缘，面对这种情况，为道德行为赋予清晰的规则，并使这些规则在世界范围内取得胜利，是抵制灾难、恢复健康状态的最佳药方。正是因为信奉这些规则，前辈们创建了联盟。

作为一名货真价实的欧洲人，这番话颇有些反讽的味道，托马斯·曼也清楚地承认这一点。不过，他的反讽在另外一个诺贝尔奖获得者及晚宴发言人那里却失去了效力。赛珍珠对他的演讲词作了回应。在迷惑不解的托马斯·曼的眼中，赛珍珠更像是位中国人，算不上是美国的爱国者。她听到"美国化"一词时非常震惊，并预言说，这个词将会被误用，并成为美国帝国主义思想的语言遮羞布，不仅协助美国去完成经济霸权，也会助其达成政治目标，尤其是在亚洲。《纽约时报》的一篇社论将托马斯·曼与赛珍珠的意见分歧昭示天下。该报请托马斯·曼重复他在一篇准备命名为《世界的美国化》的文章中所阐述的观点，他却婉拒了这个邀请。《纽约时报》的编辑们觉得托马斯·曼的拒绝非常傲慢无礼，托马斯·曼为此表示很生气。在公共演讲中使用“美国化”这个词完全是出于无心，根本没做深入考虑，为什么要让他为一个这样的术语进行辩护？为什么一定要让他卷入政治？在写给阿格尼丝·迈尔的另一封信中，他表示，他非常渴望和平，也渴望在整个欧洲恢复美好的君主政体和信奉天主教的、半法西斯主义政体，正如美国国务院所梦想的那样。考虑到赛珍珠的激烈反应，托马斯·曼又补充道：“我很怕你会把我刚说过的话当真。”[1]看来反讽是欧洲的专属物，要走出欧洲还真不容易。

托马斯·曼成为美国公民，并且成为美国的爱国人士，很大程度上归因于他对罗斯福的崇拜与景仰。不过，他对美国的感情一直处于矛盾状态。他从来没放弃过战后返回欧洲的想法。1951年，一位德国朋友写信给他，说他非常渴望离开欧洲大陆，那时德国的重整军备进行得非常顺利，托马斯·曼对朋友的愿望表示了同情，但他也表明了自己想回到欧洲的渴望。这种对美国既爱又恨的混合情绪是对托马斯·曼最爱讲的一个小故事的绝佳说明：两个移民在大西洋的中央相遇，一个漂洋过海想去欧洲，另一个想去美国。两个人大喊着问了对方同样的问题：“你疯了吗？”回到德国是不可能的事情。根据其政治观点，他最应该选择英国作为居住地；但是，正如托马斯·曼所说，居住在一个气候极为糟糕，饮食也极为糟糕的国家“有点令人不快”（un poco troppo）。1952年6月，托马斯·曼和妻子卡蒂娅离开了美国，永久地定居在瑞士。这时，托马斯·曼突然之间将美国称为“暴徒之邦”、“一场气氛被调控了的噩梦”。

---

1 托马斯·曼于1943年1月23日写给阿格尼丝·迈尔的信，见《书信集，1937—1955》，第459页。

1953年，法国一家有着动听的刊名——《理解》——的杂志请托马斯·曼解释他返回欧洲的原因。他以一篇名为《从美国回来》的文章作答。他在文章中用热情洋溢的言辞对这个热情接纳希特勒德国的难民的国家表示感谢，这个国家不仅给他提供了公民身份，还不断对他的文化作品予以嘉奖。不过，托马斯·曼还写道，他在美国居住的时间越长，他就越发感觉自己是个欧洲人，而且必须回到欧洲去。不管年龄多大，只要有可能，他就会立刻回去。于是，他再一次改变了他的生活基础。他已经七十八岁高龄了。1933年，政治曾迫使他离开德国，他也因此远离了欧洲；1952年，政治又成为他离开美国的原因。美国作为史无前例的超级大国的崛起令人担忧。他对欧洲与美国签署的军事协定感到恐惧。麦卡锡主义走上了穷途末路。来自纳粹德国的难民期待着麦卡锡的日渐没落——麦卡锡主义于1953年宣布失势，但是在一年后才彻底败落，而这些难民在严格审查制度与相互检举告发的氛围中感到非常压抑。令人产生误解的语义使得极具攻击性的因循守旧主义躲藏在被过度使用，也因此被滥用的“忠诚”一词的背后。学术研究处于危险之中。托马斯·曼曾经在国会调查会上为作曲家汉斯·艾斯勒辩护，于是他害怕他会被当作同党遭受折磨。他愤懑地说，如今，人们最多只敢发表像关于叔本华哲学中分号的使用技巧的文章。对他来说，自由注定会在这个所谓的“自由之邦”消亡。欧洲才是自由思想的故乡，美国不是。而且，托马斯·曼坚信，勇气可嘉的自我克制才是保持自由的更好土壤，军事力量则相形失色。他希望欧洲能在正在升级的美国与苏联、资本主义与共产主义的对抗中以第三种力量出现，即以调停人的身份出现。[1]

1　第二次世界大战后，托马斯·曼对政治状况的详细而全面评述，参见斯塔霍斯基主编，《脆弱的共和》。

托马斯·曼对美国所持的后移民怀疑思想令许多人惊讶不已，但并不是所有人都引以为怪。1942年，德裔美国神学家赖因霍尔德·尼布尔发表了一篇针对《时代要求》的评论文章。《时代要求》是托马斯·曼"二十年间的政治文章与演说集"，其中包括了被删掉的一篇写于1922年的演讲稿，那篇演讲稿的主题是为德意志共和国进行辩护。尼布尔称这篇文章是为作者早年对政治持漠不关心态度的"漂亮的自我惩罚"之作，虽然他的本意是进行赞美。托马斯·曼曾刻意将诺瓦利斯和惠特曼相提并论，试图通过这种比较赢得德国青年对民主进程的关注与支持，而尼布尔却在这种刻意的强调中见到了信心的缺乏。尼布尔问道："只要曾散布我们的传统观念的是卢梭而非约翰·洛克，那么在没有德国人的国土上，民主将会变成什么？值得注意的是，即使在托马斯·曼对民主表示拥护之后，他也在德国浪漫主义者诺瓦利斯与我们自己的浪漫主义者惠特曼的思想中找到了许多相似之处。卢梭、诺瓦利斯和惠特曼也许会说服我们去爱普通大众，然而更迫切的要求是将他们从自己手中、从彼此手中解救出来。"[1]尼布尔这位神学家，不相信托马斯·曼思想的民主转向。他谈及了托马斯·曼的悲哀，因为他无法切断自己与德国浪漫主义

1 尼布尔，《托马斯·曼的政治文集》，第584页。诺曼·波德霍雷茨讲述了约翰·洛克与德国文化的另一次对抗："尽管有纳粹主义，而且某种意义上说恰恰由于纳粹主义，德国人坚持认为德国文化独占鳌头。这种优越感不仅仅是针对美国而言的。一天晚上，汉娜·阿伦特到我们的公寓参加一次小型晚宴，晚宴的另外一位客人是德国犹太学者，他本来在英国避难，这次是从伦敦到纽约来做访问的。在谈话的过程中，有人提到了约翰·洛克，汉娜转头对着犹太学者说，'啊，那些英国佬，他们自认为拥有哲学家。'这两个人觉得这个想法有意思，轻声笑了笑。不管怎样，难道洛克能够与海德格尔相提并论吗？他们两个没有一个人认为洛克与海德格尔有可比性，事实上洛克与其后继者为自由社会奠定了哲学基础，而海德格尔却在他的哲学与支持纳粹之间找到了调和之路。"诺曼·波德霍雷茨，《汉娜·阿伦特的犹太问题——以及我的问题》，载于波德霍雷茨，《以前的朋友》，第172页注释。

之间的联系，而德国浪漫主义正是纳粹思想的源泉。令人惊讶的是，托马斯·曼没有像以前一样，他在遭到这次批评时表示了极大的宽容和忍耐，觉得这篇评论“显示出不同寻常的美丽及智慧”。不过，他的悲哀不是无法使自己与德国浪漫主义分道扬镳——他是有意地不愿与其分离。

托马斯·曼这位美国公民，不仅接受了欧洲对美国政治的批评，甚至采取了支持的态度。然而，他反对这样的观点，即资本主义美国正在向着法西斯社会的方向演变；而特奥多尔·阿多诺与另外一些人却对这个观点表示赞同。美国民主的基础是坚实不可动摇的；美国的牺牲使得希特勒的失败成为可能，将这样一个国家与纳粹德国相比是荒唐可笑的。还有，政治不是美国打算全力保卫的领地。托马斯·曼这位新生的欧洲人，却对美国文化极尽赞美之辞。美国的大城市是辉煌艺术的聚集地；波士顿、纽约和费城有全世界最优秀的乐队；美国的电台保证每天晚上、每个地方都能听到古典音乐和现代音乐；报告厅不像欧洲那样只能坐满几百人而已，而是能容纳上千的听众；社会小说在美国达到了新的高潮；美国文化批评的文雅精致和敏锐感受也可以与法国相媲美。然而，美国文化却并不仅仅限于精英阶层，大量的公众也从中受益，至少在芝加哥自然历史博物馆这样的机构之中是如此。对于这个博物馆，只要托马斯·曼在芝加哥，就一定会前去参观。

在一位美国浪漫主义者看来，第一次世界大战后，美国民主曾促使托马斯·曼称赞德国共和；第二次世界大战后，这位德国人对文化所持的浪漫观点又促使他增加了对美国政治的批判。最终，与其说托马斯·曼对美国的民主传统与政治充满崇敬，不如说他崇敬美国的乐队和图书馆、美国的文学、美国的评论风尚以及美国的博物馆。美国纽约的大都会歌剧院（几乎）永远也不会关闭：因为文化是主角。[1]

哈姆雷特与福丁布拉斯

1949年，牛津大学邀请托马斯·曼在纪念歌德诞辰两百周年之际来作演说。托马斯·曼接受了邀请，正如我们所看到的，他不仅在牛津大学作了演说，而且还在美国及许多欧洲国家进行了演讲，其中包括德国。这一系列演讲的序曲是他于1949年5月2日在美国国会图书馆所作的题为“歌德与民主”的演说。这也是一次论及欧洲和美国作为两种不同政治性格代表的演说。美国一直令歌德非常着迷，对歌德来说，美国的独立战争“解救了人性”。他不止一次地推测，如果他不知道康德，也没有受到欧洲历史和文化的沉重积淀的影响，而是在青年时期漂洋过海到了美国的话，他将会成为什么样的人。歌德把美国称为神奇的国家，并且认为美国的精神与经济会没有边界、没有限制地增长。在他生命的最后阶段，他没有什么期待，只是希望能够见证新世界那激动人心的发展态势。然而，他知道他的时日不多，有许多快乐无法分享，比如说巴拿马运河的开通——不论对文明世界还是“非文明”的世界，这项工程都有着极其深远的影响。

在歌德的小说《威廉·迈斯特的漫游年代》中，美国被称赞为欧洲痛苦的解救者。在《献给美国》一诗中，歌德不仅羡慕美国没有颓废破败的城堡，也钦慕美国没有那些折磨欧洲人的无用记忆，以及对自己身份的毫无结果、毫无价值的思索。歌德把德国人特有的思想倾向和精

---

1 要了解美国“文化”对托马斯·曼和特奥多尔·阿多诺的微弱影响，参见迈克尔·瑙曼，《流亡中的托马斯·曼和特奥多尔·W.阿多诺》。

神状态延伸到了整个欧洲。在两百年后，托马斯·曼同样说道，欧洲承受着慢性病的折磨，承受着自己造成的头痛之苦。欧洲人总是不断地在思考：作为欧洲人意味着什么？欧洲是从哪里来的？它的发端在哪里？终点又在何方？终日沉浸在这些没有答案的问题的苦思冥想中，使得欧洲对政治行为颇不适应，而美国对世界的影响则越来越明显、越来越强烈。对于任何相信欧洲的复苏必须依靠美国的人来说，歌德是其强大的后盾。

歌德对美国的热情绝不是昙花一现的知识分子的奇思怪想，这种热情根源于他坚定的政治信念，这种信念不可能期待从魏玛宫廷的大臣那里得到。托马斯·曼欣赏这种热情，他写道，人们应该理解歌德那颇具美国色彩的座右铭"成功做事"，这不仅是民主实用主义的表达，它更多的是出自对常识的理解，而非意识形态的反映。令人惊讶的是，托马斯·曼断言，民主的欧洲可以指望歌德，他已经非常了解美国为自由而战对世界造成的影响。最终，这场战斗会引导全世界走向民主的道路。民主理想是联结欧洲大陆与新世界的纽带，于是，"西方"产生了。

然而，托马斯·曼说，美国与欧洲之间政治与文化的分歧却不会完全消失。由于欧洲与美国分别代表两种不同的政治性格，因此绝对的结合是更加不可能实现的。在第一次世界大战期间，保罗·瓦莱里已经把欧洲比作哈姆雷特的大陆。托马斯·曼则阐释得更深入："未来属于今天的人们，他们的思想与'常识'指向最易得到的、最有用的事情；未来属于激情与活力未受苍白思想玷污的人。不仅仅德国，整个欧洲都是哈姆雷特，福丁布拉斯则是美国。"[1]哈姆雷特这个丹麦王子是位

1　托马斯·曼，《歌德与民主》，载于托马斯·曼，《演讲集》，第130页。从一部莎士比亚的戏剧中，可以找出两种截然不同的政治性格，然而莎士比亚的故乡英格兰却被奇怪地抛在一边。

怀疑者,同时也是位沉思者,他在必要的时候总是不能采取行动,因此在后来,他被迫采取行动,却导致事情变得越发糟糕。而挪威国王的年轻儿子却丝毫没有受到“苍白思想玷污”,他的行为有力而迅速。他坚信,也许他并不能总是站在法律一边,但可以肯定,最强者的法律一定为他而设。雅克·德洛尔在指责欧洲人反省自我、深入思索时用到了哈姆雷特的比喻,他认为欧洲人持续不断的沉思与犹疑使得欧盟无法在世界舞台上起到强有力的主导作用。美国没有陷入哈姆雷特式深思的危险之中,而欧洲则亟须学习怎样像福丁布拉斯那样采取行动。

1992年,帕特里克·布坎南在共和党总统候选人初轮选举中发动了一场强烈程度令人震惊的运动,提出了明确反对帝国主义的政治纲领。这个纲领性的指导原则也是一本书的书名:《共和,而非帝国》。在这本书中,布坎南将美利坚合众国戏称为福丁布拉斯,他最终总是会介入欧洲与亚洲两大家庭的决斗中,而其他国家却胆小懦弱,总是愿意扮演哈姆雷特的角色。尽管布坎南的对外政策没有获胜,但它成为许多美国人自我理解、自我认识的一部分,同时也使一些欧洲政治家确认美国拥有福丁布拉斯的性格,而欧洲却像是哈姆雷特。在莎士比亚的《哈姆雷特》的结尾,福丁布拉斯宣布:“我在这个王国内本来也有被铭记,即继承王位的权利,现在国中无主,正是我要求这一个权利的机会。”有趣的是,在施莱格尔和蒂克的德语译文中,却找不到“铭记”一词。然而,就美国对欧洲密切关注的程度来看,要理解美国政治,却看不到美国政治在多大程度上是一种铭记的政治是行不通的。美国人没有忘记——而且急切地提醒他们的朋友与盟国——在20世纪,他们会经常不断地向欧洲提供帮助。美国不仅仅是福丁布拉斯那样简单,而欧洲却依然是哈姆雷特。

使具有福丁布拉斯气质的美国与具有哈姆雷特气质的欧洲相对

比，很容易诱使人们将原来比较单纯的政治与文化的对抗视作行动领域与思想领域之间的冲突。在《威廉·迈斯特的漫游年代》的结尾，在这部将美国歌颂为欧洲苦难的救星的小说中，歌德似乎突然想起了其精神思想的源头，于是开始为欧洲文化进行强有力的辩护。他说："这种无价的文化，经过长达几千年之久的形成、发展、传播的过程，虽然遭受过抑制和镇压，却从未被消灭。它重新振奋，获得新生，并会继续前行，直至永远。"[1]既能对美国表示敬佩，又能同时保留对欧洲的骄傲，是无与伦比的精神独立与强大的个体自由的体现。托马斯·曼常常是沿着歌德的脚步前进的漫游者，当他拒绝加入欧洲人组成的唱诗班时，他也表现出极为相近的独立——那些欧洲人以屈尊俯就的态度看待他们所嘲弄奚落的"所谓的美国文化"。歌德和托马斯·曼都没有屈服于通过贬低美国来抬高欧洲的文化爱国主义。

在举世震惊的2001年9月11日之后，有一段时间看起来似乎美国和欧洲世界观的差异逐渐消失，似乎因为面临着相同的威胁，"西方"将会获得新生。2001年12月，唐·德利洛在《哈珀斯》杂志上发表了一篇文章，题为《在未来的废墟中》。这篇文章试图去面对并理解惊人的9·11事件——文章承认，双方达成妥协是根本不可能的。德利洛坚持认为，现代性和西方世界都不是恐怖分子的目标。恐怖分子的目标是美国："是美国引起了他们的愤怒。它是我们现代发展的亮丽假象，是我们先进技术的一根利刺，是我们感知到的邪恶与不敬，是我们对外政策的迟钝表现。正是美国文化的力量穿透了每一面墙，介入了每一个家庭，影响了每一个生命，刺进了每一个头脑。"[2]然而，大多数民主国家

1　歌德，《威廉·迈斯特的漫游年代》，引自托马斯·曼，《歌德与民主》，载于托马斯·曼，《演讲集》，第128页。

2　德利洛，《在未来的废墟中》，第33页。

却坚持认为它们同美国一样遭遇了袭击。如果说9·11是对美国的袭击，那么西方也与美国无异，正如法国的著名报纸《世界报》的著名头版标题所说，“我们都是美国人”。

这个声明没能阻止布什政府发动“反恐战争”，以及入侵伊拉克的决定——作为反恐战争的一部分。随着侵略战争的展开，美国和欧洲在判断与观点上的差异再一次显露出来，大西洋两岸文明的冲突再现。这种冲突使得对美国持强烈批评态度的欧洲人忘记了一个事实，那就是在两百年前，第一个欧洲人的联盟首先是在美国成立起来的。同时，布什政府的成员又要求美国人与欧洲传统划清界线。然而，很明显，美国在很大程度上依然是戴着面具的欧洲——反过来也是如此。美国人认为他们的文明非常优越，这种带有宗教意味的信念古已有之。他们面临着这样一个问题，即他们自己的价值观是应该通过暴力形式强加于他人身上，还是应该通过劝导的方式灌输给他人。早期的美国定居者选择了他们所谓的“新外交”一词，使他们的政策与欧洲君主的好战政策区别开来。当时还在詹姆斯·门罗总统的政府中任国务卿的约翰·昆西·亚当斯，这位未来的总统，曾于1821年7月4日说道：“美国不会到海外去寻找毒蛇猛兽加以摧毁……美国非常清楚，一旦它脱离自己的旗帜而站在别的旗帜下，也许这些旗帜是国外的独立旗，它都会陷入利益与阴谋的战争之中，陷入个人贪婪、嫉妒与野心的战争之中而不能自拔，因为这种战争往往打着自由的旗号，盗用自由的标准……美国也许会成为世界的独裁者。美国将不再是自我精神的主宰。”这便是美国的早期信条，即民意劝导远远高于军事力量。[1]

1 吉尔伯特，《告别演说》。在这个演说中，吉尔伯特分析了早期的美国民主倾向，认为亚当斯的著名引文是其特点的体现。

同时，认为进步、自由和文明在必要的情况下要借助国内和国外的军事力量才能传播开来的思想，是法国人提出的，而非美国人。1792年后，法国革命者陷入了一种传教式的狂怒中，他们希望到国门之外作战，目的不仅仅是捍卫自己，而且还要传播文明与共和理想。在《美国精神的封闭》一书中，艾伦·布卢姆曾写道："当我们美国人严肃地谈起政治时，就意味着我们的自由与平等原则以及建立在这些原则之上的权利是合理的，而且在世界上任何角落都适用。"他最后说，只有立法手段才能"迫使那些不接受这些原则的人依此行事"[1]。但是，认为在长期看来，只有当民主与人权在世界所有角落扎根后，整个世界才会安全稳定的想法，是地地道道的法国思想。根据这种思想，必要时是可以使用武力的。美国政治显然受到了这种思想的影响。

在讨论入侵伊拉克的可行性问题时，美国安全委员会中有着一种奇怪的思想交叉。美国人因为法国人不愿过早放弃外交努力而怒火中烧，而法国人的这种姿态令人回想起早期美国人的政策及其柔和地通过外交手段进行劝说的方式。与此相对应的是，法国人却指责美国人企图通过武力来传播自由与文明的方式；而这种方式却是地道的法国思想，而且只要圣茹斯特或拿破仑的影响依然存在的话，这也是巴黎的任何一届政府都愿意追随的思想。法国与美国的相互攻击，其实就是在鞭挞它们自己的过去。有了这种历史积淀的深刻洞见，美国与"古老欧洲"之间的冲突看起来更像是一出肥皂剧，而非真正意义上的政治对抗，尽管这种"对抗"似乎愈演愈烈——一方是由美国副总统切尼和美国国防部长拉姆斯菲尔德为代表所表现出的毫无外交策略的笨拙，另一方则像法国总统希拉克这样的欧洲政治家那样，将希望寄托于梦幻中的力量。

---

1 布卢姆，《美国精神的封闭》，第153页。

欧洲侏儒与美国巨人

在与美国的政治与文化冲突中，欧洲人想到了一种强有力的武器：反讽。在讨论对伊战争的必要性与正当性时，“侏儒”一词成为新的政治词汇。美国官员首次称法国和德国为“道德侏儒”——作为对他们懦弱表现的惩罚。随后，这个称呼延伸到所有欧洲人身上，大西洋对岸的人都被称作“侏儒”，除了英国、西班牙与波兰。随之北约秘书长罗伯逊恭顺地保证，欧洲的国防开支将会大幅度迅速增长，这样，就没有人会再将欧洲人称为“军事侏儒”了。欧洲人要感谢美国作家罗伯特·卡根，是他将他们的注意力吸引到“侏儒”一词上的，这个词最早出现在政治哲学的论述当中，尽管卡根的做法也许是无意而为的。在他经常被援引的著作《天堂与权力》中，卡根开玩笑说，欧洲人大概是爱与美的女神维纳斯的后裔，而美国人的先辈则是战神玛尔斯。这种差异简单明了，但是卡根也许根本没想到，这个区别在某种意义上用处极大。他提出这种有争议的差异，即崇尚霍布斯思想的美国人与推崇康德思想的欧洲人之间的差异——霍布斯的世界中永远有战争和冲突，而康德代表永久和平的世界。这种对比促使人们不得不再次阅读霍布斯和康德，尤其是对康德持怀疑态度的欧洲人。

其实一些人早已明白，当然许多人是在阅读之后才真正了解，康德的永久和平之邦只不过是幻想中的美妙天堂而已。其实几乎正相反，它是对现实政治——抛却道德考虑的实用政治——早期的、强有力的渴求，同时也是对现实政治局限性的追问。康德作品中的怀疑精神远非卡根所能想象。首先，“永久和平”是反讽性相当深刻的字眼，它来自“一个荷兰客栈老板的店标上的讽刺性题字，店标上的画是一片墓园”。

永久和平属于死去的人，与活着的人无关。这是一个具有调节功能的思想，而非理想主义者对严酷现实的误解。在康德看来，我们也许对历史的演变寄予无尽的希望，而这种希望却因人性的缘故而有了边界，正如用弯曲的树木永远无法做出刚直的东西一样。在战争期间，康德的出版商请求他将其备受欢迎的文章《世界公民观点之下的普遍历史观念》一文进行与时俱进的更新，伟大的哲学家断然拒绝了这个要求。当世界列强在世界舞台上进行撼天动地的表演时，康德写信给他的出版商说，"'侏儒们'保持平静，不干涉、不介入世界上最强大力量之间的事务"是最好的选择。而《剖析忧郁》一书的作者罗伯特·伯顿早在17世纪就曾经写道："站在巨人肩膀上的侏儒看得比巨人更远。"欧洲如果不与美国割断联系，就将是站在美国这个巨人肩膀上的目光远大的侏儒。能够合理合法地成为对抗政治狂妄和经济侵略的武器的是反讽，而非愤世嫉俗和幸灾乐祸。欧洲人实在应该感谢这位从康德身上挖掘出"政治反讽"大师特点的美国作家。

美国历史的反讽

当托马斯·曼即将完成《一个非政治人物的反思》一书时，他渐渐意识到，他不可能像他在第一次世界大战期间、在撰写这本书期间所想象的那样，长时间坚持反欧洲、轻民主的姿态。这时，他从康德身上发现了政治反讽大师的特点，这令托马斯·曼心情舒畅。还有一些其他的反讽大师，比如亚当·米勒、弗里德里希·根茨、海涅、尼采和易卜生，但是康德是首屈一指的："反讽。我看到其他人看不到的，这自然是可能的；但是在我看来，这仅仅是因为人们不能在充分理解的基础上把握这个概念，这个概念永远不能赋予过多的伦理和政治意义。康德在经过一场惊人的但空前成功的认识论活动之后，在‘实践理性的设准’的名义下再次引介一切，使得他刚刚通过批判所粉碎的一切再一次成为可能……从这里我看到了政治反讽之所在。”[1]另一个政治反讽的例子来自亚当·米勒，他给出的政治与治国艺术的定义与正义恰恰相对。他认为政治与治国艺术原则上教育我们“在具有历史进步性和绝对正义感的政府中‘表现出某种宽容’，用道德良心、常识判断、现在与未来以及实用性来与政治达成和解”。

假定托马斯·曼对这种政治反讽怀有某种忧郁的喜悦，那么尼布尔后来撰写了一本名为《美国历史的反讽》的书就应该不是巧合。[2]尼布尔是另一位德裔的美国作家，他对托马斯·曼写出的“完美的反讽作品”印象深刻。美国历史上的反讽源于世界上独一无二的强国要在全球范围内行使权力的必要性。“我们的理想主义者分为两类：一类为了保持我们灵魂的纯洁，坚持放弃强国的责任；另一类却做好准备，让我们的行动涵盖所有善恶晦暗不清的地方，要通过他们狂热的坚持，使任何动机合理、目标正确的行动都必须且毫不含糊地取得胜利。”[3]正是美国历史的困境以及随之而来的美国政治的困境造成了这种差异——是要过于轻松地逃避责任，还是对自己的美国有着过于强大的信心。尼布尔的书出版于1952年，今天开卷重读，人们马上就会理解，为什么这本书被称为关于反恐战争和第二次对伊战争的最佳书籍。五十多年前，尼布尔引用了一位欧洲政治家的话，这位政治家说：“美国权力在为美国理想主义服务的过程中会产生一种情形，在这种情形中，你犯错的

1 托马斯·曼，《一个非政治人物的反思》，第429页。

2 尼布尔，《美国历史的反讽》。尼布尔曾称托马斯·曼的文章《那个人是我的兄弟》是“完美的反讽作品”。见尼布尔，《托马斯·曼政治文集》，第584页。

3 尼布尔，《美国历史的反讽》，第5页。

时候我们无法提出改正意见，而你自己又能因为太过理想主义而无法自行修正。”为了避免这种过于高估自己智慧的纯洁性的危险，人们必须明白，“如果对美德中的反讽倾向寄予过高的、过于自信的期望，那么它就会转化为邪恶”[1]。

美国和欧洲之间的冲突不仅仅局限于政治领域，也不仅仅局限于当前大西洋两岸的政府中。文化领域中的冲突是不可避免的，其影响和伤害也是必然的。2003年11月和12月的两篇书评，可以被看作美国与欧洲文化差异的标志。这种冲突比“古老欧洲”与“新世界”之间在北约的未来和联合国的角色上表现出的分歧更加深重。它们反映了乔治·斯坦纳忧伤而毁灭性的诊断：“犹太人的孤立落寞、颠沛流离，以及在社会和政治上的耻辱与基督教的幽深影响密不可分的关系，它们共同成就了欧洲既辉煌又卑劣的历史，这一点向来是不言自明的。”[2]

2003年11月，辛西娅·奥齐克为《纽约时报书评专刊》写了一篇关于约翰·厄普代克的《早期故事集》的评论文章。在厄普代克的小说《兔子富了》中，哈里·安格斯特罗姆将美国称为“史无前例的世界上最幸福的该死的国家”，而且，在厄普代克1972年创作的一篇故事中，他又将美国定义为“一个能让你幸福的巨大阴谋”。像这样的句子使奥齐克在书评中写道：“也许正是因为这些故事中沉重的历史痕迹，故事中缓缓的抒情才能够尽情张扬开来。这里的生命享受着心灵深处的宁静与从容，那令人痛苦、充满渴盼的激情所生发出的慌乱与威胁不能影响他们。也许这些生命会为当时当下的一些问题所困扰迷惑，但

1　尼布尔，《美国历史的反讽》，第132—133页。
2　斯坦纳，《欧洲的思想》，第33页。

总体而言，厄普代克笔下的场景与人物展示出一个亲切和善的美国，只有玄学的苦思冥想才会打破这种宁静平和。”这种对幸福毫不掩饰的追求，尽管并不一定会真的得到幸福的结果——至少厄普代克笔下的人物就是如此——却因为远离了欧洲的怀疑思想和强加于自身的不安而获得了尊严与道德的力量。“如果正如阿多诺告诉我们的，在奥斯维辛之后就没有了诗歌，那么相反的情况也许是成立的：诗歌属于没有干扰、实实在在的宁静，这种宁静正是对奥斯维辛的否定；而且，这种宁静以及因宁静而生的慷慨心胸，正是厄普代克的智慧所在，同时也是美国的灿烂耀眼之所在。”只要看一眼欧洲发生过的事情，厄普代克的美国看起来就像是“几乎没遇到过阻碍的国家”[1]。

同年12月，索尔·贝娄的小说集由美国国会图书馆发行，同时伦敦维京出版社出版发行了贝娄的五十周年纪念专版。英国小说家马丁·艾米斯对索尔·贝娄的成就赞赏有加。马丁·艾米斯认为，索尔·贝娄的卓越之处不在于他的销售数量和荣誉地位，也不在于获得的花环与掌声，而是因为其不容置疑的法制与理性思想。马丁·艾米斯写道：“与他相比，我们其他人只能说是间歇性的情感发作。”他认为，只有两个作家的能力地位能够与索尔·贝娄相提并论，即菲利普·罗斯和约翰·厄普代克。马丁·艾米斯的话与辛西娅·奥齐克对厄普代克作品的描述惊人地相似，马丁·艾米斯提醒读者，索尔·贝娄也曾经将美国称为“重塑历史的地方”。通过与欧洲的对比，这种特性也获得了其道德价值。索尔·贝娄用“冷冷的直率”的语气说，美国是

---

1 奥齐克，《上帝在细节中》，第9页。虽然这里我引用了奥齐克的评论，但是我并不同意她对厄普代克热情洋溢的评述。厄普代克在其他人看来，例如戈尔·维达尔，只是一位写了五部曲的“美国商业作家”。我的兴趣只在于提出论证，使读者更加关注美国与欧洲之间的差异对比。

一个“不会置犹太人于死地”的地方。[1]

菲利普·罗斯在其小说《反美阴谋》中对索尔·贝娄的“冷冷的直率”提出质疑。[2]辛克莱·刘易斯在希特勒掌权两年后发表了小说《不可能在这里发生》，菲利普·罗斯由此受到启发，他似乎在问：“曾有可能在这里发生吗？”——如果在1940年的大选中，持反犹太人观点的查尔斯·林德伯格击败罗斯福成为美国总统的话。《反美阴谋》绝对应该被看作第一部9·11小说。菲利普·罗斯不像索尔·贝娄和厄普代克那样，他不再通过回顾“欧洲的辉煌与卑劣”将美国描绘成想当然的理想之邦。书中流露出来的“恐惧，永远的恐惧”的氛围反映了美国对自己必须在双子大厦坍塌之后的废墟上继续生存而表现出来的不安情绪。菲利普·罗斯用其出众的写作技巧及讲故事的才能，在小说的大部分章节证明了看起来在9·11之后不可能运用的反叙事其实依然可行。[3]然而在小说的最后，令人信服的叙事力量渐渐消失，历史必须靠作者去营救。在“珍珠港事件”之后，罗斯福回到了华盛顿，林德伯格掌控的法西斯美国幽灵一般地消失了。未来也许是不可确定的，但是历史却值得信任。它确实没有在这里发生。美国依然是“不会置犹太人于死地”的地方。终于，菲利普·罗斯怀着作家的骄傲加入了索尔·贝娄与约翰·厄普代克的队伍，尽管他还有着深深的自我怀疑情绪，但是以看似无心、实则有力的方式，使美国有决心、有动力踏上隐蔽幽暗却威力有加的法制与理性之路。

1　艾米斯，《最优秀的美国小说家》，第112页。

2　参见菲利普·罗斯，《反美阴谋》。

3　很多评论家都像《伦敦书评》的迈克尔·伍德一样，对罗斯“静静展开的优美故事”印象颇深，并称赞它“无论是故事情节，还是讲述方式，都充满了宁静的家的气息”。见伍德，《只是民间故事》。

十一

统一后的德国：寻求道德典范

文化与现实政治

1933年，被纳粹从大学中驱逐出来的首批德国教授中包括经济学家威廉·勒普克，他坚定不移地反对纳粹政权。他首先移居到伊斯坦布尔，接着又于1937年移居到日内瓦。1945年，他提出一个严肃的问题：在纳粹犯下了累累罪行之后，德国如何再被诸国家组织接受。在他的著作《德国问题》中，他大致描述了四种情形：德国会宣布背弃其普鲁士的传统，加入西方，成为一个联邦国家——但依然处于分裂状态。在19世纪，西班牙的思想家多诺索·科尔特斯曾经把对统一的德国的展望称为受到理性与历史共同谴责的一种思想。在奥斯维辛集中营惨绝人寰的恶行之后，他的论断听起来颇有几分预言的味道。

通过盟国的授权，普鲁士的建制于1947年被废除；两年后，联邦德国成立，它不仅加入了西方，并且同法国一样，成为促进欧洲大陆统一的重要力量。然而，德国却依然处于分裂状态。勒普克描述的四种情况都成为了现实。在德国的政治身体上，有两个伤口依然没有愈合：对奥斯维辛集中营抹不去的记忆以及永久分裂的前景。德国政治不得不带着这两个伤口继续前行，而且还取得了巨大的成功。将德国的分裂视为一种自我惩罚，是联邦德国政治舆论的一部分。曾任联邦德国总理的康拉德·阿登纳，这位来自莱茵河畔的天主教徒，坚持自我惩罚的观点，也就是相当于"重新改造"，而不仅仅是悔悟的行为。行动总比思想更重要。在20世纪60年代初，阿登纳和以色列总理戴维·本—古里安达成协议，对大屠杀中的牺牲者及其家人进行大规模的赔偿。之后，联邦德国与以色列这个犹太人国家建立了外交关系。正如"重新改造"一词所阐明的，德国人寻求对不可弥补的错误进行弥补，并把这些视为重新获得良心与道德的必要途径。与此同时，德国的分裂具有明显的有利之处：联邦德国首先从马歇尔计划中获益，之后又迅速成为经济与政治联合体的一员，这一联合体随着欧洲民主国家的加入而不断扩大。德国的分裂被视为对其大屠杀行为的一种惩罚，但是这种惩罚却变得越来越容易承受。对国家的分裂表示哀伤，成为西德博取同情的一种常规的政治手段。统一似乎是根本不可能的——至少在可以预见的未来。

1945年后，许多德国人在"无力悲伤"的情绪中，渴望首先能重建他们的城市，回归正常的生活。[1]在联邦德国，"正常"意味着成为西方经济与政治的一部分，也就是说，要加入北大西洋公约组织和正在形成的欧洲共同市场。随着西德经济的复苏并取得了令人惊异的快速增长，西德被迫加入了世界主义的大潮，他们比以往都更加急切地接受了这种思想。造就经济奇迹的是路德维希·艾哈德，他既是德国的经济部长，又是"社会市场经济"的创始人。而经济奇迹是政治神话的必要

1　米切利希，《无力悲伤》。德文原版于1967年出版。

前提，联邦德国很快取得了魏玛共和国永远也不可能达到的稳定局面。这种安定也意味着优雅而高尚的文化期待与现实政治的必然存在和妥协姿态之间的冲突变得越发晦暗不明，而这在过去，长期以来一直是德国公众讨论的重要话题。

然而，文化与政治之间的和谐关系却并不拥有至高无上的权威。在阿登纳统治下的德国——也是托马斯·曼所认为的“文化荒漠”——总理和路德维希·艾哈德都受到了文化精英们的攻击，而他们也毫不示弱地进行了反击，艾哈德无耻地称左翼知识分子为“杜宾犬”，即一种毫无同情心的小狗。彼得·魏斯在将法兰克福进行的奥斯维辛的审判编写成剧本时，把它变成了与纳粹政权的同情者努力抗衡的故事，这些同情者在德国政治的再次建构中位高爵显。对剧作家罗尔夫·霍赫胡特的揭露，导致德国基督教民主联盟的成员汉斯·菲尔宾格辞去了巴登—符滕堡州州长的职务，因为他在任第三帝国的海军法官期间参与了对退党逃亡人员的审判，并在第二次世界大战结束前夕将这些人处以极刑。1968年，叛乱的学生和作家及艺术家结成同盟，他们不仅想在此一举摧毁国家经济的资本主义基础，而且试图剥夺现存的议会体制的权威地位。所有这一切或是令人热血沸腾，或是令人震惊不已——政治立场不同，反应自然也不相同。不过，考虑到西德的发展与其他西方国家的发展并无不同之处，这些反应也是正常的。

文化在西德所起的作用，并不比其他西方的民主国家重要多少。君特·格拉斯于1972年发表的《蜗牛日记》，对于德国文化与政治之间关系的揭示最为透彻。在这本书中，格拉斯回顾了1969年的选举活动，在那次选举中，社会民主党在维利·勃兰特的领导下，首次登上了政权顶峰。格拉斯为了支持社会民主党和勃兰特，发表了上百次演讲。格拉斯全身心地沉浸在选举活动的日常工作中，为此他几乎游历了整个国家。格拉斯的做法表明了一种迄今为止在德国从未有过的政治态度：作家与诗人不再声称，他们的角色是先知与预言家，为世界政治提供真理；他们应该承担作家兼公民的角色，在积极参与琐碎的政治工作与政治建设中体验骄傲与愉悦。他仅仅希望自己能够"比蜗牛快一点"，建议他的政党采用带有怀疑精神的浅灰色作为其竞选之花的颜色，因为这种花可以"长年不败"。他同时表示，他从事这种草根一样的基层工作的主要目的是，"拔除德国唯心主义的杂草，因为这种思想又一次像杂草一样执着地泛滥开来"[1]。回顾普鲁士的解放战争时，历史学家弗里德里希·梅尼克曾经谈起过已经"降格"为政治的精神品格。如今精神不必再降格为政治了，因为精神可以轻易地参与到政治当中，因为流亡者维利·勃兰特在1970年华沙犹太人区的纪念碑前令人难忘的下跪的表现，已经将政治现实主义与崇高的道德姿态联系了起来。一旦崇高的道德姿态成为民主政治的一部分，作家和艺术家就能够以清醒严肃、冷静务实的态度为民主服务。文化不再是高高在上的阁楼，不再只会带着某种轻蔑和傲慢看待地下室中的现实政治了。

政治问题的文化出路

一直以来，德国的分裂被认为是德国人为其纳粹时期所犯滔天罪行付出的代价。这个观点的神学色彩非常明显。在大屠杀之后，仅仅考虑一下德国统一是否是可行的政治抉择，都会被认为是对正义之神

1　格拉斯，《蜗牛日记》，第6、33、71页。

的反叛。在这种“政治神学”的框架中，罪行与惩罚、赎罪与宿命都有其固定的位置与角色。然而，“经济神话”却总是被加上引号，它只是真正神话的世俗慰藉，政治统一的神话在可预见的未来根本不可能出现。当两个德国真正统一时，这种对德国分裂状态令人难以置信的修正及改变逐渐被认为是神的恩赐。在政治—神学的语境中，人们几乎众口一词地将统一描述为真正的“神话”。

然而，总有不肯轻信的人，有一个孤独的声音大胆地说出了反对统一的观点，这个人就是君特·格拉斯。格拉斯一直以来赞同赫尔德提出的“文化国家”，而非由俾斯麦强加于德国人的帝国。对格拉斯来说，统一既没有道德层面的理由，也不符合政治层面的要求。他寻求的是两个德国在欧洲大家庭中结成同盟关系。格拉斯争辩说，统一的德国有再次加强民族主义观念的危险，正是这种观念导致德国在过去给欧洲以至整个世界造成了巨大伤害。奥斯维辛集中营的悲剧提醒人们，德国应该保持分裂状态。“奥斯维辛集中营是种族灭绝性大屠杀的典型，无论从什么角度来看都是不可原谅的。它会成为统一的德国的道德重负，让它良心不安。”正如歌德和赫尔德在18世纪和19世纪所做的那样，格拉斯恳求德国人快乐而安心地在政治同盟国中扮演文化国家的角色。“它意味着现代的、更广泛的文化概念，它包含了德国文化的多样性，却不坚持在国家政体意义上的统一。”我相信，正因为其呼吁在政治方面进行约束，使得他能够以一种惩戒的方式讲述德国人“饱受压制的故事”——他讲述的是德国人在第二次世界大战期间承受的苦痛。他的小说《蟹行》讲述了“威廉·古斯特洛夫”号沉没的故事。“威廉·古斯特洛夫”号本是一艘游船，纳粹发动战争后被用来运送德国难民。1945年1月30日，该船受到原苏联潜水艇的袭击，在波罗的海沉没。船上共有九千余人，其中包括四千名儿童和青年。这一天正是希特勒掌权的纪念日。[1]

于是，格拉斯又用先知和预言家的口气说："我对简单地由两个国家合二为一的德国心存恐惧。"[2]然而，君特·格拉斯并不是唯一声称自己比政治阶层和大多数民众拥有更伟大的政治智慧的诗人。马丁·瓦尔泽是一位与格拉斯一样享有极高声望的作家。他同样认为自己拥有非凡的政治智慧，而对德国统一所持的观点却与格拉斯截然相反。如果说对德国统一所做的切合实际的假设甚至连远景也算不上的话，那么，那些对统一抱有期待并且对统一的可能性持有幻想的人，则应该被视为空想家。马丁·瓦尔泽就是这些"空想家"中的一员，他以不可思议的执着，几十年来一直对东德和西德的政治家持批评态度，认为他们没有认真地考虑统一的问题。他的立场甚至很有煽动性。很多人认为两个德国虽然在政治上分裂了，但是在文化上却保持统一。在他看来，这种观点是一种过于泛滥的廉价论据。他根本不接受这样聊以自慰的观点。

1998年10月11日，当瓦尔泽在法兰克福的保罗教堂接受德国和平奖的殊荣时，他说，如果人们对大屠杀的记忆不能在一夜之间消失的话，他也希望这种记忆能够渐渐淡化。瓦尔泽批评了德国公众情绪中过于沉重的道德负担，这种负担导致大多数德国民众变得愈发冷漠，却没有唤起他们的怜悯之心。格拉斯宣称奥斯维辛集中营的历史使得德国人永远无法越过政治分裂的障碍，而瓦尔泽则坚持认为随着德国统一神话的实现，改善德国人道德重负的时刻也终于到来了。在

1　格拉斯，《蟹行》。这里，我看到了与约尔格·弗里德里希相同的观点。约尔格·弗里德里希在出版《火焰》之前，就曾写过揭露第三帝国罪行的文章，也报道过联邦德国的新纳粹运动。

2　格拉斯，《两个国家——一个民族？》，第2、5—6页。

瓦尔泽演讲之后引发的辩论，是联邦德国历史上最引人注目的辩论之一。德国犹太协会主席伊格纳茨·布比斯对瓦尔泽的演讲感到异常震惊，在观众对瓦尔泽演讲报以的热烈掌声中——其中包括共和国总统罗曼·赫尔佐格——他愤然离开了保罗教堂。这使得双方的分歧更加强烈。

在后来的陈述中，瓦尔泽提到了两位见证人的名字，用来支持他对道德重负的抗拒，他认为这种重负是德意志共和国强加在人民身上的。这两位见证人一个是汉娜·阿伦特，即《艾希曼在耶路撒冷》的作者；另一个是托马斯·曼，他曾经在极端的反讽中称希特勒为他的"兄弟"[1]。然而，瓦尔泽的主要证人应该是另一个托马斯·曼，即在1941年发表下面言论的托马斯·曼：一个像样的德国，应该再次具有与西方价值观保持距离以及抨击西方理性主义思想的权力。在瓦尔泽看来，德国在统一以后，很明显就会再次成为一个像样的国家。德国的道德自我惩罚应该结束了。抛开瓦尔泽在保罗教堂演讲的内容不谈，其风格语气就已经犯了众怒，不过这绝不是愚蠢的演讲。它指向了德国人几乎不可抗拒的强烈渴望，即在文化领域中解决政治问题。

自1989年以来，在对大屠杀的官方纪念活动中，建筑已经成为德国政治与道德的战场所在。人们有意将建筑大师丹尼尔·利伯斯金德设计的非凡的新柏林犹太人博物馆变成伤心之地，它令人想起折断的大卫之星。博物馆中房间的分割令参观者感到无比压抑，就像其建筑外表上的雕刻与裂痕一样令人难受。事实证明，在这个建筑中，所有的展品必然要展示德国犹太人的历史，而这样的历史必然会导致大屠杀

1 海纳·基普哈特曾试图在其创作的戏剧《艾希曼兄弟》中将阿伦特与托马斯·曼放到一起。他是在六十多岁时开始创作这部戏剧的，直到1983年才首次出版。

的发生。如果想在这个建筑中进行其他展览，就算不是不可能的，也会是异常困难的。因此，博物馆负责人屡次提出的要克服这种建筑障碍的努力更应该得到赞许。这座建筑所蕴含的无比强大的意义就是，文化领域中的宣言不可能轻易地在政治层面受到抵触。利伯斯金德的建筑首先为其同行建筑师彼得·艾森曼，制造了棘手的问题。经德国国会决定，艾森曼要在勃兰登堡门附近为被纳粹杀害的欧洲犹太人建一座纪念碑。20世纪90年代，人们似乎一直在为这个纪念碑的问题进行无休止的激烈辩论，尤其是针对纪念碑的大小和样式。最后，就在这个地点为在纳粹独裁统治中所有的受害者竖立纪念碑是否合适的问题，无论在国会中还是在公众辩论中，都没有达成任何一致。同时，美学价值与道德教益之间的冲突也未能解决：有一些批评家要求，这个纪念碑单就美学魅力而言也应该是激动人心的，而另一些人则要求纪念碑应该附加一个信息中心。最后，信息中心的方案终于获得通过了。

正如利伯斯金德的建筑为艾森曼制造了问题——那里不是早就矗立着一个被奇怪地称为博物馆的纪念性建筑了吗？——艾森曼的纪念馆也为所谓的“恐怖刑场”带来了问题。这个名字是为从前设在阿尔布莱希特亲王宫殿的监狱起的，在其隐蔽的地下洞穴中，盖世太保曾折磨并杀害关押在其中的受害人。在很大程度上，由于柏林历史学家赖因哈德·吕鲁普的努力，“恐怖刑场”成为一个机构，第三帝国的资料及其杀人机械都被仔细而精准地转移到其中一个“犯罪现场”。这些东西看上去乱七八糟，似乎是临时摆放在这里的，而这更增强了人们身临其境的感觉。柏林参议院希望能建造一座更令人印象深刻的纪念馆，因此邀请了瑞士建筑师彼得·楚姆托在这些洞穴之上造一座壮观的建筑。然而，这位建筑师的设计太过复杂，而且造价过高，最终只好被放弃了。德国人做出这个决定不仅是因为其设计复杂昂贵，也因为在“恐怖刑场”附近，彼得·艾森曼已经为死难的欧洲犹太人建造了一座规模宏大的纪念碑。

柏林墙倒塌后，德国公众议论最多的就是柏林形形色色纪念馆的建造。在这些议论中，建造纪念馆时体现出来的一个主要问题变得越来越突出，即美学思考所占的比重问题。这也是将纳粹罪行“树碑立传”的结果：对他们的纪念似乎最好在文化领域内达成，因为纪念行为在文化领域中不像在政治领域中那样反复无常。

柏林的大屠杀纪念馆在2005年5月落成，纪念馆的建设依据虽未言明，但在政治上受到促进，即最严重的罪行要通过最大的纪念馆作为象征，并提醒人们永远铭记。然而，这样的纪念形式却可能导致对纳粹德国历史的灾难性阐释。它可能会支持这样的观点：策划并指挥令人无法想象的可怕罪行的严密而强悍的权力结构，实际上是来自上层领袖，似乎只有少数德国人成为这些罪行的帮凶——出于恐惧和强迫。正是因为这些罪行过于令人发指，令人难以想象，所以大多数德国人不可能有所了解。他们对其所犯罪行并不知情，因此，这些纪念馆便具有了误导作用，产生了矛盾性的后果，纪念馆让德国人铭记的只是一片虚空。

将纳粹罪行“纪念馆化”冒着掩藏深深的道德问题的危险，这些道德问题体现在第三帝国时期德国人的日常行为中。当大多数德国人坚持说他们对集中营毫不知情或是知之甚少时，他们的话是值得信赖的。但是，没有人能够否认他们不知道某个犹太邻居突然消失，犹太教堂被大火焚毁，或者某位朋友被迫离开这个国家，抑或被迫与其妻子离婚。德国人简直成了保持“微妙的沉默”的大师。[1]由于绝大多数德国人保

1 尼采奉献给歌德的“微妙的沉默”这一概念，一度曾被我忽视，是弗里茨·施特恩使我注意到它。见尼采，《超越善恶》，第178页，以及施特恩，《微妙的沉默》。

持沉默，他们非常害怕，因此不敢询问自己同胞的命运——这是德国从1933年到1945年这段历史当中存在的核心问题。日常生活中的普遍准则和体面行为消失得越来越快，这是德国人必须首先关心的问题。

在第三帝国期间，有一份描写人类尊严逐渐丧失的活档案，那就是维克托·克伦佩勒名为《我要作证》（1933—1944）和《苦难结局》（1942—1945）的两部著作，这些日记充满了悲哀忧伤的反语和令人痛苦的细节。克伦佩勒是犹太人，是德累斯顿知名的罗曼语言学教授，他曾在第一次世界大战时作为志愿者参战。他称第一次世界大战是文化人可以净化情感的唯一途径。1935年，他被迫离开教职。克伦佩勒在日记中写道："我的同事中没有一个人来看我。在他们看来，我成为了瘟疫的牺牲品。"首先意识到这些日记的重要性及深远影响的人是马丁·瓦尔泽，他阅读了克伦佩勒的手稿，并且保证了手稿的顺利出版。瓦尔泽对克伦佩勒的评价非常正确，他认为克伦佩勒最伟大、最令人敬仰的优点是，他有着观察家和作家的精确观察与描写。[1]读了克伦佩勒的日记，人们毫无疑问会谈论起汉娜·阿伦特所说的话：20世纪德国历史上的核心道德问题，不是要铭记纳粹所犯下的罪行，而是日常生活中平凡琐事的改变，正是这些变化使得普通的市民失去了正常的、体面的生活。要表现这些平凡琐事，并且让人们铭记其对人们生活方式的影响，首先需要将这些事情具体化——而纪念馆所起的作用是最微弱的。在这方面，瓦尔泽和格拉斯持相同的观点。格拉斯的《蜗牛日记》在为维利·勃兰特呐喊助威的同时，也是当时德国政治刚刚赢得的正常状态的证明。在这种正常状态下隐藏着一股潜流，这股潜流就是对

1　在马丁·瓦尔泽最优秀的散文中，他描述了对克伦佩勒的印象，见《精确的原则：关于维克托·克伦佩勒》，载于《德国忧虑》，第565—592页。参见《我要作证：维克托·克伦佩勒日记选，1933—1941》和《苦难结局：维克托·克伦佩勒日记选，1942—1945》。

极其恐怖的不正常状态，即大屠杀的记忆。格拉斯写日记是为了给孩子们看，他在日记中令人难忘地将两条叙事线索结合在一起：在他真实的政治使命的记述中，穿插着但泽市，即他童年生活的城市中的犹太人受迫害的故事。对格拉斯而言，记住大屠杀的恐怖岁月与其说是记住由国家指挥所犯下的严重罪行，不如说是应该记住在独裁政府统治下，普通民众一天天逐渐丧失的体面而正常的生活。

在柏林这个纪念碑林立的城市，人们会发现许多小型纪念馆，这些纪念馆反映的心态与格拉斯日记和克伦佩勒日记中所表达的观点相同。它们使人们记住，纳粹统治和对犹太人的迫害原本是对日常生活的痛苦折磨。比如，在国家剧院附近的倍倍尔广场，散步者会在没有任何警示的情况下，突然在停车场旁的人行道上碰到一扇玻璃窗。透过这扇玻璃窗，人们可以看到一排空荡荡的白色书架，这便是米夏·乌尔曼的“被吞没的图书馆”，是为了纪念1933年5月10日的纳粹焚书事件。巴伐利亚区的犹太居民人数曾经非常多——戈特弗里德·贝恩于1945年后在这里建立了自己的诊所——当行人走过该区时，会对数十张纳粹制定的《反犹太人管理条约》感到震惊不已：“犹太人不得参加德国唱歌协会”，“犹太人除下午4点至5点之外不得购买任何日常用品”。如果你像许多柏林人一样，度假时乘火车从格林瓦尔德车站出发，你肯定会看到废弃的铁轨，这些铁轨会让人想起从柏林驱逐到死亡集中营的第一批犹太人。在柏林施泰格利茨的赫尔曼·埃勒斯广场，一面镜墙记录了将相邻的犹太同胞转运出去进行杀戮的悲剧。行人在镜子中看到了自己——这与你也有关系。

这些小型的纪念建筑——还有其他许多这样的纪念建筑——令人不安地想到，纳粹之所以能够犯下极其令人发指的罪行，只是因为普通的德国人对其日常事物几乎没有表现出任何公民应当表现出的勇气。

这些纪念物为每个公民竖起一面镜子。它们提醒我们，人类生活的尊严是从日常生活开始的。与这些小型纪念馆相比，规模宏大的纪念馆受到了更大的关注。他们传达了另外的信息：纳粹犯下的罪行太过严重与恐怖，令人不可思议，无法理解。因此，纪念政治有一定的危险，它会因为退却到令人敬畏的审美领域中，而使政治与公民之间产生不可逾越的距离。由于热衷于对遥远而抽象的罪行进行纪念，人们忽视了对尊严与体面生活的吁求。政治又一次在文化中找到了令人满意的替代物：道德典范。

参考文献

Abel, Lionel. "The Aesthetics of Evil: Hannah Arendt on Eichmann and the Jews." *Partisan Review* (Summer 1963): 211–230.

Adorno, Theodor W. *Gesammelte Schriften*. Ed. Rolf Tiedemann. Frankfurt am Main: Suhrkamp, 1986.

Adorno, Theodor W., and Thomas Mann. *Briefwechsel 1943–1955*. Ed. Christoph Gödde and Thomas Sprecher. Frankfurt am Main: Suhrkamp, 2002.

Amis, Martin. "The Supreme American Novelist." *Atlantic Monthly*, December 2003, 111–114.

Anfuso, Filippo. *Rom-Berlin in diplomatischem Spiegel*. Essen: Pohl & Co., 1951.

Arendt, Hannah. "The Aftermath of Nazi Rule: Report from Germany." *Commentary* 10 (1959): 342–353.

Arendt, Hannah, and Heinrich Blücher. *Within Four Walls: The Correspondence between Hannah Arendt and Heinrich Blücher, 1936–1968*. Ed. Lotte Kohler. Trans. Peter Constantine. New York: Harcourt, 2000.

Arendt, Hannah, and Karl Jaspers. *Correspondence, 1926–1969*. Ed. Lotte Kohler and Hans Sahner. Trans. Robert and Rita Kimber. New York: Harcourt Brace Jovanovich, 1992.

Arendt, Hannah, and Mary McCarthy. *Between Friends: The Correspondence of Hannah Arendt and Mary McCarthy, 1949–1975*. Ed. Carol Brightman. New York: Harcourt Brace, 1995.

Arnold, Matthew. *Culture and Anarchy*. In *The Complete Prose Works of Matthew Arnold*, vol. 5, ed. R. H. Super. Ann Arbor: University of Michigan Press,

1980.

Aron, Raymond. *Memoirs: Fifty Years of Political Reflection*. Trans. George Holoch. Foreword by Henry A. Kissinger. New York: Holmes & Meier, 1990.

Backes, Klaus. *Hitler und die bildenden Künste: Kulturverständnis und Kunstpolitik im Dritten Reich*. Cologne: DuMont, 1988.

Bardèche, Maurice. *Qu'est-ce que le fascisme?* Paris: Les Sept Couleurs, 1961.

Becker, Annette. *Maurice Halbwachs: Un intellectuel en guerres mondiales 1914–1945*. Paris: Agnès Viénot Éditions, 2003.

Benda, Julien. *The Treason of the Intellectuals*. New York: W. W. Norton, 1969.

Benn, Gottfried. *Briefwechsel mit dem "Merkur" 1948–1956*. Stuttgart: Klett-Cotta, 2004.

———. *Prose, Essays, Poems*. Ed. Volkmar Sander. New York: Continuum, 1987.

Berg, Nicolas. *Der Holocaust und die westdeutschen Historiker: Erforschung und Erinnerung*. Göttingen: Wallstein, 2003.

Berger, Klaus. "Erinnerungen an Aby Warburg." In *Mnemosyne: Zum 50. Todestag von Aby M. Warburg*. Ed. Stephan Füssel. Göttingen: Gratia, 1979.

Bloch, Marc. *Strange Defeat: A Statement of Evidence Written in 1940*. Oxford: Oxford University Press, 1949.

Bloom, Allan. *The Closing of the American Mind*. New York: Simon and Schuster, 1987.

Bloom, Allan, ed. *The Republic of Plato*. New York: Basic Books, 1968.

Boehlich, Walter. "Thomas Manns Doktor Faustus." *Merkur* 2 (1948): 588–603.

Bohrer, Karl-Heinz. "Stil oder 'maniera': Zur Aktualität und Geschichte eines nationalen Unvermögens." *Merkur* 56 (2002): 1057–1069.

Bourdieu, Pierre. "L'assassinat de Maurice Halbwachs." In *Visages de la Résistance* (La Liberté de l'esprit, no. 16), 161–168. Lyon: La Manufacture, 1987.

Brasillach, Robert. *Œuvres complètes*. Ed. Maurice Bardèche. Paris: Au Club de l'Honnête Homme, 1964.

Brocke, Bernhard vom. " 'Wissenschaft und Militarismus': Der Aufruf der 93 'An die Kulturwelt!' und der Zusammenbruch der internationalen Gelehrtenrepublik im Ersten Weltkrieg." In *Wilamowitz nach 50 Jahren*. Ed. William Calder III, Hellmut Flashar, and Theodor Lindken, 649–719. Darmstadt: Wissenschaftliche Buchgesellschaft, 1985.

Brooks, Peter. "Gallic Invasion." *Times Literary Supplement*, May 28, 2004, 5–6.

Burckhardt, Carl J., and Max Rychner. *Briefe 1926–1965*. Frankfurt am Main: S. Fischer, 1987.

Buruma, Ian. "The Destruction of Germany." *New York Review of Books*, October 21, 2004, 8–12.

Butler, Eliza Marian. *The Tyranny of Greece over Germany; A Study of the Influence Exercised by Greek Art and Poetry over the Great German Writers of the Eighteenth, Nineteenth, and Twentieth Centuries*. New York: Macmillan, 1935.

Canguilhem, Georges. *Vie et mort de Jean Cavaillès*. Paris: Editions Allia, 1996.

Carlyle, Thomas. *Sartor Resartus / On Heroes and Hero Worship*. 1841. London: Everyman's Library, 1973.

Caro, Elme-Marie. "La morale de la guerre: Kant et M. de Bismarck." *Revue des deux mondes* 82 (1870): 577–594.

Chapman, John Jay. *Deutschland über Alles or Germany Speaks*. New York: G. P. Putnam's Sons, 1914.

Chateaubriant, Alphonse de. *La gerbe des forces (nouvelle Allemagne)*. Paris: Bernard Grasset, 1937.

Curtius, Ernst Robert. *Der Syndikalismus der Geistesarbeiter in Frankreich*. Bonn: Cohen, 1921.

———. *Deutscher Geist in Gefahr*. Stuttgart: Deutsche Verlags-Anstalt, 1932.

DeLillo, Don. "In the Ruins of the Future: Reflections on Terror and Loss in the Shadow of September." *Harper's Magazine*, December 2001, 33–41.

Demoskopie und Kulturgeschichte. Allensbach: Institut für Demoskopie, 1999.

Dewey, John. *German Philosophy and Politics*. Freeport, NY: Books for Libraries Press, 1942.

Dieckmann, Friedrich. "Die Frage Mephisto. Klassik-Bilder in der frühen DDR." *Sinn und Form* 53 (2001): 558–565.

Douglas, Lawrence R. "A Nation's Trial." *Times Literary Supplement*, May 28, 2004, 8.

Drieu la Rochelle, Pierre. *Chronique politique 1934–1942*. Paris: Gallimard, 1943.

Drury, Shadia B. *The Political Ideas of Leo Strauss*. London: Macmillan Press, 1988.

———. *Leo Strauss and the American Right*. New York: St. Martin's Press, 1997.

Duffy, John J., ed. *Coleridge's American Disciples: The Selected Correspondence of James Marsh*. Amherst: University of Massachusetts Press, 1973.

Ehrlich, Lothar, Jürgen John, and Justus H. Ulbricht, eds. *Das Dritte Weimar: Klassik und Kultur im Nationalsozialismus*. Cologne: Böhlau, 1999.

Ehrlich, Lothar, and Gunther Mai, eds. *Weimarer Klassik in der Ära Ulbricht*. Weimar: Böhlau, 2001.

Elias, Norbert. *The Civilizing Process: The History of Manners*. Trans. Edmund Jephcott. New York: Urizen Books, 1978.

———. *The Germans: Power Struggles and the Development of Habitus in the Nineteenth and Twentieth Centuries*. Ed. Michael Schröter. Trans. Eric Dunning and Stephen Mennell. New York: Columbia University Press, 1996.

Eliot, T. S. *Christianity and Culture*. New York: Harcourt, Brace & World, 1949.

———. *The Letters of T. S. Eliot*. Vol. 1, *1898–1922*. Ed. Valerie Eliot. London: Faber and Faber, 1988.

Ellison, Ralph. "The Little Man at Chehaw Station: The American Artist and His Audience." *American Scholar*, Winter 1977–78, 25–48.

Elon, Amos. "A Reporter at Large: Prague Autumn." *New Yorker*, January 22, 1990, 125–133.

Emerson, Ralph Waldo. *Essays and Lectures*. New York: Library of America, 1983.

———. *The Journals and Miscellaneous Notebooks*. Vol. 7 (1838–1842), ed. A. W. Plumstead and Harrison Hayford; vol. 14 (1854–1861), ed. Susan Sutton Smith and Harrison Hayford. Cambridge, MA: Harvard University Press, 1969.

Fest, Joachim. *Inside Hitler's Bunker: The Last Days of the Third Reich*. Trans. Margot Bettauer Dembo. New York: Macmillan, 2004.

Flaubert, Gustave, and George Sand. *Correspondance*. Ed. Alphonse Jacobs. Paris: Flammarion, 1981.

Fleming, Donald, and Bernard Bailyn, eds. *The Intellectual Migration: Europe and America, 1930–1960*. Cambridge, MA: Harvard University Press, 1969.

Fry, Varian. *Surrender on Demand*. 1945. Reprint, New York: Johnson Books, 1997.

Fumaroli, Marc. *Quand l'Europe parlait français*. Paris: Editions de Fallois, 2001.

Furet, François. *Le passé d'une illusion. Essai sur l'idée communiste au XXe siècle*. Paris: Robert Laffont / Calmann-Lévy, 1995.

Furet, François, and Ernst Nolte. "Sur le fascisme, le communisme et l'histoire du XXe siècle." *Commentaire* 79 (1997): 559–576.

Fussell, Paul. *The Great War and Modern Memory*. New York: Oxford University Press, 1975.

Gay, Peter. *Weimar Culture: The Outsider as Insider*. New York: Harper & Row,

1968.

Geertz, Clifford. "Blurred Genres: The Refiguration of Social Thought." *American Scholar* 49 (1980): 165–179.

———. *Negara: The Theatre State in Nineteenth-Century Bali*. Princeton, NJ: Princeton University Press, 1980.

Gilbert, Felix. *Politics or Culture? Reflections on Ranke and Burckhardt*. Princeton, NJ: Princeton University Press, 1990.

———. *To the Farewell Address: Ideas of Early American Foreign Policy*. Princeton, N.J.: Princeton University Press, 1961.

Goebbels, Joseph. *The Goebbels Diaries, 1942–1943*. Ed. Louis P. Lochner. Garden City, NY: Doubleday, 1948.

Goethe, Johann Wolfgang von. *Conversations of Goethe with Eckermann and Soret*. Trans. John Oxenford. London: Smith, Elder & Co., 1850.

———. *Goethes Gespräche*. Ed. Wolfgang Herwig. Zurich: Artemis, 1969.

———. *Maxims and Reflections*. Ed. Peter Hutchinson. Trans. Elisabeth Stopp. London: Penguin, 1998.

Goltz, Bogumil. *Die Deutschen: Ethnographische Studie*. Berlin: Otto Janke, 1860.

Gooch, G. P., et al. *The German Mind and Outlook*. London: Chapman & Hall, 1945.

Gossman, Lionel. *Basel in the Age of Burckhardt: A Study in Unseasonable Ideas*. Chicago: University of Chicago Press, 2000.

Grass, Günter. *Crabwalk*. Trans. Krishna Winston. New York: Harcourt, 2002.

———. *From the Diary of a Snail*. Trans. Ralph Manheim. New York: Harcourt Brace Jovanovich, 1973.

———. *Two States–One Nation?* Trans. Krishna Winston with A. S. Wensinger. New York: Harcourt Brace Jovanovich, 1990.

Grimm, Reinhold, and Jost Hermand, eds. *Die Klassik-Legende*. Second Wisconsin Workshop. Frankfurt am Main: Athenäum, 1971.

Grosser, J.F.G., ed. *Die große Kontroverse: Ein Briefwechsel um Deutschland*. Hamburg: Nagel, 1963.

Guizot, François. "La France et la Prusse responsables devant l'Europe." *Revue des deux mondes* 76 (1869): 257–286.

Halbwachs, Maurice. "Une expulsion." Manuscript. Institut Mémoires de l'Edition Contemporaine (IMEC) Paris; Fonds Halbwachs 021/H 37. 7 pp.

Hamilton, Alastair. *The Appeal of Fascism: A Study of Intellectuals and Fascism, 1919–1945*. New York: Avon, 1973.

Harrison, John R. *The Reactionaries*. London: Victor Gollancz, 1966.

Hébey, Pierre. *La NRF des années sombres, Juin 1940–Juin 1941*. Paris: Gallimard, 1992.

Heine, Heinrich. *Religion and Philosophy in Germany: A Fragment*. 1833–34. Albany: State University of New York Press, 1986.

Heller, Hermann. *Europa und der Faschismus*. Berlin: de Gruyter, 1929.

Henderson, Nevile. *Failure of a Mission*. New York: G. P. Putnam's Sons, 1940.

Hinderer, Walter, ed. *Goethe und das Zeitalter der Romantik*. Würzburg: Königshausen & Neumann, 2002.

Hindus, Milton, ed. *Leaves of Grass One Hundred Years After*. Stanford, CA: Stanford University Press, 1955.

Hirschman, Albert O. *A Propensity to Self-Subversion*. Cambridge, MA: Harvard University Press, 1995.

Hitler, Adolf. *Monologe im Führerhauptquartier*. Ed. Werner Jochmann. Munich: Heyne, 1982.

Hofer, Walther. *Geschichtsschreibung und Weltanschauung. Betrachtungen zum Werk Friedrich Meineckes*. Munich: Oldenbourg, 1950.

Hughes, H. Stuart. *Consciousness and Society: The Reorientation of European Social Thought, 1890–1930*. Brighton: Harvester Press, 1979.

Humboldt, Wilhelm von. *The Limits of State Action*. Ed. J. W. Burrow. Cambridge: Cambridge University Press, 1969.

Iggers, Georg G. *The German Conception of History: The National Tradition of Historical Thought from Herder to the Present*. Middletown, CT: Wesleyan University Press, 1986.

James, Harold. *A German Identity, 1770–1990*. London: Weidenfeld & Nicolson, 1989.

James, Henry. *Literary Criticism*. New York: Library of America, 1984.

Jünger, Ernst, and Carl Schmitt. *Briefe 1930–1983*. Ed. Helmuth Kiesel. Stuttgart: Klett-Cotta, 1999.

Kafka, Franz. *Description of a Struggle*. Trans. Tania and James Stern. New York: Schocken, 1958.

Kessler, Harry. *In the Twenties: The Diaries of Harry Kessler*. London: Weidenfeld, 1971.

Kiberd, Declan. "At Full Speed: Inside the Mind of W. B. Yeats–and Outside." *Times Literary Supplement*, September 26, 2003.

Klemperer, Victor. *Curriculum Vitae: Jugend um 1900*. Berlin: Siedler, 1989.

———. *I Shall Bear Witness: The Diaries of Victor Klemperer, 1933–1941*. Trans. Martin Chalmers. London: Weidenfeld & Nicolson, 1998.

———. *To the Bitter End. The Diaries of Victor Klemperer, 1942–1945*. Trans. Martin Chalmers. London: Weidenfeld & Nicolson, 1999.

Kolb, Annette. *Versuch über Briand*. Berlin: Ernst Rowohlt, 1929.

Landauer, Gustav. "Goethes Politik: Eine Ankündigung" [1918–1921]. In *Goethe im Urteil seiner Kritiker: Dokumente zur Wirkungsgeschichte Goethes in Deutschland*, vol. 3, ed. Karl Robert Mandelkow, 477–486. Munich: Beck, 1979.

Langbehn, Julius. *Rembrandt als Erzieher: Von einem Deutschen*. 1888. Reprint, Leipzig: C. L. Hirschfeld, 1922.

Le Guyader, Hervé. *Geoffroy Saint-Hilaire, 1772–1844. A Visionary Naturalist*. Trans. Marjorie Grene. Chicago: University of Chicago Press, 2004.

Lepenies, Wolf. "Arnold Gehlen and Theodor W. Adorno." *Süddeutsche Zeitung* 86 (2003): 19.

———. *Gefährliche Wahlverwandtschaften: Essays zur Wissenschaftsgeschichte*. Stuttgart: Reclam, 1989.

Lewis, Sinclair. *Main Street* [1920]. In *Main Street and Babbitt*. New York: Library of America, 1992.

Lewis, Wyndham. *The Hitler Cult*. 1939. Reprint, New York: Gordon Press, 1972.

Lilla, Mark. "The Closing of the Straussian Mind." *New York Review of Books*, November 4, 2004, 55–59.

Maar, Michael. *Bluebeard's Chamber: Guilt and Confession in Thomas Mann*. Trans. David Fernbach. London: Verso, 2003.

Mandelkow, Karl Robert. *Goethe in Deutschland: Rezeptionsgeschichte eines Klassikers*. 2 vols. Munich: Beck, 1980–1989.

Mann, Klaus, and Erika Mann. *Escape to Life*. Boston: Houghton Mifflin, 1939.

Mann, Thomas. *An die gesittete Welt: Politische Schriften und Reden im Exil*. Ed. Hanno Helbling. Frankfurt am Main: S. Fischer, 1986.

———. *Diaries, 1918–1939*. London: André Deutsch, 1983.

———. *Doctor Faustus: The Life of the German Composer Adrian Leverkühn as Told by a Friend*. New York: Alfred A. Knopf, 1948.

———. *Essays*. Trans. H. T. Lowe-Porter. New York: Vintage Books, 1957.

———. *Essays*. Vol. 5, *Deutschland und die Deutschen 1938–1945*. Ed. Hermann Kurzke and Stephan Stachorski. Frankfurt am Main: S. Fischer, 1996.

———. *Gesammelte Werke in zwölf Bänden*. Frankfurt am Main: S. Fischer, 1960.

———. "In Defense of Wagner: A Letter on the German Culture That Produced Both Wagner and Hitler." *Common Sense*, January 1940, 11–14.

———. *Letters of Thomas Mann, 1889–1955*. Trans. Richard Winston and Clara Winston. New York: Alfred A. Knopf, 1971.

———. *Order of the Day: Political Essays and Speeches of Two Decades*. New York: Alfred A. Knopf, 1942.

———. *Past Masters and Other Papers*. New York: Knopf, 1933.

———. *Reflections of a Nonpolitical Man*. Trans. Walter D. Morris. New York: Frederick Ungar, 1983.

———. *Tagebücher 1933–1934*. Ed. Peter de Mendelssohn. Frankfurt am Main: S. Fischer, 1977.

———. *Thomas Mann an Ernst Bertram: Briefe aus den Jahren 1910–1955*. Ed. Inge Jens. Pfullingen: Neske, 1960.

———. *Thomas Mann's Addresses: Delivered at the Library of Congress, 1942–1949*. Washington, DC: Library of Congress, 1963.

———. *Wagner und unsere Zeit: Aufsätze, Betrachtungen, Briefe*. Ed. Erika Mann. Frankfurt am Main: S. Fischer, 1963.

Mann, Thomas, and Heinrich Mann. *Letters of Heinrich and Thomas Mann, 1900–1949*. Ed. Hans Wysling. Berkeley: University of California Press, 1998.

Mann, Thomas, and Agnes Meyer. *Briefwechsel 1937–1955*. Ed. Hans Rudolf Vaget. Frankfurt am Main: S. Fischer, 1992.

Maurras, Charles. *Quand les Français ne s'aimaient pas. Chronique d'une renaissance, 1895–1905*. 1916. Reprint, Paris: Bibliothèque des Oeuvres Politiques, 1928.

———. *Réflexions sur la révolution de 1798*. Paris: Les Iles d'Or, 1948.

Mauss, Marcel. *Œuvres*. Ed. Victor Karady. Paris: Les Editions de Minuit, 1969.

Mayer, Arno J. *The Persistence of the Old Regime: Europe to the Great War*. New York: Pantheon, 1981.

McCarthy, Mary. *The Writing on the Wall and Other Literary Essays*. New York: Harcourt Brace Jovanovich, 1970.

Meinecke, Friedrich. *The Age of German Liberation, 1796–1815*. Ed. Peter Paret. Berkeley: University of California Press, 1977.

———. *Cosmopolitanism and the National State*. Princeton, NJ: Princeton University Press, 1970.

———. *The German Catastrophe: Reflections and Recollections*. Cambridge, MA: Harvard University Press, 1950.

———. *Strassburg/Freiburg/Berlin 1901–1919. Erinnerungen*. Stuttgart: K. F.

Koehler, 1949.
Mencken, H. L. *The Vintage Mencken*. Gathered by Alistair Cooke. New York: Vintage Books, 1990.
Meyer, Agnes. *Out of These Roots: The Autobiography of an American Woman*. Boston: Little, Brown and Company, 1953.
Miller, Arthur. *Echoes down the Corridor: Collected Essays I, 1944–2000*. New York: Viking, 2000.
Mitscherlich, Alexander, and Margarete Mitscherlich. *The Inability to Mourn: Principles of Collective Behavior*. New York: Grove Press, 1975.
Morgenthau, Jr., Henry. *Germany Is Our Problem*. New York: Harper & Brothers, 1945.
Mosse, George L. *The Crisis of German Ideology: Intellectual Origins of the Third Reich*. New York: Grosset & Dunlap, 1964.
Namer, Gérard. "Halbwachs." In *Maurice Halbwachs: 1877–1945*. Colloque de la Faculté des Sciences Sociales de Strasbourg (mars 1995). Ed. Christian de Montlibert. Strasbourg: Presses Universitaires de Strasbourg, 1997.
Naumann, Friedrich. *Central Europe*. London: King & Son, 1917.
Naumann, Michael. "Thomas Mann and Theodor W. Adorno in Exile." In *Exiled in Paradise? Exile Literature in California*, 21–28. Leipzig: Villa Aurora Edition, 2004.
Niebuhr, Reinhold. "Mann's Political Essays." *The Nation*, November 29, 1942, 582–584.
———. *The Irony of American History.* New York: Charles Scribner's Sons, 1952.
Niekisch, Ernst. *Die Dritte Imperiale Figur.* Berlin: Widerstands-Verlag, 1935.
Nietzsche, Friedrich. *Beyond Good and Evil. Prelude to a Philosophy of the Future*. Trans. Walter Kaufmann. New York: Vintage Books, 1966.
———. *Briefe* (April 1869–Mai 1872). In *Kritische Gesamtausgabe*, vol. II:1, eds. Giorgio Colli and Mazzino Montinari. Berlin: Walter de Gruyter, 1977.
———. *Human, All Too Human: A Book for Free Spirits*. Trans. R. J. Hollingdale. Cambridge: Cambridge University Press, 1986.
———. *Twilight of the Idols*. Indianapolis: Hackett Publishing Co., 1997.
———. *Untimely Meditations*. Cambridge: Cambridge University Press, 1997.
Ozick, Cynthia. "God Is in the Details." *New York Times Book Review*, November 30, 2003, 8.
Pachter, Henry. "On Being an Exile: An Old-Timer's Personal and Political Memoir." *Salmagundi* 10–11 (1969–70): 12–51.

Paret, Peter. *An Artist against the Third Reich: Ernst Barlach, 1933–1938*. Cambridge: Cambridge University Press, 2003.

Parker, Theodore. "German Literature." *The Dial* 1 (January 1841): 315–339.

Parr, Rolf. *"Zwei Seelen wohnen, ach! in meiner Brust": Strukturen und Funktionen der Mythisierung Bismarcks (1860–1918)*. Munich: Fink, 1992.

Picker, Henry. *Hitlers Tischgespräche im Führerhauptquartier*. Stuttgart: Seewald, 1976.

Plessner, Helmuth. *The Limits of Community: A Critique of Social Radicalism*. Trans. Andrew Wallace. Amherst: Humanity Books, 1999.

Podhoretz, Norman. *Ex-Friends*. San Francisco: Encounter Books, 2000.

———. "Hannah Arendt on Eichmann–A Study in the Perversity of Brilliance." *Commentary* 36, no. 3 (1963): 201–208.

Pois, Robert A. *Friedrich Meinecke and German Politics in the Twentieth Century*. Berkeley: University of California Press, 1972.

Preuß, Hugo. *Das deutsche Volk und die Politik*. Jena: Eugen Diederichs, 1915.

Rabinbach, Anson. "Eichmann in New York: The New York Intellectuals and the Hannah Arendt Controversy." *October* 108 (2004): 97–111.

Ranulf, Sven. "Scholarly Forerunners of Fascism." *Ethics* 50 (1939): 16–34.

Rathenau, Walther. *Gesammelte Schriften*. Vol. 6, *Schriften aus Kriegs- und Nachkriegszeit*. Berlin: S. Fischer, 1929.

Riefenstahl, Leni. "Interview with Hilmar Hoffmann," *Die Welt*, January 7, 2002.

Röpke, Wilhelm. *Die deutsche Frage*. Erlenbach-Zurich: E. Rentsch, 1945.

Rohden, Peter Richard. "Deutscher und französischer Konservatismus." *Die Dioskuren: Jahrbuch für Geisteswissenschaften* 3 (1924): 90–138.

Rosen, Edgar R. "Mussolini und Deutschland 1922–1923." *Vierteljahreshefte für Zeitgeschichte* 5 (1957): 17–41.

Rosenberg, Alfred. "Das Ende der Französischen Revolution. Zum Jahrestag am 14. Juli." *Völkischer Beobachter. Kampfblatt der national-sozialistischen Bewegung Großdeutschlands* 53, no. 196 (1940): 1–2.

Rost, Nico. *Goethe in Dachau*. With a foreword by Anna Seghers. Hamburg: Konkret Literatur Verlag, 1981.

Roth, Philip. *The Plot against America*. New York: Houghton Mifflin, 2004.

Rychner, Max. " 'Auferstehung der Kultur in Deutschland.' Zeugnis eines zurückgekehrten Emigranten." *Die Tat* 15 (1950): 11.

———. "Einsames Deutschland." *Neue Zürcher Zeitung*. October 22, 1933.

Santayana, Georges. *Egotism in German Philosophy*. New York: Charles Scribner's Sons, 1940.

Schjeldahl, Peter. "The Hitler Show: The Jewish Museum Revisits the Nazis." *New Yorker*, April 1, 2002, 87.

Schlegel, Friedrich. *Kritische Friedrich-Schlegel-Ausgabe*. Vol. 2. Ed. Ernst Behler. Munich: Schöningh; Zurich: Thomas, 1967.

Sebald, W. G. *On the Natural History of Destruction*. London: Hamish Hamilton, 2003.

Semprun, Jorge. *Literature or Life*. New York: Viking, 1997.

———. *What a Beautiful Sunday*. San Diego: Harcourt Brace Jovanovich, 1982.

Sherry, Vincent B. *The Great War and the Language of Modernism*. Oxford: Oxford University Press, 2003.

Smolar, Aleksander. "1989 – Geschichte und Gedächtnis." *Transit. Europäische Revue* 20 (2000–2001): 15–43.

Spengler, Oswald. *The Hour of Decision: Germany and World-Historical Evolution*. Trans. Charles Francis Atkinson. New York: Knopf, 1934.

Spotts, Frederic. *Hitler and the Power of Aesthetics*. Woodstock, NY: Overlook Press, 2002.

Spranger, Eduard. "Mein Konflikt mit der national-sozialistischen Regierung 1933." *Universitas* 10 (1955): 457–473.

Stachorski, Stephan, ed. *Fragile Republik: Thomas Mann und Nachkriegsdeutschland*. Frankfurt am Main: S. Fischer, 1999.

Steiner, George. *The Idea of Europe*. Tilburg: Nexus Library IV, 2004.

———. "Zion's Shadows: The Hidden Thoughts of Philosophers – Including the Guru of Neo-Conservatism." *Times Literary Supplement*, February 27, 2004, 3–5.

Sterling, Richard W. *Ethics in a World of Power: The Political Ideas of Friedrich Meinecke*. Princeton, NJ: Princeton University Press, 1958.

Stern, Fritz. *Das feine Schweigen: Historische Essays*. Munich: Beck, 1999.

———. *The Failure of Illiberalism*. New York: Alfred A. Knopf, 1972.

———. *The Politics of Cultural Despair: A Study in the Rise of the Germanic Ideology*. Berkeley: University of California Press, 1974.

Strauss, Leo. *The City and Man*. Chicago: Rand McNally, 1964.

———. *Natural Right and History*. Chicago: University of Chicago Press, 1971.

Stutz, Wilhelm, ed. *Goethe in unserem Leben. Niederschriften junger Menschen 1942–46*. Willsbach: Scherer, 1947.

Thompson, Dorothy. "The Problem Child of Europe." *Foreign Affairs* 18 (1940): 389–412.

Thoreau, Henry David. *Journal*. Vol. 3 (1848–1851). Princeton, NJ: Princeton University Press, 1990.

Tiryakian, Edward A. "A Problem for the Sociology of Knowledge: The Mutual Unawareness of Emile Durkheim and Max Weber." *European Journal of Sociology* 7 (1965): 330–336.

Tocqueville, Alexis de. *Œuvres, Papiers et Correspondances*. Vol. 1, *De la Démocratie en Amérique*. Ed. J.-P. Mayer. Paris: Gallimard, 1951.

Trevor-Roper, Hugh. "Jacob Burckhardt." *Proceedings of the British Academy* 70 (1984): 359–378.

Trilling, Lionel. *A Gathering of Fugitives*. Oxford: Oxford University Press, 1980.

Troeltsch, Ernst. *Das Wesen des Deutschen*. Heidelberg: Carl Winter, 1915.

———. *Deutscher Geist und Westeuropa. Gesammelte kulturpolitische Aufsätze und Reden*. Ed. Hans Baron. Tübingen: Mohr/Siebeck, 1925.

Troubat, Jules. *Souvenirs du dernier secrétaire de Sainte-Beuve*. Paris: Calmann Lévy, 1890.

Tucker, William R. "Politics and Aesthetics: The Fascism of Robert Brasillach." *Western Political Quarterly* 15 (1962): 608.

Valéry, Paul. *The Collected Works of Paul Valéry*. Ed. Jackson Mathews. Princeton, NJ: Princeton University Press, 1968.

———. *Œuvres*. Paris: Gallimard / Bibliothèque de la Pléiade, 1957.

Vidal, Gore. *Inventing a Nation: Washington, Adams, Jefferson*. New Haven, CT: Yale University Press, 2003.

———. *The Last Empire: Essays, 1992–2000*. New York: Vintage Books, 2002.

Viereck, Peter. "Hitler and Richard Wagner." *Common Sense*, November 1939, 3–6.

———. *Metapolitics: From the Romantics to Hitler*. New York: Knopf, 1941.

Wagner, Richard. *Dichtungen und Schriften*. Jubiläumsausgabe in zehn Bänden. Ed. Dieter Borchmeyer. Frankfurt am Main: Insel, 1983.

Walser, Martin. *Deutsche Sorgen*. Frankfurt am Main: Suhrkamp, 1997.

Weber, Max. "National Character and the Junkers" [1917–1921]. In *From Max Weber: Essays in Sociology*, ed. H. H. Gerth and C. W. Mills, 386–395. New York: Oxford University Press, 1946.

Werckmeister, Otto K. "Hitler, the Artist." *Critical Inquiry* 23 (1997): 270–297.

Wharton, Edith. *Novels*. New York: Library of America, 1984.

———. *A Backward Glance: An Autobiography*. 1933. New York: Simon and Schuster, 1998.

———. *French Ways and Their Meaning*. 1919. Lee, MA: Berkshire House Publishers, 1997.

Whitman, Walt. *Complete Poetry and Collected Prose*. New York: Library of America, 1982.

Wiener, Oswald. *Die Verbesserung von Mitteleuropa*. Reinbek: Rowohlt, 1969.

Williams, William Carlos. *Selected Essays of William Carlos Williams*. New York: Random House, 1954.

Willson, A. Leslie, ed. *German Romantic Criticism*. The German Library, vol. 21. New York: Continuum, 1982.

Wisskirchen, Hans. "Republikanischer Eros: Zu Walt Whitmans und Hans Blühers Rolle in der politischen Publizistik Thomas Manns." In *'Heimsuchung und süßes Gift': Erotik und Poetik bei Thomas Mann*, ed. Gerhard Härle. Frankfurt am Main: S. Fischer, 1992.

Wolin, Richard. *Heidegger's Children: Hannah Arendt, Karl Löwith, Hans Jonas, and Herbert Marcuse*. Princeton, NJ: Princeton University Press, 2001.

Wood, Michael. "Just Folks." *London Review of Books*, November 4, 2004, 3–6.

Ziegler, Hans Severus. *Adolf Hitler aus dem Erleben dargestellt*. Göttingen: K. W. Schütz, 1965.

Ziolkowski, Theodore. *German Romanticism and Its Institutions*. Princeton, NJ: Princeton University Press, 1990.

Zuckmayer, Carl. *Geheimreport*. Munich: Deutscher Taschenbuch Verlag, 2003.

译名对照表

Abel, Lionel 莱昂内尔·阿贝尔
Academy of Arts (East Berlin)（东柏林）艺术学院
Action Française 法兰西行动
Adams, John Quincy 约翰·昆西·亚当斯
Adenauer, Konrad 康拉德·阿登纳
Adorno, Theodor 特奥多尔·阿多诺
  "Resurrection of Culture"《文化的复苏》
aesthetics 美学
  of Nazism 纳粹美学
Alewyn, Richard 理查德·阿勒温
Allen, Woody 伍迪·艾伦
Allensbach Institute 阿伦斯巴赫研究中心
Americanization 美国化
Amis, Martin 马丁·艾米斯
Annales d'histoire économique et sociale《经济社会史年鉴》
Année sociologique《社会学年鉴》
anti-Americanism 反美主义
anti-Semitism 反犹主义
Arendt, Hannah 汉娜·阿伦特
  Eichmann in Jerusalem《艾希曼在耶路撒冷》
  "Report from Germany"《来自德国的报告》
Arnold, Matthew 马修·阿诺德
  Culture and Anarchy《文化与无政府状态》
Aron, Raymond 雷蒙·阿隆
art and morality 艺术与道德
arts, fascism and 法西斯主义与艺术

Bahro, Rudolf 鲁道夫·巴罗
Balfour, Arthur 亚瑟·鲍尔弗
Balzac, Honoré de 巴尔扎克
  Peau de chagrin《驴皮记》
  Père Goriot《高老头》
"banality of evil" 平庸的恶
Barrès, Maurice 莫里斯·巴雷斯
Becher, Johannes R. 约翰内斯·贝歇尔
Becker, Carl Heinrich 卡尔·海因里希·贝克尔
Beckmann, Max 马克斯·贝克曼
Bellow, Saul 索尔·贝娄
Benda, Julian 朱利安·本达

知识分子的集体主义
Collège de France 法兰西学院
Comité de Vigilance des Intellectuels Antifascistes 反法西斯知识分子警戒委员会
communism 共产主义
communists, in East Germany 东德的共产党员
concentration camps 集中营
conservatism, German 德国保守主义
constitution of 1968 (GDR) (东德) 1968年宪法
consumerism 消费主义
Cortés, Donoso 多诺索·科尔特斯
Coulthard, Joseph 约瑟夫·库尔萨德
Council for German Democracy 德国民主委员会
culture 文化
culture, German 德国文化
culture and politics 文化与政治
culture wars, French-German 法德文化战争
Curtius, Ernst Robert 恩斯特·罗伯特·库尔提乌斯
　Deutscher Geist in Gefahr《面临危机的德国精神》
Cuvier, Georges 乔治·居维叶
Czechoslovakia 捷克斯洛伐克

"Day of Postdam" 波茨坦日
DEFA (East German film producer) 德国电影股份公司 (东德电影公司)
"degenerate art" "堕落艺术"
DeLillo, Don 唐·德利洛
Delors, Jacques 雅克·德洛尔
de Man, Paul 保罗·德·曼
democracy 民主
denazification 去纳粹化运动
depth, in German culture 德国文化的深度
Dewey, John 约翰·杜威
　German Philosophy and Politics《德国哲学与政治》
Diaspora, German and Jewish 德国人与犹太人的流散
Dickens, Charles 查尔斯·狄更斯
Die Tat《行动》
Dresden, bombing of 轰炸德累斯顿
Dreyfus Affair 德雷弗斯事件
Drieu la Rochelle, Pierre 皮埃尔·德里欧·拉罗舍尔
Durkheim, Emile 埃米尔·涂尔干

Eastern Europe 东欧
East Germany 东德
Ebert, Friedrich 弗里德里希·艾伯特
Eckermann, Johann Peter 约翰·彼得·埃克曼
Eichmann, Adolf 阿道夫·艾希曼
Eisenman, Peter 彼得·艾森曼
Eisler, Hanns 汉斯·埃斯勒
　Johann Faustus《约翰·浮士德》
Elias, Nobert 诺贝特·埃利亚斯
　The Civilizing Process《文明的进程》
　The Germans《德国人》
Eliot, T.S. T.S. 艾略特
Ellison, Ralph 拉尔夫·埃里森
　"Little Man at Chehaw Station"《切豪车站的小人物》
Elon, Amos 阿莫斯·埃隆
Emerson, Ralph Waldo 拉尔夫·沃尔多·爱默生
Emigration 移民
émigré 移民者
England 英国
Enlightenment, French 法国启蒙运动

Wyndham Lewis, D.B. 温德姆·刘易斯

xenophobia 仇外思想

Yeats, W.B. W.B. 叶芝
youth, German 德国青年

Zelig (film)《泽利格》(电影)
Ziolkowski, Theodore 西奥多·焦乌科夫斯基
"Zivilisationsliterat" "文明的文学代言"
Zola, Emile 埃米尔·左拉
Zuckmayer, Carl 卡尔·楚克迈尔
Zumthor, Peter 彼得·楚姆托